EUROPAVERLAG

MIRYAM MUHM

Die hypnotisierte Gesellschaft

Wie unser Denken von
Politik, Medien
und Werbung gelenkt wird

EUROPAVERLAG

© 2021 Europa Verlag in der Europa Verlage GmbH, München
Umschlaggestaltung und Motiv:
Hauptmann & Kompanie Werbeagentur, Zürich
Redaktion: Franz Leipold
Layout & Satz: Robert Gigler
Gesetzt aus der Minion Pro
Druck und Bindung: Pustet, Regensburg
ISBN 978-3-95890-440-8
Alle Rechte vorbehalten.
www.europa-verlag.com

Inhalt

»Einst durfte man nicht wagen, frei zu denken;
jetzt darf man es, aber man kann es nicht mehr.
Man will nur noch denken, was man wollen soll,
und eben das empfindet man als seine Freiheit.«

Oswald Spengler

Vorwort

Um zu begreifen, warum unsere Gesellschaft eine hypnotisierte Gesellschaft ist, muss man zuerst verstehen, dass Hypnose alles andere ist als lediglich ein Bühnentrick oder eine unterhaltsame Showveranstaltung – diese uralte, bereits in der Antike angewandte Manipulationstechnik ist ein reelles Phänomen. So reell, dass sie in den letzten Jahren offiziell Einzug in die Schulmedizin gehalten hat. *»Ob beim Zahnarzt, in der Psychotherapie oder im Operationssaal: Der Einsatz von Hypnose im medizinischen Bereich ist auf dem Vormarsch.«*[1]

Der Punkt aber ist: Hypnose kann nur funktionieren, weil wir Menschen manipulierbar und hypnotisierbar sind – die einen mehr, die anderen weniger. Unsere Hypnotisierbarkeit hat sehr wahrscheinlich biologische Ursachen, wie im ersten Kapitel »Am Anfang war das Wort« dargelegt.

Wissenschaftlich nachgewiesen wurde u. a., dass Vertrauen sowie das Hormon Oxytocin eine wesentliche Rolle bei der Hypnose spielen. Dass wir hypnotisierbar sind, ist somit biologisch gegeben, und die angewandten Hypnosetechniken (z. B. Wiederholung von Worten, Gesten und Bildern oder Verwirrung stiften), indem man die Aufmerksamkeit auf verschiedene Objekte lenkt können unser Denken und Handeln auf subtile Art massivst beeinflussen.

Es sei darauf hingewiesen, dass Manipulation, Suggestion und Persuasion im Grunde genommen Synonyme für Hypnose sind – nicht nur weil all diese Techniken in der Hypnose verwendet werden, sondern auch weil es Möglichkeiten sind, unsere Kontrollinstanzen außer Kraft zu setzen.

Wenn in diesem Buch also von suggestiven Worten, manipulativen Gesten oder persuasiver Sprache die Rede ist, sind diese als hypnotische Techniken zu verstehen, denn auch Manipulation, Suggestion und Persuasion ermöglichen anderen Menschen Zugriff auf unser Gehirn.

Wenn wir diese Zusammenhänge verstehen, können wir den Schleier entfernen, der uns davon abhält, scharf und klar zu denken, was in diesen Zeiten unbedingt vonnöten wäre. Das erfordert nicht nur Individualität und Selbstbewusstsein, sondern auch Wissen, Mut und einen starken Willen, sonst verzerrt dieser Schleier weiterhin unser Weltbild und verleitet uns dazu, den Hypnotiseuren der Gesellschaft blind zu folgen, wie Lemminge, die in ihr Verderben laufen. Solange wir nämlich nicht wissen, dass wir nicht nur manipulierbar, sondern *de facto* hypnotisierbar sind und welche Methoden die Akteure anwenden, werden wir niemals erkennen, wer die Hypnotiseure sind und mit welchen hypnotischen Mitteln sie arbeiten.

Viele von uns sind sich inzwischen gewahr, dass Werbung, Politik und Medien uns manipulieren, sei es durch suggestive Wortwahl, durch Weglassen von Informationen oder durch ständige Wiederholung in den Nachrichten – »*an manchen Tagen drehten sich bis zu 70 Prozent der Berichte um Corona*«.[2] Es fällt allerdings schwer zu verstehen, dass diese bewusste oder unbewusste Manipulation, insbesondere das Eintrichtern gewisser Konzepte durch ständige Wiederholung, ganz klar eine Form der Hypnose ist.

Zu den Manipulatoren, also den Hypnotiseuren, zählen Politiker (Barak Obama griff beispielsweise in seinen mitreißenden Reden sehr gezielt auf hypnotische Wortkonstruktionen zurück), große Unternehmer, Werbefachleute, einige Wissenschaftler sowie Journalisten, insbesondere jene, die für die Leitmedien tätig sind (das betrifft natürlich nicht alle, aber sehr viele).

Ob alle Akteure selbst bemerken, dass sie oft die Funktion eines Manipulators bzw. Hypnotiseurs erfüllen, ist fraglich; einige aber werden sich dessen sicherlich bewusst sein. Sie laufen dabei natürlich nicht mit einem Pendel herum, sondern wiederholen einfach bewusst oder unbewusst Halbwahrheiten, manchmal sogar glatte Lügen, während sie wichtige Informationen totschweigen oder Verwirrung stiften (das gilt insbesondere in der medizinischen Wissenschaft), um auf diese Weise ein Bild von der Realität zu malen, die so, wie sie uns vorgespiegelt wird, gar nicht existiert. Die Frage, die hier natürlich aufkommt, ist: Aus welchen Gründen werden z. B. Informationen zurückgehalten oder Halbwahrheiten veröffentlicht?

Sean Aday, außerordentlicher Professor an der Washington University, hat auch anhand diesbezüglicher Studien seiner Kollegen eine eindeutige Antwort gefunden, und zwar dass »[...] *die Medien dazu neigen, den Rahmen und die Agenda der Eliten (insbesondere der gewählten Vertreter) zu übernehmen.*«[3]

Das behaupten also nicht nur Aluhütler (welch erniedrigender Begriff für infantile Geister) oder Verschwörungstheoretiker (welch diffamierende Wortwahl für Andersdenkende), sondern angesehene Wissenschaftler, die an Universitäten tätig sind. Und es sind wiederum Wissenschaftler, hier aus Princeton und der Northwestern University, die anhand einer detailreichen Studie bereits 2014 dargelegt haben, dass die USA keine Demokratie, sondern eine Oligarchie sind[4] – also ein Land, in der eine kleine Gruppe von Menschen die politische Herrschaft ausübt und die Geschicke dieses Landes (und die anderer Länder) lenkt.

Es gibt sie also doch, die so oft geleugnete »Elite«! Und wie setzt diese kleine herrschende transnationale Gruppe in Zeiten eines rücksichtslosen Kapitalismus ihre Agenda, also ihre Partikularinteressen, durch? Indem sie, wie Wissenschaftler feststellen, uns so lenkt und so denken lässt, wie sie will, denn nur so kann sie ihre Ziele verwirklichen.[5]

Insofern war es der Elite ganz recht, dass der Kapitalismus, getragen von unserem Konsumverhalten, so wichtig wurde, dass er sogar die Religionen substituierte und sich an ihrer Stelle in unseren Köpfen Platz schuf, wie der Philosoph Walter Benjamin schon vor einem Jahrhundert erkannt hatte.[6]

Es brauchte ein enzyklopädisches Werk, um zu verstehen, wie wir seit Jahrzehnten in unserem Denken und Handeln regelrecht gelenkt worden sind und weiterhin gelenkt werden. Dieses Buch kann somit nur ein Versuch sein, einige der wesentlichsten Aspekte der hypnotisierbaren und hypnotisierten Gesellschaft aufzuzeigen, »indem es zahlreiche Fakten aufführt. Nur so können wir erkennen, dass wir in einer ›geglaubten Einbildung‹ oder in einem Wirklichkeitsentwurf leben. Es geht darum, zu wissen, was insbesondere an den Universitäten alles gelehrt und verbreitet wird (denn dort wird die Generation von morgen geformt und »gelenkt«), aber auch, dass die Cancel Culture, also die Marginalisierung von Wissenschaftlern bzw. Erkenntnissen an diesen »Horten der Wahrheit«, bereits seit Jahrzehnten existiert – mit der Folge, dass den Studenten oftmals nur Teilwahrheiten und manchmal sogar glatte Lügen vermittelt werden (hierzu werden einige dokumentierte Fälle angeführt, z. B. an der Medizinfakultät in Toronto, Kanada).

Auch gilt es zu verstehen – und dies ist fundamental, um zu begreifen, wie die Elite uns manipuliert und hypnotisiert –, dass uns allen eine »fehlinterpretierte« Evolutionstheorie beigebracht worden ist, um unser Denken auf die Merkmale der »natürlichen« Konkurrenz zu lenken, und nicht auf die der Kooperation – eine evolutionäre Kooperation, wie Darwin sie in seinen Werken selbst darlegte und propagierte und die wissenschaftlich in den letzten Jahrzehnten nachgewiesen wurde. Durch das Lehren einer fehlinterpretierten Evolutionstheorie und die mantramäßige Wiederholung (eine typische Hypnosetechnik!) nur einiger von Darwins Kernsätzen (z. B. »Survival of the Fittest«) wurden die Menschen dazu gebracht, die räuberischen Charakteristika des Kapitalismus in Bezug auf die Menschheit und den Planeten als naturgegeben zu akzeptieren und in ihrem eigenen Alltag zu praktizieren. Somit durfte ein Kapitel über die Fehlinterpretation von Darwins Theorie in diesem Buch nicht fehlen, denn gerade die ständige Wiederholung bestimmter ausgewählter Aspekte seiner Theorie konnte uns dahingehend manipulieren und hypnotisieren, dass wir es einigen wenigen Menschen erlaubt haben, im Namen eines radikalen Wirtschaftssystems, wie es der Turbokapitalismus darstellt, unsere Erde auszubeuten, zu vermüllen und an den Rand des Kollapses zu bringen.

Natürlich wird in diesem Buch auch auf Politik, Medien und Werbung eingegangen, wobei dokumentierte Fakten und Fälle aufzeigen, in welchem Maße Politiker, Medienmitarbeiter und Werbeleute unser Gehirn »hacken« und uns durch Wiederholung suggestiver Teilwahrheiten und Lügen so weit bringen, dass wir das denken, was wir denken sollen – wie es während einer Hypnose geschieht.

Der Inseraten-Skandal in Österreich, der auch zum Sturz von Premierminister Kurz beigetragen hat, ist wohl ein eindeutiger Beweis dafür. Die Medienlandschaft, wie seit Langem von Wissenschaftlern und Experten nachgewiesen, ist korrumpierbar. Seien es Inserate von Unternehmen oder von Parteien (wie in Österreich) oder Geldzuwendungen gewisser Stiftungen (wie zum Beispiel die von Bill und Melinda Gates) – das geflossene Geld führt zu einer gefälligen Berichterstattung und nicht zu einer, die der Realität entspricht.

Zu einer lenkenden Manipulation kommt es insbesondere, indem wesentliche Informationen schlicht gar nicht oder nur am Rande veröffentlicht werden, sodass sie kaum jemand mitbekommt. »*Die Diskussion geht von der Prämisse aus, dass die dominierenden Mainstream-Medien in der heutigen Zeit nach wie vor die Hauptakteure der Massenüberzeugung sind, die die Bürger zur gehorsamen Selbstaufopferung für die herrschende neoliberale Ordnung bewegen*«[7] – so Professor Daniel Broudy (2020) von der Okinawa Christian University in Nishihara, Japan.

Die sozialen Medien tragen ebenfalls zur Hypnotisierung bei, indem sie (wie im Buch dokumentiert) wahre Informationen als Fakes abstempeln oder den Nachrichtenstrom manipulieren, um gezielt bei den Nutzern (z. B. von Facebook) bestimmte Emotionen zu erzeugen.[8]

Auch die Künstliche Intelligenz (KI) wird dazu eingesetzt, wichtige Informationen abzublocken, denn selbstlernende Algorithmen können in Suchmaschinen bestimmte Nachrichten in der Trefferliste nach hinten verlegen, sodass sie kaum angeklickt werden.[9]

Das Abbild der Realität, und zwar der echten Realität, kann unser Gehirn nur anhand der »Wahrheit« erstellen. Und die »Wahrheit«, sosehr sich viele Menschen gegen die Existenz einer solchen sträuben, weil sie dem bequemen Relativismus huldigen, existiert nun einmal – insbesondere, wenn es um Tatsachen geht. Wer schon einmal mit einem Messer verletzt wurde, weiß, wovon ich spreche; eine solche Tat ist eine faktische Wahrheit. Die Interpretation dieser Wahrheit, also z. B. wie oder warum es dazu kam, ist eine andere Sache; auch in diesem Fall gibt es zwar nur eine einzige Wahrheit, allerdings ist diese komplexer und schwieriger zu ermitteln. Vereinfacht gesagt, existiert in Bezug auf Geschehnisse, Fakten, Daten, etc. eine tatsächliche, reale Wahrheit – und gerade solche Wahrheiten kann man leicht manipulieren. Jedenfalls bezeichnen mehrere Wissenschaftler die Medienberichterstattung in der Pandemie als zu regierungsnah.[10]

Aus teilweise rein biologischen Gründen wird die Realität bereits von unserem eigenen Gehirn manipuliert; wenn aber unserem komplexen biologischen Abbild der Realität auch noch falsche Fakten, Teilwahrheiten und Lügen hinzugefügt werden oder man uns wesentliche Informationen absichtlich vorenthält, dann werden wir nur so denken, wie uns die erhaltenen Informationen zu denken erlauben: Wir glauben somit an eine entworfene Wirklichkeit, was einer kleinen Gruppe von Menschen zweckdienlich ist. Denken wir beispielsweise an den Diesel-Skandal: Vor Jahren kauften viele einen Diesel-Pkw, weil man ihnen weismachte, er sei hinsichtlich der gesetzlichen Abgaswerte umweltfreundlich – was sich später bekanntlich als Lüge herausstellte. Wäre man bereits damals über die echten Autoabgaswerte informiert worden, hätten sich viele womöglich für ein anderes Auto entschieden. Dies ist nur ein Beispiel für die vielen tagtäglichen hypnotisierenden Manipulationen unseres Denkens.

Um eine Hypnose zu erkennen, braucht es wahre, handfeste Informationen, aber Nachrichten, Talkshows und Social Media berieseln uns oft nur mit banalen und lückenhaften Berichten. Wir unterliegen einer regelrechten Flut sich dauernd wiederholender Informationen, die eine bestimmte Wirklichkeit vermitteln, aber nicht die Realität.

In diesem Buch geht es hauptsächlich darum, zu zeigen, wie diese Wirklichkeitsentwürfe zustande kommen, um dann die tatsächliche Realität dahinter durch dokumentierte Fakten und wissenschaftlich belegte Studien aufzuzeigen.

Last, but not least wird auf unsere Pseudorationalität eingegangen. Wir frönen dem Kapitalismus-Kult[11] (kaufen uns z.B. sündhaft teure Sneakers, oder SUVs, die in der Stadt kein Mensch braucht) und merken dabei nicht, wie wir hinters Licht geführt werden. Auch machen wir uns nicht bewusst, dass durch unsere (zunehmenden) *Amazon*-Käufe nur ein einziger Mensch auf dieser Welt überreich wird, während die Einzelhandelsbranche zugrunde geht.

In dieser Pseudorationalität erkennen nur die wenigsten, dass uns eine andere, eine wesentliche Dimension des Lebens abhandengekommen ist – eine, in der wir nicht (als Ratio getarnt) dem Materialismus huldigen, sondern dem Leben. Mit dieser Dimension der verlorenen spirituellen Vernunft befasse ich mich im letzten Kapitel, denn vermutlich ist es gerade diese, die uns dabei helfen könnte, aus der Hypnose aufzuwachen und eine neue, menschlichere Gesellschaft zu gestalten. Diese spirituelle Dimension ist dringend notwendig, denn die Vision der technokratischen Elite läuft auf eine vollständige Hypnotisierung der Gesellschaft hinaus, und die Leser könnten darüber nachdenken, »*wie in dieser Zeit des Informationszeitalters die Medientechnologien den ›geistigen Handschellen‹ […] Gestalt geben, die das Verhalten […] und die Wahrnehmung der Degradierung der menschlichen Souveränität, Handlungsfähigkeit und Privatsphäre beeinflussen. Angesichts dieser mächtigen Werkzeuge der Informationsverarbeitung und -verbreitung ist es unser zentrales Anliegen, kritisch zu untersuchen, wie bestimmte Medienwerkzeuge und -inhalte die Enteignung grundlegender Menschen- und Bürgerrechte zu etwas Normalem machen und die Menschen geistig auf die bedingungslose Funktion als Rädchen im Getriebe der globalen kapitalistischen Maschinerie vorbereiten.*«[12]

Dieses Buch soll ansatzweise dazu beitragen, dies zu erkennen. Willkommen also in der Welt der Hypnotisierbaren und der Hypnotisierten!

KAPITEL 1

Am Anfang war das Wort

Hypnose in der Medizin

Hypnose ist beileibe nicht nur ein Bühnentrick – diese bewusstseinsverändernde Technik kommt nämlich seit mehreren Jahren in der modernen Schulmedizin sowie in der Psychologie zunehmend zum Einsatz. Diese Tatsache ist der beste wissenschaftliche Beweis dafür, wie stark Worte und Bilder unser Gehirn und unsere Wahrnehmung manipulieren können.

Doch wie ist es möglich, dass allein die geflüsterten Worte eines Anästhesiearztes einen Menschen in einen solchen Hypnosezustand (Trance) versetzen können, dass er während einer chirurgischen Operation keinerlei Schmerzen verspürt und sein Körper auf diese Worte so stark reagiert, dass er sogar die Blutzufuhr zum Operationsgebiet drosselt?[13]

War am Anfang tatsächlich das Wort – das heißt, sind wir genetisch so programmiert, dass Worte unser Gehirn auf extreme Art beeinflussen können? Welche Kraft steckt in Worten, dass sie uns einerseits zutiefst verletzen, andererseits aber auch ein Gefühl der Wärme und Geborgenheit vermitteln können? Warum sind wir überhaupt hypnotisierbar, und warum werden wir so leicht Opfer von suggestiven bzw. persuasiven Manipulationen?

Diese Fragen sind von weitreichender Bedeutung, haben sie doch mit unserem Selbstbild – ja, mit unserem Realitätsverständnis und mit unserer Psyche zu tun, und nicht zuletzt hängt unser aller Zukunft davon ab.

Kurze Geschichte der Hypnose

Auf die lange Geschichte der Hypnose und deren weitverzweigte Anwendung im Verlauf der Jahrhunderte detailliert einzugehen würde den Rahmen dieses Buches sprengen. Deshalb erfolgt hier nur ein kurzer Abriss: Seit Anbeginn der Menschheitsgeschichte setzen Schamanen suggestive Techniken ein, oft gepaart mit rhythmischen Klängen, um Menschen in Trance zu versetzen und Heilungen zu bewirken.[14]

Wie Forscher der Chicago School of Professional Psychology darlegen, war seit den frühesten Anfängen sogar Yoga eine Methode, sich selbst oder andere in eine Quasi-Hypnose zu versetzen: *»Trancezustände werden in Indien seit Langem in einem heilenden Kontext angewandt. Die Verwendung von Gesängen, die Hervorrufung eines Trancezustandes durch Rituale und durch Meditation erreichte veränderte Bewusstseinszustände waren Mittel zur Selbstverwirklichung, zum psychischen Wohlbefinden und zur Steigerung der Gesundheit. […] Yoga Nidra (das Yoga des Schlafes) ist eine dieser Praktiken. Sie ähnelt der Hypnose und anderen Techniken von Geist-Körper-Heilmethoden, wie sie in der Psychotherapie angewendet werden.«*[15]

Yoga Nidra (Nidra bedeutet Schlaf oder Nicht-Bewusstheit) wurde schon Jahrhunderte vor Christus praktiziert und ist bereits in den Texten der Upanischaden erwähnt. Heutzutage greift die US-Armee auf diese uralte Technik zurück, um posttraumatische Störungen von Soldaten zu heilen.[16]

Schon vor der Anwendung dieser hinduistischen Praktiken errichteten die Ägypter (später gefolgt von den Griechen) die bekannten Schlaf- oder Traumtempel, wo Menschen in Trance versetzt und dann in einen besonderen Raum begleitet wurden. Ihre

Träume konnten anschließend interpretiert und als Wegweiser zur Gesundung miteinbezogen werden.[17] Denn während des Schlafs, so Hippokrates, »ordnet die Psyche ihr Haus« – übrigens eine hochmoderne These, über die der *Spiegel* im März 2021 in seinem Artikel »Warum träumt der Mensch?« berichtete.[18]

Nach Hippokrates deuten Träume übrigens manchmal auch auf körperliche Leiden hin.[19] Diese Erkenntnis wurde vor einigen Jahrzehnten in den USA wieder aufgegriffen, und man konnte die Existenz von prodromalen, also von warnenden Träumen über bevorstehende Krankheiten durch Studien nachweisen.[20]

Die Hypnose geriet lange Zeit in Vergessenheit, bis sie im 18. Jahrhundert von Anton Mesmer wiederbelebt wurde. Im 19. Jahrhundert entfachte die Hypnose dann eine Welle wissenschaftlicher Neugier, die Freud und später C. G. Jung dazu brachte, eine starke Faszination für diese Methode zu entwickeln.[21] Beide hörten aber irgendwann wieder auf, ihre Patienten zu hypnotisieren, weil ihnen die Funktionsweise dieser Technik zu obskur wurde. Heute kommen Trance und Hypnose in Psychologie und Psychiatrie erneut erfolgreich zum Einsatz.[22]

Die Hypnose in der modernen Schulmedizin

Die Hypnotisierbarkeit unseres Gehirns ist eine unumstößliche Tatsache. Worte und Bilder in unserem Kopf können sogar Schmerzen beseitigen, die sich nicht einmal mit Morphium oder starken Opioiden bekämpfen lassen – wie im Fall von Louis Derungs. Der 19-jährige Franzose hatte 2013 einen schweren Stromunfall mit 15 000 Volt überlebt; leider mussten ihm aber beide Arme amputiert werden.[23] Danach litt er an schier unerträglichen **Phantomschmerzen,** denen trotz Morphiumgaben nicht beizukommen war – bis ihm sein Arzt eine Hypnose vorschlug. Die Hypnotiseurin sagte ihm, er solle sich bildlich vorstellen, seine Phantomarme in zwei Kübel voller Eis zu tauchen. Louis war skeptisch und empfand den Vorschlag als lächerlich. Doch die Hypnotiseurin insistierte, denn nur so könne er die in seinem Gehirn immer wieder aufflammenden brennenden Schmerzen ausschalten, die er in der Nacht seines Unfalls erfahren hatte. Die Hypnose war erfolgreich, und Louis lernte es, diese bildhafte Vorstellung jedes Mal anzuwenden, wenn die höllischen Schmerzen wieder auftauchten. Auf diese Weise konnte er die Erinnerungen daran in den Griff bekommen und abblocken.[24] (Die Videos, in denen er seine Geschichte erzählt, sind ein Paradebeispiel für die menschliche Resilienz und absolut sehenswert.)

Louis Derungs ist leider kein Einzelfall: 80 Prozent der Menschen, die eine Amputation erleiden, verspüren danach Phantomschmerzen. Inzwischen ist bekannt, dass bei vielen dieser Patienten Medikamente kaum wirken, weswegen die Hypnose unbedingt in die Behandlung miteinbezogen werden sollte – wie Forscher vom Universitätsklinikum Oslo nachdrücklich betonen.[25]

Wie gut die Hypnose in der Medizin funktioniert, ist auch schon daraus ersichtlich, dass in staatlichen wie privaten Kliniken Narkose und Sedierung seit einigen Jahren vermehrt durch Hypnose ersetzt werden, und zwar selbst bei invasiven Operationen wie z. B. der Entfernung einer Schilddrüse[26] oder eines Hautkrebses.[27]

In Europa wurden bereits über 9000 **chirurgische Eingriffe mithilfe von Hypnose** durchgeführt (Stand 2017).[28] Insbesondere in Belgien, Frankreich und Italien greift man in Krankenhäusern auf diese Methode zurück, also auf die gezielte Beeinflussung unseres Gehirns durch Worte. Auch viele Zahnarztpraxen in der BRD verwenden vermehrt Hypnosetechniken bei ihren Patienten – so berichtet z. B. die *Deutsche Zeitschrift für zahnärztliche Hypnose* bereits seit Jahren über deren erfolgreichen Einsatz.[29]

Angesichts der Fülle von Nachweisen über die Wirkung von Hypnose in der Medizin lässt sich wissenschaftlich nicht mehr abstreiten, dass sie unsere Wahrnehmung eindeutig beeinflusst. Diverse Beispiele aus dem medizinischen Bereich sollen dies veranschaulichen.

Wie Marie-Elisabeth Faymonville, Medizinprofessorin und Leiterin der Schmerzklinik des Universitätskrankenhauses im belgischen Lüttich, berichtet, wurden in ihrem Krankenhaus bereits über 6000 Patienten erfolgreich mit Hypnose (und leichten lokalen Anästhetika) operiert, sogar bei invasiven chirurgischen Interventionen (z. B. Schilddrüsenoperationen).[30]

Die Resultate sind erstaunlich: Der Patient verspürt unter Hypnose keine oder kaum Schmerzen und blutet weniger, sodass der Chirurg den Eingriff besser und rascher ausführen kann. Schwedische Wissenschaftler verzeichneten ähnliche Erfahrungen bereits vor über 25 Jahren.[31]

Während und unmittelbar nach einer **chirurgischen Operation** oder einem **zahnärztlichen Eingriff** ist der hypnotisierte Patient wohlauf, und selbst die Genesung verläuft schneller als üblich, wie Studien aus dem Jahr 2000 bestätigt haben. Zudem verspüren diese Patienten weniger Angst.[32]

In Frankreich wird die Hypnose sogar bei **Hirntumoroperationen** eingesetzt, um den Patienten Angst und Unbehagen während des Eingriffs zu nehmen. Sie müssen dabei nämlich wach bleiben, damit der Chirurg mittels gezielter Fragen die wichtigen, sogenannten »eloquenten« Zonen (z. B. die Sprachareale) von »weniger bedeutsamen« Gehirnarealen unterscheiden kann, um spätere Ausfallserscheinungen zu vermeiden. Einige Wochen vor einer Wachkraniotomie (vorübergehendes Aufwecken während einer Gehirnoperation) bereitet man die Patienten auf die Hypnose vor. Im OP-Saal werden sie von einem Spezialisten in Trance versetzt, wobei ihnen wortreich bestimmte Bilder vermittelt werden, die innere Ruhe suggerieren. Wie die Studien beweisen, sind die meisten

Patienten, die auf diese Weise behandelt wurden, mit der Hypnosedierung sehr zufrieden.[33]

In Belgien wendet man Hypnose seit Jahren bei **Brustkrebsoperationen** an. Eine Studie des Krebszentrums der Universität Saint-Luc in Brüssel (2017) berichtet über 300 Operationen – die Hälfte davon mit der üblichen Narkose, die andere Hälfte mit Hypnosedierung.

Resultat: Bei den hypnotisierten Patientinnen war dank des Nichteinsatzes von Narkosemitteln u. a. eine sofortige Erholung möglich.[34] In Aix-en-Provence (Frankreich) wurde die gleiche Hypnosetechnik ab 2018 bei Brustkrebspatientinnen angewandt, und die von den beteiligten Ärzten gesammelten Erfahrungen bestätigten die Resultate der belgischen Studie.[35]

Auch bei **Brustkrebs-Chemo-** und **Radiotherapien** wirkt sich Hypnose offenbar positiv aus, da sie nicht nur die Heilung beschleunigt, sondern auch einen kürzeren Krankenhausaufenthalt erlaubt; zudem scheinen die Patientinnen die Chemo- und Radiotherapie unter Hypnose insgesamt besser zu verkraften.[36]

Wie der *New Scientist* 2019 berichtete, weist die Hypnosedierung noch weitere Vorteile auf: »*Guy Montgomery von der Icahn School of Medicine at Mount Sinai, New York, fand heraus, dass Frauen, die vor einer Brustkrebsoperation eine Hypnose erhielten, danach über geringere Schmerzen, Angst, Übelkeit und Müdigkeit berichteten. Und die Vorteile waren nicht nur physischer Natur. Sein Team rechnete vor, dass das Land [USA] mehr als 135 Millionen Dollar pro Jahr einsparen würde, wenn 90 Prozent der Menschen, die eine Brustkrebsbiopsie benötigen, eine Hypnosedierung erhielten.*«[37]

Das Ergebnis dieser vielversprechenden Erfahrungen ist eine Veränderung der Art und Weise, wie die Schulmedizin »Hypnose« definiert; außerdem nimmt ihre Anwendung zu – wie im *New*

Scientist weiter dargelegt ist: »*Das Royal College of Midwives in Großbritannien akkreditiert jetzt* **Hypnobirthing-Kurse** [Kurse zur Anwendung der Hypnose während der Geburt] *und finanziert die Ausbildung in dieser Technik. Einige Anästhesisten bieten die Hypnosetechnik inzwischen an, und sie wird sogar als Lösung für die Opioid-Suchtkrise angepriesen. Hypnose ist sicherlich kein Allheilmittel; aber zu lernen, was funktioniert, warum es funktioniert und wie wir es selbst anwenden können, kann uns dabei helfen, die Kraft des Mentalen zur Bewältigung einiger der härtesten Kämpfe des Lebens zu nutzen.*«[38]

Dass man mit nur wenigen hypnotischen Worten die **Abhängigkeit von opioidhaltigen Schmerzmitteln** erfolgreich verringern kann, bestätigte 2019 eine Metaanalyse im US-amerikanischen Ärzteblatt *JAMA*.[39]

Die vielen Studien und die Erfahrungen mit klinischer Hypnose haben also in den letzten Jahren immer mehr Ärzte und medizinische Institutionen dazu bewegt, auf die manipulative Kraft suggestiver Worte zu setzen.

So empfiehlt u. a. das britische *National Institute for Health and Care Excellence* Hypnose bei **Reizdarmsyndrom** – einer Krankheit, die durch Krämpfe, Blähungen, Durchfall und Verstopfung gekennzeichnet ist: »*[…] für das behandlungsresistente Reizdarmsyndrom gibt es überwältigende Beweise, dass Hypnose die Symptome und die Lebensqualität verbessern kann. […] In den USA fördern sowohl die American Psychological Association als auch die National Institutes of Health inzwischen die* **Hypnose als Teil der Standardbehandlung von Schmerzen**. *Zahlreiche Studien haben gezeigt, dass sie eine Vielzahl* **chronischer Probleme** *verbessern kann, wie z. B. Schmerzen im unteren Rückenbereich und Nebenwirkungen von Krebsbehandlungen – oft bietet sie mehr Linderung als Physiotherapie und kognitive Verhaltenstherapien allein.*«[40]

Wie sehr suggestive Worte uns in einen Zustand versetzen, der medizinisch von größter Bedeutung sein kann (weil **weniger Medikamente** verabreicht werden müssen und eine **schnellere Heilung** erzielt wird), zeigen auch einige in Italien durchgeführte Operationen. Im Mailänder Niguarda-Krankenhaus musste einer 82-Jährigen eine Aortenklappe substituiert werden. Da die Frau an mehreren schweren Vorerkrankungen litt, verzichteten die Ärzte auf die übliche Sedierung und nahmen nur eine kleine örtliche Betäubung am Bein vor, um den Katheter einzuführen. Allerdings musste die absolute Bewegungslosigkeit der Patientin während des Eingriffs gewährleistet werden – und dies ließ sich mithilfe der Hypnose erzielen.[41]

Im Krankenhaus San Paolo in Savona wurde 2020 sogar eine **Pulmonalvenenisolation** mittels Hypnose durchgeführt. Hierbei handelt es sich um einen minimalinvasiven elektrochirurgischen Herzkathetereingriff zur Behandlung von Vorhofflimmern, der bis zu drei Stunden dauern kann und eine systemische Sedierung unter Verwendung mehrerer Mittel erfordert. Dank der Hypnose, so der Arzt Luca Bacino, konnte der Einsatz dieser Medikamente drastisch verringert werden.[42]

Im Krankenhaus Cardinal Massaia in Asti (der Stadt der Piemonteser Weine und der Trüffel) wurden bereits über 80 **Eingriffe am Herzen** mithilfe von Hypnose durchgeführt. »*Mit dieser Methode ist es auch möglich, eine Analgesie zu erreichen, die in 20 % der Fälle so hoch sein kann, dass der Verzicht auf Anästhetika oder in jedem Fall eine wahrgenommene Schmerzreduktion gewährleistet ist.*«[43] Das Alter der hypnotisierten Patienten lag zwischen 12 und 76 Jahren, und die Palette der Eingriffe umfasste u. a. die Einpflanzung permanenter **Herzschrittmacher** bis hin zu Pulmonalvenenisolationen.[44]

In Deutschland setzt sich die Hypnose in der Anästhesie allerdings nur sehr zögernd durch. Als einen der Gründe dafür nennt der Hypnotherapeut Olf Stoiber Zeitmangel: »*Eine Narkose kann der Anästhesist relativ leicht und geübt durchführen. Bei einer Hypnose hingegen ist sehr schlecht prognostizierbar, wo der Zeitrahmen liegt, bis eine Wirkung da ist.*«[45] Um den erwünschten Hypnosezustand zu erreichen, kann eine halbe bis zu einer Stunde vergehen.

Doch Zeit dürfte eigentlich keine Rolle spielen, wenn es um das Wohl der Patienten geht – denn medikamentös induzierte Narkosen können zuweilen mit Nebenwirkungen (bis hin zum Tod) verbunden sein, insbesondere bei über 65-Jährigen.

Die Ärztin Simone Gurlit vom Kompetenzzentrum Demenzsensibles Krankenhaus am Universitätsklinikum Münster hat auf der Website des *MDR* erklärt, dass zu den häufigsten dieser Nebenwirkungen Gedächtnisprobleme zählen, vor allem bei älteren Patienten: »*Wenn die Beweglichkeit mit einem neuen Gelenk wiederhergestellt ist, der Patient aber nicht mehr weiß, wo er wohnt, und sich nicht mehr allein versorgen kann, dann muss man sich kritisch fragen: Ist das eine erfolgreiche Operation, ja oder nein?*«[46] Dr. Gurlit setzt daher auf Teilnarkose und Gespräche im Vorfeld.

Viele ihrer Kollegen am Kompetenzzentrum wenden zusätzlich Hypnosetechniken an. So bekommen in Münster zahlreiche Frauen, die sich einer Brustkrebsoperation unterziehen müssen, nur eine Lokalnarkose. Um ihnen Angst und Schmerzen gänzlich zu nehmen, werden sie während des Eingriffs hypnotisiert, denn damit habe man »*sehr gute Erfahrungen gemacht*«, so Dr. Gurlit.[47] Und das gilt nicht nur für Brust-OPs – in Jena wurde einem Patienten mit **Parkinson** 2017 ein **Hirnschrittmacher** unter Hypnose implantiert.[48]

Zu den deutschen Pionieren auf dem Gebiet »Hypnose in der Medizin« zählt der Internist Prof. Dr. Winfried Häuser, der die chronischen Schmerzen seiner Darmpatienten am Klinikum Saarbrücken seit Jahrzehnten (!) mittels Hypnose lindert.[49]

Obwohl die Mehrheit der deutschen Ärzte Hypnosetechniken eher skeptisch gegenübersteht, ist bei den Chirurgen und Anästhesisten eine gewisse wissenschaftliche Neugier entstanden, die allmählich Früchte trägt. So wollten Ärzte der Universitätskrankenhäuser in Bochum, Kassel, Regensburg, München und Köln u. a. prüfen, ob hypnotische Suggestionen während klassischer chirurgischer Narkoseeingriffe helfen könnten, die Menge der Schmerzmittel **nach** der Operation zu reduzieren (da diese bekanntlich Nebenwirkungen verursachen können).

Hierzu wurde eine Tonaufnahme mit hypnotischen Wörtern und Musik erstellt. Die ca. 400 Patienten dieser Studie wurden in zwei Gruppen aufgeteilt (eine Interventionsgruppe und eine Kontrollgruppe). Alle erhielten einen Kopfhörer, wobei weder Ärzte noch Anästhesisten wussten, welche Patienten während der Narkose die hypnotische Aufnahme und welche ein Leerband zu hören bekamen. Die Studienergebnisse zeigten, dass sich nach der OP bei Ersteren das Verlangen nach **starken Schmerzmitteln eindeutig reduziert** hatte. Aus dieser deutschen Forschungsarbeit wird einmal mehr ersichtlich, dass Hypnose in der Medizin auf mehrfache Weise von Vorteil ist: Den Patienten erspart sie am Tag nach der OP die üblichen starken Schmerzen, und die dadurch geringeren Aufwendungen für Schmerzmittel senken die Gesundheitskosten – also eigentlich eine Win-win-Situation für alle.[50]

Worte können unser Gehirn also stark beeinflussen, was sich wie dargelegt besonders deutlich in der Medizin zeigt. Hier gilt die Hypnose inzwischen als eine weithin anerkannte Methode, um ganz oder teilweise auf die üblichen Narkose- bzw. Sedierungsmittel zu verzichten.

Hypnose und Placebo-Effekt

Eine besondere Form der Hypnose könnte auch der bekannte Placebo-Effekt sein.[51] Bis vor Kurzem herrschte in der Wissenschaft die Sichtweise vor, dass der Placebo-Effekt auf einer schlichten Täuschung beruht und *»Hypnose beschrieben werden könne als eine Art Placebo ohne Täuschung«*.[52] Diese Einschätzungen trafen bislang nicht zu, denn während die Placebo-Wirkung allein aufgrund von Täuschung funktioniert (der Patient weiß nicht, dass er z. B. eine Zuckerpille anstatt eines tatsächlichen Schmerzmittels bekommt), ist sich der Patient bei einer Hypnose sehr wohl bewusst, dass er sich einer solchen unterzieht.

Seit einigen Jahren ist man allerdings richtigerweise von der eingangs genannten Sichtweise abgerückt, denn chronische Schmerzen werden inzwischen auch im Rahmen sogenannter **offener Placebo-Therapien** behandelt. Bei diesem innovativen Behandlungsansatz wird der Patient **offen darüber informiert,** dass man ihn mit Placebos behandelt; er wird also nicht getäuscht.

Erstaunlicherweise kann selbst eine solche offene Placebo-Therapie Schmerzen verringern oder verschwinden lassen. Auch in diesem Fall entsteht der positive Effekt durch den gezielten Einsatz von Worten, die – genau wie bei einer Hypnose – eine besondere suggestive Wirkung entfalten.

Wie in einer Studie der Universitäten Basel und Harvard beschrieben,[53] **funktioniert die offene Placebo-Therapie nur,** wenn der Arzt dem Patienten die positiven und schmerzlindernden Effekte des Placebos zuvor wiederholt eindringlich dargelegt hat.

Dass auch bei dieser neuen Behandlungsform Worte von fundamentaler Bedeutung sind, hat eine Forschungsarbeit der Universität Essen unter der Leitung von Prof. Ulrike Bingel erst vor Kurzem erneut bestätigt. Ihre im Fachblatt *Pain* publizierte Studie beschreibt, dass die offene Placebo-Therapie nur dann gelingt, wenn sich die Betreffenden vorher ein Video anschauen, in dem nacheinander mehrere Patienten die Vorzüge dieser Therapie (also die Placebos, die sie bekommen hatten) in ihren eigenen Worten wiederholt anpreisen – so auch gezeigt in der Sendung *ARD Buffet* am 9. März 2021.[54]

Diese neuesten Forschungsergebnisse lassen erkennen, dass Worte eine fast magische Wirkung auf unsere Neuronen ausüben können, die in der Tat verblüffend ist. Robert Jütte, Leiter des Stuttgarter Instituts für Geschichte der Medizin der Robert Bosch Stiftung GmbH, äußerte sich in der *ÄrzteZeitung* zur Wirkung der offenen Placebo-Therapie. Er betonte, dass hierbei die Erwartungshaltung der Patienten ausschlaggebend sei, und fügte hinzu: »*Die Bedeutung des Wortes in der Medizin ist ein ganz altes Thema, das fängt schon bei heilenden Sprüchen an, die in der Antike verwendet wurden […].*«[55] (Hervorhebung durch die Autorin)

Wie funktioniert Hypnose?

Die Techniken der Hypnose basieren hauptsächlich darauf, Worte zu wiederholen, positive mentale Bilder zu erstellen und/oder Verwirrung zu stiften. So wird in einigen Dentalpraxen in Deutschland Kleinkindern die »Angst vorm Zahnarzt« genommen, indem man in den Praxisräumen mehrere bewegliche Spielzeuge und puppenartige Wesen aufhängt und die Aufmerksamkeit des Kindes während der Zahnbehandlung auf diese unterschiedlichen Gebilde lenkt.

Weiterhin können auch bestimmte Pendelbewegungen mit einem Finger oder einem Objekt sowie spezifische Berührungen (die Hand des Kindes halten oder berühren) eine Hypnose einleiten.

Bei Erwachsenen kommen ähnliche Hypnoseverfahren zum Einsatz. Oft wird mit Tiefenentspannungstechniken anhand von Worten gearbeitet oder sogar Blitzhypnose angewandt. Hierzu braucht der Hypnotiseur z. B. nur »*Sleep*« (»Schlaf!«) zu sagen – und die Person verfällt in Schlaf.[56]

Aber wie kann ein einziges Wort wie ein Kommando wirken und das Gehirn eines Menschen derart »hacken«?

Diese Frage muss noch unbeantwortet bleiben – trotz der vielen Studien mit bildgebenden Verfahren, die in den angesehensten Universitäten zur Frage der Hypnotisierbarkeit unseres Gehirns weltweit durchgeführt wurden und werden.[57]

In den 1970er-Jahren verstand Julian Jaynes (Psychologieforscher und wissenschaftlicher Mitarbeiter an der Universität Princeton) die Hypnose als eine Spur, die in eine andere Bewusstseinsepoche des Menschen führt. Wie er in seinem Hauptwerk *Der Ursprung des Bewusstseins durch den Zusammenbruch der bikameralen Psyche* darlegte, ist die Hypnose ein kulturelles Überbleibsel aus jener primitiven Zeit, in der wir noch eine bikamerale Psyche besaßen, kaum oder kein Bewusstsein entwickelt hatten und auf (Götter-) Stimmen hörten.[58] Deshalb würde Hypnose (in Form einer äußeren Autorität, die einem sagt, was zu tun ist) auch heute noch funktionieren.[59] (Ich hoffe, mit dieser verkürzten Darstellung der komplexen Theorie von Jaynes ansatzweise gerecht geworden zu sein oder zumindest das Interesse des Lesers geweckt zu haben.) Auch wenn Jaynes seine visionäre Theorie anhand historischer Fakten belegte, können diese nur als Indizien gewertet werden; sie liefern keinen abschließenden Nachweis über die Natur der Hypnose.

Dank neuer technologischer Entwicklungen – vor allem der bildgebenden Verfahren – konnten sich seit einigen Jahren die Neurowissenschaften des Themas Hypnose annehmen und bereits etliche Nachweise erbringen.

Was man bisher weiß, ist, dass bestimmte Bereiche der Großhirnrinde, also des jüngsten bzw. »modernsten« Teils unseres Gehirns, unter Hypnose teilweise »ausgeschaltet« werden. An der Stanford University stellten der Psychiater David Spiegel und seine Kollegen in einer wichtigen Studie fest, dass ein Hypnosezustand im Gehirn tatsächlich sichtbar gemacht werden kann: Aus Aufnahmen der funktionellen Magnetresonanztomografie (fMRT) war zu ersehen, dass hypnotisierte Probanden im Vergleich zu einer Kontrollgruppe eindeutig einen anderen Gehirnzustand aufwiesen.

Bei hoch hypnotisierbaren Probanden zeigte sich, dass während der Hypnose die sogenannte Gürtelwindung im Inneren des Kortex sichtbar weniger aktiv ist. In Studien fand man heraus, dass diese Hirnregion Menschen hilft, ihre äußere Umgebung wachsam zu beobachten, also eine Art Kontrolle zu behalten über das, was ringsum geschieht. Während einer Hypnose ist diese Aktivität – und entsprechend der damit verbundene Kontrollmechanismus – reduziert. Das deutlich erkennbare Muster fehlender Hirnaktivität (also fehlender Wachsamkeit) in diesem Areal wurde von den Wissenschaftlern der Universität Stanford weder bei der Kontrollgruppe noch bei hoch hypnotisierbaren Personen festgestellt, solange diese sich im Ruhezustand befanden oder ihr Gedächtnis in Aktion war: »*Was die **Hoch-Hypnotisierbaren in der Hypnose machten, ist anders**«, betonte Dr. Spiegel. »Das ist ein starker Beweis dafür, dass es ein anderer Gehirnzustand ist.*«[60] (Hervorhebung durch die Autorin)

Es gibt etliche weitere wissenschaftliche Erkenntnisse, aber noch versteht man nicht, **warum** die Worte eines Hypnotiseurs eine solche Macht haben und die in unserem Kopf entstehenden Bilder den Körper dazu bringen können, so erstaunliche Dinge zu tun, wie beispielsweise Blutungen zu drosseln oder Schmerzen auszuschalten. Und man fragt sich natürlich auch: Wie weit kann die persuasive Kraft von Wörtern gehen – im Guten wie im Schlechten?

Die positiven Wirkungen der Hypnose im Bereich der Medizin wurden nun dargelegt – aber könnte die Hypnose womöglich auch bei unseren Erinnerungen Positives bewirken?

Hypnose in der Psychotherapie

Zunächst ein kurzer Exkurs über die REM-Phase – jene Schlafphase, in der wir die intensivsten Träume erleben und unser Gehirn die tagtäglichen Informationen verarbeitet und das ein oder andere Problem löst.[61]

»Schlaf setzt sich aus zwei deutlich zu unterscheidenden Zustandsformen zusammen: dem Non-REM-Schlaf (non rapid eye movement-Schlaf), also einer Schlafphase ohne schnelle Augenbewegungen, und dem REM-Schlaf (rapid eye movement-Schlaf), jener Phase, die durch schnelle Augenbewegungen gekennzeichnet ist. Träume finden hauptsächlich im REM-Schlaf statt […]«[62]

Beim Non-REM-Schlaf handelt es sich um drei Schlafphasen (N1, N2 und N3, auch als I, II oder III bezeichnet), die dem leichten Schlaf bis hin zum Tiefschlaf entsprechen. *»Der Ablauf der Schlafphasen wiederholt sich bei gesunden Menschen mit gutem Schlaf mehrfach pro Nacht. Ein vollständiger Zyklus dauert etwa anderthalb Stunden – plus oder minus 10 Minuten. Davon entfallen etwa 50 Minuten auf die Einschlaf- beziehungsweise Leichtschlafphase. Tiefschlaf und REM-Phase machen etwa 40 Minuten dieses Schlafzyklus aus. Am Anfang der Nacht dominiert der Tiefschlaf, gegen Ende der Schlafenszeit verweilen wir vermehrt in den REM-Phasen und bereiten uns aufs Aufwachen vor.«[63]*

Diese REM-Phasen, die bereits ein Fötus erlebt, begleiten uns bis ins hohe Alter. Je älter wir werden, desto kürzer dauern diese Phasen.[64]

Ab dem siebten Monat durchläuft der Fötus im Mutterleib einen kontinuierlichen REM-Schlaf. Einen Monat später verbringt das werdende Kind damit 20 Stunden pro Tag. Wir erinnern uns – in den REM-Phasen werden Informationen verarbeitet und Traumbilder erzeugt.[65] Laut einer Studie des University College London durchläuft der Fötus solche superlangen REM-Phasen vermutlich deswegen, weil sich sein Gehirn in einer rasanten Entwicklung befindet und eine Unmenge an sensorischen Informationen abspeichern und einordnen muss.[66]

Man geht davon aus, dass sich unser Gehirn in diesen REM-Phasen in einem besonderen Zustand befindet. Es sind Phasen zwischen dem N3-Tiefschlafzustand ohne Bewusstsein und dem Wachzustand bei vollem Bewusstsein. Während einer solchen REM-Phase befinden wir uns demnach **in einer Art Trance**[67], in der das Gehirn Bilder kreiert, Erlebtes verarbeitet, die neuronalen Verbindungen umorganisiert, Probleme löst[68] und sich auf einen neuen bewussten Wachzustand vorbereitet.[69] Dabei, so vermutet man, wird wieder die Verbindung hergestellt zwischen den primitiven Gehirnarealen (wichtig für die lebenserhaltenden Funktionen während des fast komatösen Tiefschlafs) und den modernen Gehirnstrukturen, in denen unsere Kontrollinstanzen ihren Sitz haben.[70] So die These.

REM, Hypnose und gezieltes »Löschen« von Erinnerungen

Seit einigen Jahrzehnten wird die Hypnose auch in der Psychotherapie mit großem Erfolg angewandt.[71]

Uneinig sind sich die Experten noch, ob die bekannte EMDR-Technik[72] als Hypnose angesehen werden kann.[73] »*EMDR steht für Eye Movement Desensitization and Reprocessing, was auf Deutsch Desensibilisierung und Verarbeitung durch Augenbewegung bedeutet.*«[74] Sie wird in Studien als sehr wirksam eingestuft, um bei Patienten die Erinnerung an schwere Traumata zu behandeln, und von eigens geschulten Psychiatern und Psychologen als

Therapie der ersten Wahl empfohlen. Forscher konnten nachweisen, dass sie bei Phantomschmerzen genauso gut funktioniert wie die Hypnose.[75]

Die pendelartigen Bewegungen, mit denen die EMDR-Technik arbeitet, lösen Augenbewegungen aus, wie sie während des REM-Schlafs auftreten, also in einer Traumphase, in der das Gehirn oft Theta-Wellen erzeugt[76] – bei EMDR zeigen sich diese allerdings im Wachzustand.[77]

Zum besseren Verständnis: Während einer EMDR-Sitzung leitet der Psychologe die Verarbeitung eines traumatischen Erlebnisses ein, indem er einen Finger oder ein Objekt hin- und herbewegt und der Patient diesen Bewegungen mit den Augen folgt. Der Psychologe wendet dieses Verfahren wiederholt an, bis die traumatische Erinnerung vom Gehirn des Patienten anders verarbeitet wird und dieser dann selbst schildert, ob sich die Erinnerung verändert hat oder völlig entschwunden ist.[78] Nach mehrmaliger Wiederholung dieser quasi-hypnotischen Methode erscheint in der Erinnerung beispielsweise ein Vergewaltiger ganz klein und weit weg, sodass die traumatische Situation nicht mehr so verheerend und belastend ist.

Auch diese Therapieform funktioniert besonders dann gut, wenn der Betreffende entspannt ist und dem Psychologen **vertraut,** also gehirnmäßig nicht im Kontrollmodus oder in Habachtstellung ist.

Die biologischen Voraussetzungen der Hypnose und warum Vertrauen so wichtig ist

Gehirnwellen unter Hypnose

Um verständlich zu machen, warum **Vertrauen** eine unerlässliche Voraussetzung für die Wirkung von Hypnose ist, muss etwas ausgeholt werden.

In Medizin und Forschung wird zur Messung der Gehirnströme die Elektroenzephalografie eingesetzt. Damit werden die Wellen gemessen, die aufgrund neuronaler Aktivitäten entstehen. Diese Wellen unterscheiden sich in ihren verschiedenen Frequenzbereichen und weisen Muster auf, anhand derer man auch Krankheiten feststellen kann.

Man unterscheidet Alpha-, Beta-, Delta-, Gamma- und Theta-Wellen. Letztere treten bei Ruheaktivität im Säuglings- und Kleinkindalter auf. Bei Erwachsenen zeigen die Theta-Wellen eine verminderte Wachsamkeit an; zudem charakterisieren sie die leichteren Schlafstadien I und II.[79]

Wie man in etlichen Studien nachweisen konnte, werden unter Hypnose im Gehirn größtenteils diese Theta-Wellen aktiviert[80] – ein Zustand, der wie erwähnt dem von Kleinkindern oder dem von Erwachsenen mit verminderter Wachsamkeit entspricht.

Verminderte Wachsamkeit bedeutet aber *de facto,* dass man seinem Gegenüber mit quasi blindem Vertrauen begegnet und Worte, Bilder und Bewegungsmuster bereitwillig »aufsaugt« bzw. »hereinlässt«.

Dieses Phänomen ist von fundamentaler Bedeutung, denn von Kindesbeinen an werden wir mit Worten überhäuft; ständig wird uns gesagt, was wir tun oder lassen sollen, was wir zu lernen haben oder was wir aus unserem Leben machen können. Ist unsere Identität somit von Worten und Lebensanschauungen anderer geprägt, die wir, wie hypnotisiert, als unsere ureigenen erachten?

Schon in den 1960er-Jahren erkannte Alan Watts, dass wir alle Opfer einer Massenhypnose sind[81] und ein Weltbild in uns tragen, das uns auf »hypnotische« Art und Weise vermittelt worden sei. *Soziale Hypnose«* nannte er das (ein gesellschaftsrelevanter Begriff) und sagte bereits damals: *»Wir sind hypnotisiert worden, buchstäblich von gesellschaftlichen Konventionen hypnotisiert worden […]«*[82]

Wie stark suggestive Bilder und Worte unser ganzes Leben beeinflussen, zeigt sich auch an unserem Kaufverhalten (siehe Kapitel 7 »Hypnosetechniken der Werbung«) und an der bedenkenlosen Bereitschaft, uns einer Gruppe anzugleichen. Letzteres ist ein biologisches Bedürfnis, denn ohne Gruppe könnten wir nicht – oder nur sehr schlecht – überleben. Dies hatte bereits Charles Darwin festgestellt[83] – und nach ihm auch viele andere Wissenschaftler, u. a. Professor Richard F. Taflinger von der Washington State University (1996).[84]

Zu Beginn der Menschheitsgeschichte lohnte es sich, **den Worten des Anführers einer Gruppe Folge zu leisten,** z. B. wenn dieser anordnete, vor einem gefährlichen Tier die Flucht zu ergreifen. Solchen Worten Glauben zu schenken bzw. sich daran zu halten war also damals fundamental, da biologisch wichtig für das Überleben. Diese Erfahrungen sind in unseren Genen und Gehirnwindungen fest eingeprägt, sodass viele von uns bis heute den Versprechungen eines Anführers (Politikers) glauben, der uns eine bessere Zukunft verheißt (siehe Kapitel 5 »Politik und Hypnose«).

Von welch fundamentaler Bedeutung die Wahl der Wörter in diesem hypnotischen Lebensverführungsspiel ist, zeigt folgende Erfahrung:

Wer als Arzt mit Hypnose arbeitet, hat zuweilen Bedenken, dieses Wort gegenüber seinen Patienten zu verwenden, und greift daher auf Begriffe wie »Suggestion« oder »Tiefenentspannung« zurück. Studien haben jedoch erwiesen, dass der Erfolg von Therapien oder chirurgischen Eingriffen eindeutig auch von den verwendeten Begriffen abhängt und dass es vorteilhafter ist, gegenüber den Betreffenden klar von »Hypnose« zu sprechen.[85]

Tatsache ist, dass es **keiner** Tiefenhypnose bedarf, um uns mit suggestiven Worten zu verführen. Dies ist insbesondere dann der Fall, wenn unser Gehirn visuelle oder akustische Informationen und Wahrnehmungen aufnimmt und wir dabei **Vertrauen**[86] empfinden – und nicht merken, dass gerade deswegen bestimmte Kontrollinstanzen teilweise ausgeschaltet sind.[87]

Oxytocin, Hypnose und das Spiel mit den Neuronen

Über die Sprache der Politik und der Massenmedien und deren Wirkung ist schon viel geschrieben worden. Wie suggestiv – und somit hypnotisch – bestimmte Begriffe und Sätze wirken, müssten wir eigentlich inzwischen alle wissen. Aber dem ist nicht so: Irgendwie scheinen wir der persuasiven Wirkung von Sprache, Rhetorik und Worten mehr oder weniger ausgeliefert zu sein.

Worte beeinflussen unser Verhalten von Kindheit an. Womöglich ist das von der genetischen Evolution so eingerichtet, denn wie sonst wäre die beruhigende Wirkung der Worte einer Mutter auf ihr schreiendes Baby zu erklären? Sie funktionieren, **weil es die Worte der Person sind, der dieses schutzbedürftige Wesen voll vertraut.** Es hört die mütterliche Stimme – und schläft selig ein.

Mit acht Monaten, wenn ein Kind vermag, Fremde als solche zu erkennen, beginnt es zu weinen und zu schreien, sobald es mit unbekannten Menschen in Kontakt kommt.[88] Zumeist genügen dann aber ein paar Worte der Mutter oder eines anderen vertrauten Familienmitglieds, um das Kind zu beruhigen, sodass es fremden Menschen mit der Zeit nicht mehr mit Furcht und Angst begegnet. **An diese guten, also nicht irreführenden Seiten von Worten und Stimmen sind wir seit Anfang unseres Lebens gewöhnt.**

Wie bereits erwähnt, hat jene einlullende Kraft der Worte sehr viel mit Vertrauen zu tun – und Vertrauen wiederum hängt mit dem Liebeshormon **Oxytocin** zusammen: »*Bislang war wenig darüber bekannt, welche physiologischen Mechanismen hinter der Ausbildung von menschlichem Vertrauen stecken. Drei Schweizer Wissenschaftler konnten* [2005] *jedoch zeigen, dass Oxytocin wesentlich zur Vertrauensbildung beiträgt. In einer Studie verabreichten sie das*

Hormon nasal einer Reihe freiwilliger Probanden. Verglichen mit den Studienteilnehmern, denen auf nasalem Weg nur ein Plazebo verabreicht worden war, zeigten die Teilnehmer der Verumgruppe [die das Hormon tatsächlich bekamen] *deutlich mehr Vertrauen.«*[89]

Dieses hormonbedingte Vertrauen ist wiederum eng mit Hypnose verbunden, wie eine 2011 durchgeführte Studie der University of South Wales in Sidney (Australien) aufzeigte. Hier wurden Männer, die nicht besonders leicht zu hypnotisieren waren, in zwei Gruppen aufgeteilt: Die eine bekam ein Placebo, die andere nasal das Hormon Oxytocin (das unsere Vertrauensseligkeit erhöht). Danach wurde versucht, die Probanden zu hypnotisieren. Jene, denen Oxytocin in die Nase gesprüht worden war (und die somit mehr Vertrauen zu den Menschen in ihrer Umgebung entwickelt hatten), ließen sich signifikant **leichter hypnotisieren**.[90]

Man könnte also somit die These aufstellen, dass **Vertrauen** (verbunden mit Oxytocin) **die unerlässliche Voraussetzung für eine erfolgreiche Hypnose ist** oder die Hypnotisierbarkeit erleichtert. Damit ließe sich auch die Reaktion eines Kleinkindes auf die Stimme und die Worte der Mutter erklären, denn die Mutter-Kind-Bindung ist besonders durch Oxytocin gekennzeichnet: Bei jeder Hautberührung schießt dieses »Kuschelhormon« in die Höhe.[91]

Vertrauen ist uns somit in die Wiege gelegt, wobei aus genetischen Gründen einige Menschen von vornherein mehr Vertrauen in ihre Mitmenschen haben, andere weniger und manche überhaupt nicht. Aber warum ist das so? Vertrauen scheint in Korrelation mit denjenigen Genen zu stehen, die für die Bildung der Oxytocin-Rezeptoren verantwortlich sind – und damit auch die Hypnotisierbarkeit von Individuen bestimmen. In einer weiteren australischen Studie wurde nämlich festgestellt, dass Menschen mit der GG-Variante des für die Oxytocin-Rezeptoren zuständigen Gens weniger hypnotisierbar waren als die Träger eines

A-Allels. Dies deutet einmal mehr darauf hin, dass die **unterschiedliche Suggestibilität oder Hypnotisierbarkeit von Menschen genetisch bedingt ist** und mit dem Oxytocin-Rezeptor-Gen zu tun hat, das für unsere Vertrauensfähigkeit verantwortlich ist.[92]

Die wissenschaftlichen Studien zeigen somit, dass die menschliche Hypnotisierbarkeit eine genetische Basis besitzt, die eindeutig mit Oxytocin und Vertrauen zu tun hat.

Wie sehr Worte aber auch irreführend sein können und wie stark sie unseren bewussten Willen außer Kraft zu setzen vermögen, erfährt man erst später, wenn man beispielsweise als Kind von Freunden hintergangen oder Opfer von Mobbing wird. Tiefgreifende Enttäuschungen widerfahren insbesondere Jugendlichen in der Schulzeit, wenn sie ihren ersten Liebeskummer erleiden.

So können zärtliche Worte selbst die strengsten Kontrollinstanzen der Großhirnrinde umgehen und rasch ihr Ziel erreichen. Wie oft dies passiert, davon zeugen die Liebesenttäuschungen vieler Mädchen und Jungen, aber auch die erwachsener Frauen und Männer, die Opfer von sogenannten Love-Scammern geworden sind – Betrügern, die andere Menschen mit vorgegaukelten Liebeserklärungen hypnotisch umgarnen, um ihnen Unsummen an Geld abzuluchsen oder sie zu erpressen. Ein bekanntes Beispiel hierfür ist Susanne Klatten (eine Dame, vor deren Courage man übrigens den Hut ziehen muss).[93]

Liegt dieser Manipulierbarkeit der Gefühle vielleicht ein biologisches Diktat zugrunde? Nehmen wir an, eine junge Frau lernt einen attraktiven Mann kennen, dem sie aber nicht so recht vertraut, weil ihre Großhirnrinde sie bereits auf einige eher zweifelhafte Eigenschaften aufmerksam gemacht hat. Eines Tages, als sich ihr Gehirn gerade nicht in Habachtstellung, sondern eher in einem entspannten und hormonbedingt besonders rezeptiven Zustand befindet (weil die junge Frau kurz vor dem Eisprung steht[94]),

lauscht sie seinen mit tiefer, schmeichelnder Stimme gesproche-
nen Liebesschwüren. In diesem Moment glaubt sie seinen Worten
trotz besseren Wissens und lässt sich von ihnen einlullen. Nehmen
wir weiter an, dass sie Wochen später schwanger ist. Dies würde
zeigen, dass sich die Evolution und eines ihrer Grundprinzipien,
die »Erhaltung der Spezies«, erneut erfolgreich durchgesetzt haben – wie seit jeher.

Ein banales Beispiel, das uns aber eines erneut vor Augen führt:
Das menschliche Gehirn ist vermutlich von den Genen her darauf
programmiert, sich »hypnotisierenden« Worten hinzugeben, um
einem weiteren Diktat der Biologie (Fortpflanzung → Überleben)
zu folgen. Nicht umsonst ist Hypnose, wie oben dargelegt, eng mit
dem Hormon Oxytocin verbunden – jenem Hormon, das nicht
nur für das Empfinden von Vertrauen, sondern insbesondere für
die Liebe von fundamentaler Bedeutung ist.[95]

All dies wirft die eine oder andere Frage auf, deren Beantwor-
tung für uns Menschen von Bedeutung ist: Ist unsere Hypnotisierbarkeit womöglich genetisch bedingt, damit wir (aus welchen
evolutiven Gründen auch immer) manipuliert werden können?
Und sind unsere Lebenswahrnehmungen als eine Art Dauerhyp-
nose anzusehen? Mit anderen Worten: Leben wir ein Leben in
Trug und Lug?

Die Folgen unserer alltäglichen Hypnose

Wie erschreckend – oder rettend – ist die Erkenntnis, dass wir seit
Anbeginn unseres Lebens Worten allzu oft machtlos gegenüber-
stehen und Sprache unsere Wahrnehmung der Realität und unser
Urteilsvermögen tiefgreifend manipulieren kann?

Die Eingabe »Hypnose« in Google (Deutschland) liefert über
20 Millionen Treffer, und auf YouTube erhält man unter »hypnosis« (engl.) über drei Millionen Videos über Regressionshypnose

und Selbsthypnose und wie man mit Letzterer stressfreier lebt, weniger raucht und soziale Ängste abbaut, um nur einige Themen zu nennen. Natürlich gibt es auch fürs Smartphone schon eine Fülle von Hypnose-Apps, u. a. zum Abnehmen, gegen Schlaflosigkeit und – wen wundert's? – für besseren Sex.[96]

In vielen dieser YouTube-Videos spielen das Wort und die Stimme, aber auch hypnotisierende Bilder eine besondere Rolle (z. B. rotierende Spiralen, Strudel oder Wirbel).[97] Optische Muster dieser Art werden auch gerne in der Werbung eingesetzt; selbst bekannte Firmen wie *Verizon* oder *Oatly*[98] bedienen sich unverblümt solcher Hypnosebilder, die den Betrachter förmlich einsaugen[99] – ebenso wie *Apple*.[100] Offenbar schämt man sich nicht, für Werbezwecke offen hypnotisierende Bilder einzusetzen, also gewissermaßen zu demonstrieren, **dass Werbung *de facto* Hypnose ist**.

In dem oben erwähnten *Apple*-Werbespot wird nicht nur auf hypnotisch rotierende Kreise zurückgegriffen, sondern gleich zu Anfang mehrmals das englische Wort »*magic*« benutzt. Zunächst versetzt *Apple* den Zuschauer also mit Worten in eine Art magischen Erwartungszustand, um ihn danach desto leichter in den Bann bzw. den Sog hypnotisierender Bewegungen zu ziehen, mit denen das Produkt beworben wird.

Werbung hat schon immer auf die Suggestivkraft von Worten und Bildern gesetzt und sich gleichzeitig die Tatsache zunutze gemacht, dass jeder von uns im Laufe des Tages dafür mehrmals erhöht empfänglich ist, das heißt besonders anfällig für persuasive und manipulative Beeinflussungen (z. B. weil wir müde, nervös, depressiv, angeschlagen, gestresst etc. sind). Forscher haben nämlich festgestellt, dass wir tagsüber, obwohl wach, mehrere unbewusste Trancezustände erleben – Momente, in denen unser »Ich« die Kontrollinstanzen der höher entwickelten Gehirnregionen pausieren lässt.[101] In diesen Momenten ist unsere neurologische

Software Hackern besonders ausgeliefert, und wir räumen der Allmacht der Gesten, Worte und Bilder die Möglichkeit ein, ungefiltert bzw. »unbeaufsichtigt« in unsere primitiveren Gehirnregionen einzudringen und somit unser bewusstes Ich gewissermaßen auf kleinster Flamme zu halten.

Eine besonders perfide Form psychomanipulativer Gewalt ist das sogenannte »**Gaslighting**«. Hierbei wird das Opfer von einer ihm vertrauten Person emotional desorientiert und in Selbstzweifel getrieben, also in einen Zustand der Verwirrung versetzt (hypnotische Technik) – zum Beispiel durch systematisches Anzweifeln seiner Erinnerungen. »*Erstmals kam der Begriff 1938 in einem Theaterstück des britischen Dramatikers Patrick Hamilton vor. Der Film ›Gaslight‹ [dt. Titel: »Das Haus der Lady Alquist«] griff das Thema dann 1944 noch mal auf. Ingrid Bergman spielt darin eine Frau namens Paula, die von ihrem Mann in den Wahnsinn getrieben wird, damit er an ihr Erbe kommt. Heimlich manipuliert er die Gaszufuhr an ihrem Haus, gibt aber vor, das Flackern des Lichtes selbst nicht zu sehen. Paula glaubt, verrückt zu werden.*«[102]

Derartige Manipulationen mittels Worten und Gesten können unsere Psyche demnach nachhaltig beeinflussen, und Menschen, die solche Techniken erlernt haben oder instinktiv beherrschen, gibt es leider zuhauf.

Der Alltag liefert uns hier weitere interessante Beispiele. Wer in Politik, Werbung oder Journalismus tätig ist, weiß, sich Hypnosetechniken wie Suggestion und Verführung professionell zu bedienen, ob in Form von taktischer Rhetorik oder anderweitig.

Dazu vorab einige besonders eklatante Beispiele:

Für das Brexit-Referendum hatte Nigel Farage einen der weltweit berühmtesten Hypnotiseure engagiert, Paul McKenna. Er wurde der wichtigste Berater für die Videokampagne, die Großbritanniens Ausstieg aus der EU einleitete. Laut Arron Banks, einem der Hauptgeldgeber der Brexit-Initiative, waren diese Videos, die auf den sozialen Medien gepostet wurden, der Schlüssel zum erfolgreichen EU-Ausstieg.[103]

Selbst Amnesty International engagierte im Januar 2018 einen berühmten Hypnotiseur für einen beeindruckenden Kurzfilm zum Thema »Asylsuchende«. Dieser versetzte jüngere und ältere Menschen in Trance, um sie emotional die Geschichte einer jungen syrischen Frau nachempfinden zu lassen, die er ihnen mit bildstarken Worten schilderte (… das grausame Kriegsgeschehen in Syrien, das Boot im eiskalten Meer, die gefährliche Landung an der griechischen Küste, die mühsame Beschaffung der Papiere für Holland).[104] Der Kurzfilm, der die Reaktionen der hypnotisierten Menschen zeigt, ist emotional sehr packend – und hat somit sein Ziel bestens erreicht, nämlich die Zuschauer für die Situation der syrischen Asylsuchenden zu sensibilisieren.

Regierungen überall auf der Welt (er)kennen ebenfalls die Vorteile von Suggestionen und bedienen sich der Verhaltenswissenschaften, um ihre Bürger unauffällig und ohne großen Aufwand zu bestimmten Handlungen zu bewegen.

Diese Form der Manipulation, auch als **Nudging** bekannt, wird besonders in den angelsächsischen Ländern eingesetzt. Der *New Scientist* schreibt dazu: »*Ein Nudge nutzt das Wissen über das menschliche Verhalten, um Menschen zu ermutigen, bestimmte Dinge zu tun. Nudges funktionieren ohne explizite Regeln oder strenge Strafen – es **sind eher subtile Ansätze** zur Förderung bestimmter Handlungen. […] die britische Regierung hat sogar eine ›Nudge Unit‹ eingerichtet.*«[105] (Hervorhebung durch die Autorin)

Wie gut die Manipulation durch Worte funktioniert, zeigt einer der Erfolge dieser *Nudge Unit*: Durch eine einfache Wortänderung auf der Organspende-Webseite der britischen Regierung wurde erreicht, dass sich pro Jahr fast 100 000 Menschen mehr in die Organspenderliste eintrugen.[106] Auch wenn es sich hier um eine »Manipulation für einen guten Zweck« handelt – wie viele Regierungen diese Form der Persuasion ihrer Bürger verstanden wissen wollen –, stellt sich doch die Frage: Warum muss es einen Manipulator geben, der unser Gehirn in eine bestimmte Richtung steuert?

»Das ethische Problem der Manipulation liegt nicht darin, dass sie Menschen dazu bringt, etwas zu tun, sondern darin, wie sie funktioniert. **Bei der Manipulation gibt es einen Manipulator – einen Agenten, der die Überzeugungen und Handlungen einer anderen Person hinterrücks kontrollieren will.** *Die Opfer von Manipulation werden in ihrer Autonomie verletzt.* **In gewisser Weise ist Manipulation schlimmer als Zwang.** *Wenn die Regierung Steuern erhebt, Vorschriften macht und Gesetze erlässt, die mit Strafen belegt sind, kann man sich wenigstens seine eigene Meinung bilden. Die Optionen ändern sich zwar, aber wie man darauf reagiert, bleibt einem selbst überlassen.* **Bei Manipulation hat man die Kontrolle über die eigenen Überzeugungen, die eigenen Handlungen oder beides verloren.** *Das ist der Grund, warum die Befürworter von Nudging nicht einfach sagen können: ›Nudging ist libertär und niemand wird gezwungen.‹ Wenn Nudges manipulativ sind, ist das schlicht nicht gut«*[107] – so zu lesen in einem akademischen Blog der London School of Economics. (Hervorhebungen durch die Autorin)

Denn auch beim Nudging geht es, wie bei jeder Form der Manipulation, um Worte und deren hypnotische Verführungskraft.

Im Guten wie im Bösen.

KAPITEL 2

Medizinfakultäten – Absage an die Ethik?

Die Bilder von der Realität, die wir im Laufe unseres Lebens wortreich vermittelt bekommen, stimmen allzu oft mit der Wahrheit nicht überein, sind aber trotzdem so fest in unserem Gehirn verankert, dass wir ihrer verführerischen Kraft verfallen – wie in einer Hypnose. So vertrauen wir nach wie vor auf das moderne Hochschulsystem, obwohl die Pharmabranche immer mehr Medizinfakultäten reichlich mit Geldern ausstattet.[108] Unter dem Deckmantel einer Partnership, also einer Kooperation, wird der Wissenschaft an den Universitäten *de facto* die Agenda vorgegeben. Dies ist insbesondere in den USA seit vielen Jahren gang und gäbe, wie die *Washington Post* bereits 2012 in einem ausführlichen Artikel darlegte: »*Die Milliarden, die die Pharmafirmen in solche Experimente investieren, helfen die weltweite Suche nach Heilmitteln zu finanzieren. Aber ihr Ziel ist nicht nur die öffentliche Gesundheit. Dieses Geld ist auch Teil eines hochriskanten Profitstrebens, und in den letzten zehn Jahren hat die Einflussnahme der Unternehmen die Arzneimittelforschung* [an den Universitäten] *der Nation wiederholt vom rechten Weg abgebracht, manchmal mit potenziell tödlichen Folgen* [für die Patienten]. *Über ein Jahrzehnt hinweg gab es Kontroversen über Blockbuster-Medikamente wie Vioxx, Avandia und Celebrex* **unter dem Vorwurf, dass die Unternehmen ihre Forschung so hingebogen hatten, dass die gefährli-**

chen Nebenwirkungen verschleiert wurden.«[109] (Hervorhebung durch die Autorin)

Wie sehr die »Reinheit der Wissenschaft« darunter leidet, insbesondere die Medizin und die Pharmazie, wird anhand der Ergebnisse journalistischer Recherchearbeit ersichtlich, die diesen Namen verdient. 2012 nahm die *Washington Post* 73 Studien über Medikamente unter die Lupe, die zwischen August 2011 und August 2012 im *New England Journal of Medicine (NEJM)* veröffentlicht worden waren, einer der weltweit meistgelesenen Fachzeitschriften. Von diesen 73 Studien waren 60 von der Pharmaindustrie finanziert worden, also 80 Prozent (!). 50 Studien hatten Koautoren verfasst, die Angestellte von Pharmaunternehmen waren. Bei 37 der Studien, also bei mehr als der Hälfte, hatte der Hauptverfasser, üblicherweise ein Medizinprofessor, zuvor eine Vergütung von einem Pharmaunternehmen bekommen – sei es als Berater, als Sprecher bei einer Konferenz oder als reine Zuwendung.[110] Marcia Angell, Ärztin und ehemalige Chefredakteurin des *NEMJ*, hat der *Washington Post* die Sachlage auf sehr anschauliche Weise erklärt: *»Früher haben die Pharmafirmen ihr neues Medikament an ein akademisches Zentrum übergeben, um es testen zu lassen, und dann haben sie sich zurückgelehnt und gewartet [...] jetzt sind sie in jeden Schritt involviert* **und behandeln akademische Forscher eher wie angestellte Mitarbeiter.**«[111] (Hervorhebung durch die Autorin)

Und wie steht es in Europa? Sicherlich nicht viel besser … eigentlich sogar noch schlechter, denn in den USA wurden in der Zwischenzeit immerhin einige Regeln aufgestellt, um Interessenkonflikte aufgrund von Geldzuwendungen seitens der Pharmafirmen zu verringern.[112] Es wird also zumindest versucht, der Korruption einen Riegel vorzuschieben.

Ganz anders läuft es z. B. in Deutschland, wo laut einem Bericht der *Bundesvertretung der Medizinstudierenden in Deutschland (bvmd)* und des Netzwerks *Universities Allied for Essential*

Medicines (UAEM) sehr wenig getan wird, um mögliche Interessenkollisionen an den Medizinfakultäten zu verhindern. In ihren Schlussfolgerungen zeichnen die Autoren ein trauriges Bild: »*Unsere Ergebnisse deuten auf eine geringe Handlungsintensität der medizinischen Fakultäten* **zum Schutz der Studenten vor unzulässigem kommerziellem Einfluss hin.** *Keiner der teilnehmenden Dekane hatte Kenntnis von einem Lehrplan oder von Unterricht zum Thema Interessenkonflikte an der jeweiligen Universität, und nur zwei Medizinfakultäten verfügten über entsprechende Richtlinien.*«[113] (Hervorhebung durch die Autorin)

Pharmafirmen verzerren die Lehre

Was mich an obiger Analyse sehr überrascht hat, ist, dass von »Studenten« die Rede ist, was ja bedeutet, dass Pharmafirmen bereits Medizinstudenten zu beeinflussen versuchen, also die zukünftigen Ärzte und Wissenschaftler. In einem Artikel der *SZ* wurde dies deutlich dargelegt: »*In der Regel schaffen es Studierende der Medizin kaum bis ins sechste Semester, da haben sie schon ihr erstes Geschenk von der Industrie bekommen – ein Lehrbuch etwa oder eine Reise zu einem Kongress.*«[114]

Fängt so die Einflussnahme auf Ärzte und Wissenschaftler an? Und wie entwickelt sich diese im weiteren Verlauf ihrer Karriere? Die *SZ* dazu: »*Tatsächlich sind Interessenkonflikte von Ärzten ein großes Problem. Gerade an Universitäten arbeiten Mediziner häufig mit Pharmafirmen zusammen, deren Arzneien sie in Studien testen; es gibt Einladungen zu Kongressen, die sich ältere Ärzte nicht leisten wollen und junge nicht leisten können; auch die Fortbildung liegt oft in der Hand der Pharmaindustrie.* **Die Kurse finden dann in schönen Hotels bei gepflegtem Essen statt und sind damit in den Augen anspruchsvoller Mediziner attraktiver als Veranstaltungen pharmaunabhängiger Anbieter.** *So kommt es zu finanziellen und* ideologischen Verflechtungen, die die Wahrnehmung verzerren; *und diese verzerrte Wahrnehmung fließt wiederum in die Lehre ein.*«[115] (Hervorhebungen durch die Autorin)

Wie folgenreich der Einfluss von Pharmafirmen an Universitäten sein kann, illustriert auch folgender Fall, über den der *Spiegel* 2012 berichtete: »*Der Anästhesist Joachim Boldt war mal eine ganz große Nummer in der deutschen Spitzenmedizin. Chefarzt am Klinikum Ludwigshafen, bei Kongressen und an der Uni Gießen als hervorragender Redner bekannt. Leider tischte er seinem Publikum oft Unfug auf, wahrscheinlich des Geldes wegen.*

Joachim Boldts Name stand vor allem für das Medikament Hydroxyethylstärke (HES), ein Blutplasma-Ersatzmittel, hergestellt aus Mais- oder Kartoffelstärke. Er hatte dazu etliche Studien verfasst – und dabei angeblich herausgefunden, dass HES ein echtes Wundermittel sei. […] Hätten ein paar seiner Kollegen vor zwei Jahren nicht mal genauer hingeschaut, würde Boldt vor deutschen Medizinstudenten wohl noch immer propagieren, wie bedeutsam HES doch sei. Es wäre vielleicht auch unter der Decke geblieben, dass der Herr Doktor Zuwendungen von HES-Herstellern bekam, wie es später der Internetdienst Retraction Watch dokumentierte. Doch so flog auf, dass Boldt fleißig fälschte und HES in Wahrheit nicht nur half, sondern potentiell auch Schaden anrichtete. Der Mann verlor seinen Job als Chefarzt, seine Professur, seinen guten Ruf.«[116] (Hervorhebung durch die Autorin).

Ein Fall, der in Deutschland aufgedeckt wurde, weil er so offenkundig war – was erahnen lässt, wie hoch die Dunkelziffer solcher Machenschaften sein könnte.

In einer kanadischen Studie über die weitverbreitete Beeinflussung der Medizinfakultäten durch Pharmafirmen wurden mehrere Forschungsergebnisse zu diesem Thema dargelegt, darunter auch die von Dr. Navindra Persaud, Dozent an der Universität von Toronto. Sein Untersuchungsthema war der Schmerzmanagement-Kurs, der zwischen 2004 und 2010 an seiner Universität durchgeführt worden war und den er selbst als Medizinstudent belegt hatte.

Er war schon damals ziemlich überrascht über die Power-Point-Präsentation seines Dozenten. Dieser hatte darin die **nachweislich negativen** Auswirkungen von Oxycodon (einem potenten Opioid mit hohem Suchtpotenzial) **heruntergespielt** und die **positiven Wirkungen** dieses Medikaments anhand eines angeblichen Direktzitats aus einem wissenschaftlichen Artikel übertrieben dargestellt. Laut diesem hätten placebokontrollierte Studien »starke« und »konsistente« Nachweise dafür erbracht, dass Opioide auch nicht-krebsbedingte Schmerzen lindern.

In dem Artikel, auf den der Dozent in seiner Präsentation verwiesen hatte, war ein entsprechendes Zitat allerdings nirgends zu finden; auch kamen »*im Originalartikel die Worte ›stark‹ und ›konsistent‹ nicht vor, um die Evidenz zu beschreiben […]*«[117]

Persaud reichte eine Beschwerde ein, und die Universität überarbeitete das Programm. Im Jahr 2013 wurden fast 1400 ehemalige Medizinstudierende der Universität von Toronto kontaktiert und aufgefordert, **die Lehrmaterialien zu ignorieren,** die ihnen in Bezug auf das verschreibungspflichtige Schmerzmittel Oxycodon ausgehändigt worden waren.[118]

Dieses Beispiel ist kein Einzelfall und zeigt auf, dass den Medizinstudierenden von einigen Dozenten vermutlich **vorsätzlich falsche medizinische Informationen** aufgetischt werden. Wie viele ähnliche Fälle anderswo existieren, darüber lässt sich nur spekulieren. In diesem Fall hatte ein Dozent jedenfalls wider besseres Wissen die Nebenwirkungen eines potenten Schmerzmittels mit hohem Suchtpotenzial kleingeredet und der nächsten Generation von Ärzten somit beigebracht, dieses Opioid bei chronischen Schmerzen bedenkenlos verschreiben zu können.

Die durch die Unredlichkeit einiger Dozenten in der Medizinlehre verbreiteten unzulänglichen Fakten bzw. »hypnotisierenden« falschen Wahrheitsbilder können allerdings gravierende oder gar letale Konsequenzen haben. Was in Kanada und in den USA aufgrund der massiven Überverschreibung von opioidhaltigen Schmerzmitteln geschehen ist, wie viele Menschen davon suchtabhängig wurden und wie viele daran gestorben sind, dürfte inzwischen hinlänglich bekannt sein. Zur Erinnerung einige Daten: Die Überdosierung bzw. Überverschreibung von Opioiden hat zwischen 1999 und 2018 ca. 400 000 US-Amerikanern das Leben gekostet.[119] In Kanada gab es aufgrund der toxischen Wirkung opioidhaltiger Medikamente zwischen 2016 und 2020 über 17 000 Tote.[120]

Wenn Universitätsdozenten wider besseres Wissen mit glatten Lügen arbeiten – wie sehr können wir uns dann auf die fachliche Kompetenz der späteren Ärzte verlassen? **Sind Medizinstudierende,** die gar nicht merken, dass sie falsche Informationen vermittelt bekommen und später als Ärzte in gutem Glauben Medikamente verschreiben, die ihren Patienten gefährlich werden könnten, **letztlich nicht Opfer einer hypnotischen Manipulation?**

Wie sehr sich Pharmafirmen inzwischen unverhohlen in die Lehrpläne der Universitäten einmischen, wird auch aus einer Meldung in der italienischen Ärztefachzeitschrift *Quotidiano Sanità* vom April 2020 deutlich: »*Sanofi unterzeichnet eine Vereinbarung mit Fimmg*[121] *und Simg*[122] *zur Ausbildung der Ärzte der Zukunft. Eine innovative Form der Zusammenarbeit, die sich der Fortbildung von Allgemeinmedizinern zu den sich ständig weiterentwickelnden klinischen Themen wie kardiometabolische Erkrankungen, Prävention und Management chronischer Krankheiten widmet.*«[123] (Hervorhebung durch die Autorin)

Dieses dreijährige Lehrprojekt stieß bei der italienischen Ärzteschaft auf vehemente Kritik. Aus der Fülle von negativen Kommentaren bringen die Warnungen von Dr. med. Bellabona und Dr.

med. Mangiagalli die (inzwischen europaweite) Problematik der Einmischung der Pharmaindustrie in die Medizinlehre auf den Punkt: »*Merken wir überhaupt, um was für einen gigantischen Interessenkonflikt es hier geht? Früher herrschte wenigstens noch eine gewisse Zurückhaltung, auch wenn eine Einflussnahme bereits vorhanden war. Jetzt agieren sie ganz offen. **Genauso gut könnte man die Universitäten und die Ausbildung in der Allgemeinmedizin der staatlichen Kontrolle entziehen.** Dies ist die natürliche Folge des Wandels von einem solidarischen zu einem utilitaristischen Gesundheitssystem.*« Und weiter: »*[…] seit wann diktiert ein Privatunternehmen die Regeln für die ›substanzielle Veränderung‹ des öffentlichen Gesundheitssystems‹? […] Ich freue mich, dass sich viele Kollegen, auch Krankenhauskollegen, über diese Fehlentwicklung Gedanken machen. Jetzt ist es an der Zeit, dem Druck standzuhalten und derlei Angebote abzulehnen!*«[124] (Hervorhebung durch die Autorin)

Ködern von Ärzten und Studenten

Das Motto eines befreundeten Arztes – *Weniger Ästhetik und mehr Ethik* – wäre an den Medizinfakultäten von fundamentaler Bedeutung. Denn gerade dort werden Lehrende wie Lernende von Pharmafirmen mit teuren Essen in Sternerestaurants, exklusiven Massagen, Einladungen zu Kongressen in Luxushotels etc. umgarnt (Beispiele vor Corona-Zeiten).[125]

Und diese Lockmittel lassen sich die Firmen einiges kosten: Als der Pharmagigant *Amgen* 24 australische Onkologen 2015 zu einem Kongress in den USA einlud, machte er für Flüge, Hotel und Verpflegung 270 000 Dollar locker.[126]

Wie aktiv einige Pharmafirmen auf diesem Gebiet sind, wird auch aus einer australischen Analyse deutlich, die im *BMJ* veröffentlicht wurde. In den vier Jahren zwischen 2011 und 2015 richtete die Pharmaindustrie allein für die Mitarbeiter des australischen Gesundheitswesens über 116 000 Veranstaltungen aus, das heißt durchschnittlich 608 pro Woche. 82 Prozent dieser Events waren Ärzten und Fachärzten vorbehalten, und ca. 40 Prozent richteten sich auch an medizinische Auszubildende: »*Die meisten fanden im klinischen Umfeld statt, was auf eine starke kommerzielle Präsenz im klinischen Alltag schließen ließ. Fast immer wurden Essen und Getränke angeboten, von denen bekannt ist, dass sie das Verschreibungsverhalten beeinflussen*« – so die Analyse im *BMJ*.[127]

Ärzte sind zwar subjektiv der Überzeugung, dass Zuwendungen der Pharmabranche keinerlei Einfluss auf ihre Entscheidungen im Hinblick auf Patiententherapie, Verschreibungsverhalten, Formulierung von Leitlinien oder die wissenschaftliche Begutachtung neuer Medikamente und deren Wirkung haben – aber dem ist mitnichten so, wie zahlreiche Studien beweisen.[128] Eine im *Ärzteblatt* veröffentlichte kam zu folgendem Schluss: »*Will man die Gefährdung der Validität und Glaubwürdigkeit von Leitlinien durch Interessenkonflikte reduzieren, müssen Interessenkonflikte nicht nur offengelegt, sondern auch nachvollziehbar und glaubwürdig hinsichtlich ihrer Bedeutung bewertet werden.*«[129]

Ergänzend dazu weiß das *Bayerische Ärzteblatt* darüber zu berichten, wie sehr auch die Verschreibungspraxis beeinflusst werden kann: »*So ist Ärzten in der Regel zwar bewusst, dass der Pharmavertreter sie beeinflussen will, sie meinen aber, dass dessen Versuche an ihnen abprallen. Für ein gewisses Problembewusstsein spricht jedoch, dass sie bei ihren Kollegen weniger optimistisch sind und deren Urteilsfähigkeit für gefährdet halten.*«[130] (Hervorhebung durch die Autorin)

Wie vernebelt, beinahe hypnotisiert muss man sein, zu denken, dass der Pharmavertreter auf die Kollegen Einfluss nimmt, man selbst aber davor gefeit sei!

Wären derartige Praktiken wie oben beschrieben für die Pharmafirmen nicht profitabel, würden sie wohl kaum so hohe Summen investieren (z. B. in ärztliche Fortbildung) und sich dabei immer spendabler zeigen. Bereits 2018 konstatierte das *Handelsblatt*: »*So gingen laut FSA* [Freiwillige Selbstkontrolle der Arzneimittelindustrie] *2017 etwa 605 Millionen Euro an Ärzte, Apotheker und Krankenhäuser. Im Jahr davor waren es dagegen noch knapp 562 Millionen Euro. Allein über 105 Millionen Euro wurden dabei für Fortbildungen und Vorträge geleistet, ein Bereich, in dem die Beeinflussung der Männer und Frauen in Weiß durch die Pharmaindustrie besonders oft vorkommt.*«[131] Auch eine US-Studie von 2016 stellte fest, dass Zuwendungen der Pharmabranche – **insbesondere Fortbildungskurse** und Restauranteinladungen – **das Verschreibungsverhalten der Ärzte durchaus verändern.**[132]

Wie lange will man uns Patienten noch blenden und in einem quasi-hypnotischen Zustand halten, in dem wir vertrauensvoll alles glauben, was uns erzählt wird?

Evidenzbasierte Medizin (EbM) – nur vorgetäuscht ?

Das beruhigende Bild, dass unsere Medizin auf evidenzbasierten klinischen Studien fußt, gibt uns eine trügerische Sicherheit – ähnlich wie die schönen suggestiven Bilder, mit denen üblicherweise eine Hypnose eingeleitet wird.

Seit Jahrzehnten wird uns das Konzept der evidenzbasierten Medizin mantramäßig von allen Seiten verkündet – also »*der gewissenhafte, ausdrückliche und angemessene Gebrauch der gegenwärtig besten vorhandenen Daten aus der Gesundheitsforschung, um bei Behandlung und Versorgung von konkreten Patienten Entscheidungen zu treffen. EbM beinhaltet die Integration individueller klinischer Expertise mit der bestmöglichen Evidenz aus klinischer Forschung und der Präferenz des Patienten.*«[133]

Seit Langem ist jedoch bekannt, dass es die evidenzbasierte Medizin kaum noch gibt, da die Resultate vieler Studien über Medikamente und medizinische Apparate zugunsten ihrer Sponsoren, das heißt der Pharmaindustrie, manipuliert werden.[134] Auch hier handelt es sich durchaus nicht nur um Einzelfälle.

In einer Analyse, die 2019 im *BMJ* erschien, betonen Medizinprofessoren, Ärzte und Fachexperten aus den USA, der Schweiz, Kanada, Australien, Schweden, Großbritannien, Norwegen und Deutschland, dass es höchste Zeit sei, **sich von den Pharmafirmen zu distanzieren und zu einer unabhängigen Forschung zurückzukehren,** um wieder **echte evidenzbasierte Studien** zu erstellen, auf deren Resultate man vertrauen könne.[135] Schon vor Jahren hatte die Universität Oxford gemeinsam mit dem *BMJ* einen ähnlichen Appell veröffentlicht.[136]

Da die aktuelle Lage jedoch nach wie vor mehr als beschämend ist (immerhin geht es letztlich um unser aller Gesundheit), lohnt sich ein genauerer Blick in die oben genannte Analyse: »*Es hat sich wiederholt gezeigt, dass die veröffentlichten Ergebnisse von Studien, die von der Industrie gesponsert wurden, dazu tendieren, die Produkte der Sponsoren zu bevorzugen, was zu einer ›Sponsoring-Verzerrung‹ der Evidenzbasis führt, die den Nutzen über- und den Schaden unterbewertet* [...]

Der kommerzielle Einfluss wirkt sich auch auf die klinische Praxis aus, sei es durch Pharmareferenten, Leitlinien oder direkte Zahlungen. Die Industrie argumentiert, dass sie wertvolle Informationen liefert, die den Patienten helfen; eine systematische Überprüfung ergab jedoch, dass Informationen von Arzneimittelherstellern im Allgemeinen die Verschreibung von mehr Medikamenten bewirkt, und zwar zu höheren Kosten und mit geringerer Qualität. Im Jahr 2019 stellte eine Studie über Marketing-Zuwendungen von Opioidherstellern an 67 000 US-Ärzte einen Zusammenhang fest

zwischen dem Ausmaß des Marketings, einer erhöhten Verschrei-
bung von Opioiden und höheren Sterberaten.«[137] (Hervorhebungen durch die Autorin)

Verzerrte Leitlinien

Ärzte wie Patienten vertrauen den medizinischen Leitlinien, weil
diese – so wird uns zumindest vermittelt – von besonders kompetenten Fachleuten, oft Professoren, aufgestellt werden. Diese Leitlinien sind Handlungsempfehlungen für die Ärzteschaft bezüglich
Diagnostik und Therapie, um die beste Versorgung der Patienten
zu gewährleisten.

Entspricht dieses Bild der Wahrheit, oder ist es wieder nur eines der vielen die Gesellschaft hypnotisierenden = beruhigenden
Bilder eines Zustandes, der so nicht existiert? In dem oben erwähnten Artikel betonen die Fachexperten: »*Klinische Leitlinien,
die Behandlungen empfehlen und Krankheitsdefinitionen erweitern
können, werden oft von medizinischen Fachgesellschaften erstellt
und von Personen verfasst, die finanzielle Verbindungen zu inte-
ressierten Unternehmen haben. Sie können potenziell zu Überversorgung und Überdiagnostik führen.*«[138] (Hervorhebungen durch
die Autorin)

Neben Überversorgung und Überdiagnostik (also überflüssi-
gen Medikationen und unnötigen Untersuchungen) können Leitlinien aber auch zu Unterversorgung und Unterdiagnostik führen
(z. B. bei Schilddrüsenproblemen aufgrund der umstrittenen Refe-
renzbereiche für den TSH-Wert – Näheres dazu in meinem Buch
Die Blutwert-Lüge).

Anhand einer wissenschaftlichen Umfrage zum Thema Leitlini-
en und deren Beeinflussung durch Pharmafirmen kamen kanadische Autoren bereits 2016 zu folgendem Schluss: »*Finanzielle Beziehungen zwischen medizinischen Fachgesellschaften, die Leitlinien*

für die klinische Praxis erstellen, und biomedizinischen Unternehmen sind üblich und werden in Leitlinien nur selten offengelegt.«[139]

Selbst wenn Ärzte derlei Zuwendungen oder Beratungshonorare nicht verschweigen, scheinen sich viele ihrer ethischen Verantwortung gegenüber Wissenschaft und Patienten zu entziehen, insbesondere wenn sie im akademischen Bereich tätig sind. Die lockere Haltung gegenüber Interessenkonflikten (die übrigens nicht nur bei Ärzten anzutreffen ist, man denke z. B. an den Covid-Maskenskandal) kann aber gerade bei dieser Berufsgruppe am Ende zu Entscheidungen führen, die schwerwiegende Folgen für die Patienten haben können.

2013 haben Mitglieder der *Arzneimittelkommission der deutschen Ärzteschaft (AkdÄ)* in einem wissenschaftlichen Artikel auf *aerzteblatt.de International* aufgezeigt, dass in einer deutschen AWMF-S3-Leitlinie (also einer mit der höchsten methodischen Qualität) das Medikament *Efalizumab* für die Behandlung von Psoriasis vulgaris (Schuppenflechte) empfohlen wurde – **trotz** der Tatsache, dass 10 der 15 Autoren der Leitlinie evidente Interessenkonflikte angaben. Sie hatten Geldzuwendungen von der Firma erhalten, die dieses Medikament produziert – ein Medikament, dessen **Nutzen** von der *Europäischen Arzneimittelagentur (EMA)* schon zuvor (2009) **als gering erachtet worden war.** Angesichts der gravierenden Nebenwirkungen von *Efalizumab* hatte diese Institution empfohlen, die Zulassung ganz ruhen zu lassen.[140]

Da sich Ärzte in den allermeisten Fällen an die Leitlinien halten, vertrauen sie offenbar den darin dargelegten Fakten und Therapieansätzen. Obwohl die Leitlinien eigentlich nur Empfehlungen (!) sind, fühlt man sich als Arzt schon deshalb an sie gebunden, weil sie generell als medizinischer Standard verstanden und befolgt werden.[141]

Die unwissenden Patienten vertrauen den Ärzten, die wiederum wie in Trance den Leitlinien folgen – obwohl sie (zumeist) sehr wohl wissen, dass bei vielen davon Pharmafirmen ihre Hand im Spiel hatten.[142]

Anscheinend ein weltweites Problem, denn auch das US-Ärzteblatt *JAMA* konstatierte: »*In einer Studie fanden Kahn und Kollegen heraus, dass 91 [...] der 160 Autoren **von 18 Leitlinien**, die sich auf 10 umsatzstarke Medikamente bezogen, finanzielle Interessenkonflikte aufwiesen. [...] Bemerkenswert war, dass 14 der 18 Gremienvorsitzenden ebenfalls Zahlungen von der Pharmaindustrie erhalten hatten [...]*«.[143]

Korruption im deutschen Medizinwesen?

In den USA[144] und in Kanada[145] scheint Korruption in der Medizin leider häufig vorzukommen, aber auch in Europa ist die Einflussnahme durch Pharmafirmen (obwohl von Ärzten bestritten) an der Tagesordnung und durchaus zu spüren,[146] insbesondere in der BRD: »*300 Milliarden Euro werden pro Jahr auf dem Gesundheitsmarkt in Deutschland umgesetzt. [...] **So viel wie in keiner anderen Branche**. In Frankfurt gibt es deshalb seit 2009 die bundesweit erste Zentralstelle zur Bekämpfung von Korruption im Gesundheitswesen.*«[147]

Leider hat sich vor Kurzem herausgestellt, dass zuweilen auch die Bekämpfer korrupt sind. **Oberstaatsanwalt** Alexander B., der in über 1500 Ärzte- und Apotheker-Korruptionsverfahren in Frankfurt **immer dieselbe Gutachterfirma beauftragt** hatte, wurde 2020 gewerbsmäßige Bestechlichkeit in großem Stil vorgeworfen.[148]

Korruption und Bestechlichkeit sind in Deutschland mittlerweile in mehreren Bereichen an der Tagesordnung, werden aber im Vergleich zu anderen Ländern besser verdeckt und weniger verfolgt, da in der BRD die Staatsanwälte der Weisungsbefugnis der Justizministerien unterstehen. In Sachen Bestechlichkeit könnten Italiener, Griechen und Spanier zurzeit Einiges von den Deutschen lernen.

Es besteht aber auch Hoffnung: Viele Mediziner sind bereits aus dem hypnotisierenden System aufgewacht, so z.B. eine Gruppe deutscher Ärzte (ca. 1000), die sich in *MEZIS* verbunden haben (MEZIS ist das Akronym für »*Mein Essen zahle ich selbst*«). Auf der Website dieser »Initiative unbestechlicher Ärztinnen und Ärzte« ist zu lesen, was dies konkret bedeutet: »*Auf Besuche von Pharmavertreterinnen und Pharmavertretern in Praxen und Krankenhäusern zu verzichten; keine Muster und Geschenke von Pharmavertreterinnen und Pharmavertretern mehr anzunehmen; Essenseinladungen abzulehnen und auf Anwendungsbeobachtungen zu verzichten.*«[149]

Wie unabhängig sind internationale Aufsichtsbehörden?

Wir alle (darunter selbst Ärzte und Wissenschaftler) lassen uns davon beeindrucken, dass zwei bedeutende Institutionen – die US-amerikanische Arzneimittelbehörde *Food and Drug Agency (FDA)* bzw. die *Europäische Arzneimittelagentur (EMA)* – den hehren Auftrag haben, unsere Gesundheit zu schützen und hierfür nur Medikamente zuzulassen, die zuvor lange und rigide Prüfungen durchlaufen. Ihre Entscheidungen werden daher so gut wie nie infrage gestellt, obwohl das 2020 im Zusammenhang mit dem Corona-Medikament *Remdesivir* wieder einmal angebracht gewesen wäre (siehe unten). Für viele Menschen wäre auch eine bessere Kontrolle bei den Covid-Impfstoffen (Beispiel: *AstraZeneca*) wünschenswert gewesen.

Eine Zulassung bedeutet nämlich nicht immer, dass das betreffende Medikament für uns Patienten tatsächlich gut ist und keine gefährlichen Nebenwirkungen hat. Davon gutgläubig auszugehen ist eine weitere Art von Verblendung, denn die EMA musste 2015 zum Beispiel die Zulassung von Hunderten von Medikamenten ruhen lassen, weil die von ihren Experten evaluierten Studien nachweislich auf fehlerhaften Angaben basierten. Genauer gesagt: **Diese Medikamentenzulassungen waren aufgrund verfälschter Studiendaten zustande gekommen.**[150] All dies ging zwar durch die Presse, trotzdem ist jedoch bei den meisten von uns die Vorstellung, dass die Zulassung eines Medikaments gleichbedeutend ist mit seiner positiven Wirksamkeit, nach wie vor hypnotisch fest verankert.

Dass dem nicht so ist, stellte sich einmal mehr während der Corona-Krise 2020 heraus. Die Marktzulassung des antiviralen Medikaments Remdesivir basierte hauptsächlich auf den Ergebnissen einer einzigen (!) Studie, die das Nationale Institut für Allergie und Infektionskrankheiten (NIAID) erstellt hatte (das vom allseits bekannten Dr. Fauci geleitet wird). Was dabei jedoch völlig außen vor gelassen wurde, war die Tatsache, dass eine andere kurz zuvor im *Lancet*[151] veröffentlichte Studie über Remdesivir eindeutig zu dem Schluss gekommen war, dass dieses Medikament nicht nur wenig Nutzen im Kampf gegen Covid brachte, sondern sogar gravierende Nebenwirkungen verursachte.

Trotzdem wurde wie hypnotisiert hauptsächlich auf die eine positive NIAID-Studie geschaut (obwohl diese unter fachlicher Kritik etlicher Experten stand). Gab es womöglich einige Interessierte, die Remdesivir von Anfang an unbedingt pushen wollten? Jedenfalls erlangte dieses Medikament die Notzulassung in den USA und eine bedingte Zulassung in der EU.

Einige Monate später (die Aktien des Remdesivir-Produzenten *Gilead Sciences* hatten mittlerweile Höchststände erreicht, da die ganze Welt dieses überteuerte Medikament kaufte) veröffentlichte die WHO ihre Bedenken zu Remdesivir und schloss sich weitgehend der *Lancet*-Studie an, wobei sie anhand neuer Studien auf die geringe Wirkung von Remdesivir hinwies. Gleiches stand in einer Meldung vom RKI.[152]

Hätte man sich also nicht so stark auf eine rasche Zulassung fixiert und die *Lancet*-Studie von Anfang an mitberücksichtigt, wäre dem Staat – also uns! – eine riesige Verschwendung von Steuergeldern erspart geblieben. (In meinem Buch über Covid-19 ist diese ganze Entwicklung im Detail dargelegt).

Aber man ist geblendet von **institutionellen Arzneimittelzulassungen** und vergisst dabei, dass diese von Menschen gemacht werden und die Beteiligten entweder oft Opfer von Datenmanipulationen und Einflussnahmen sind (man denke an die Hunderte von zurückgezogenen EMA-Zulassungen aufgrund falscher Daten) oder selbst handfeste finanzielle Interessen haben. Das bestätigen auch Analysen von Experten im *BMJ*: *»Erschwerend kommt hinzu, **dass auch die Aufsichtsbehörden, die Forschungsergebnisse bewerten – darunter die Europäische Arzneimittelagentur [EMA] und US-Behörde für Lebens- und Arzneimittel [FDA] – finanzielle Interessenkonflikte haben**, da sie von der Finanzierung durch ebenjene Unternehmen abhängig sind, deren Produkte sie bewerten.«*[153] (Hervorhebung durch die Autorin)

Es sind aber nicht nur finanzielle Interessen seitens der Institutionen, die hier vermutlich eine Rolle spielen. Ein gewisses »Gschmäckle« hinterließ Thomas Lönngren, der die EMA mehrere Jahre geleitet hatte: *»Als Ende 2010 seine Amtszeit endete, hatte er alles vorbereitet, um am nächsten Tag ein Beratungsunternehmen für exakt solche Firmen zu eröffnen, die er vorher kontrolliert hatte. Doch damit nicht genug: Innerhalb von Wochen wurde er Mitglied in Beiräten der Pharmahersteller Novo Nordisk und Lundbeck sowie ›Senior Advisor‹ für Investitionen im Gesundheitssektor der US-Bank Goldman Sachs. Der Coup aber ist ein Aufsichtsratsposten bei CBio, der den Aktienkurs der Biotech-Firma um 29 % hochkatapultierte.«*[154] Man kann dem ehemaligen Chef der Europäischen Gesundheitsbehörde nichts nachweisen, und damit hat ja sicher alles seine Richtigkeit … oder doch nicht? »*Eigentlich sollte ein solcher Seitenwechsel in der EU gar nicht mehr möglich sein. Denn als Folge einiger Skandale müssen EU-Mitarbeiter nach ihrem Weggang ihre Vorgesetzten zwei Jahre lang über alle beruflichen Aktivitäten informieren. Gibt es dabei Interessenkonflikte, kann die EU durchaus Tätigkeiten untersagen. Dass das Aufsichtsgremium der EMA die Aktivitäten Lönngrens genehmigte, ist ein Skandal. Fünf internationale Organisationen protestierten deshalb beim zuständigen EU-Gesundheitskommissar John Dalli und forderten eine Überprüfung der Aktivitäten des Ex-Kontrolleurs (3). Am 17.3.2011 hat die EMA auf Grund der ISDB-Aktivitäten Einschränkungen verfügt, denen Herr Lönngren in seiner Arbeit für die Pharmaindustrie unterliegt*« – so beschrieben im *Arzneimittelbrief*.[155] (Hervorhebungen durch die Autorin)

Nun, zwei Jahre kann jeder abwarten, bis sich Pharmafirmen oder anderweitige private Unternehmen, die von seinem entgegenkommenden Verhalten profitiert haben, »auf legitimer Basis« erkenntlich zeigen dürfen.

Was vor 2010 hinter den Kulissen der EMA vorgegangen war, müsste eigentlich jedem klar sein. Aber nein, wir sind verblendet und lassen es gerne bei dem uns suggerierten Bild, das uns in Sicherheit wiegt und glauben macht, dass Fachleute in Gesundheitsbehörden grundsätzlich korrekt handeln. Zugegeben ist es mühsam, immer alles zu hinterfragen oder Informationen einzuholen, um einer Sache auf den Grund zu gehen. Es ist eben einfacher, **vertrauensvoll zu glauben** – ähnlich wie bei einer Hypnose.

In den letzten Jahren kann man aber hier und da ein leichtes Aufflackern von Aufmerksamkeit beobachten, und es scheint, als ob einige erwacht wären, die sich diesem System des Lobbyismus und der Korruption nicht mehr beugen wollen.

Nachdem Guido Rasi zum Direktor der EMA ernannt worden

war,[156] entschloss sich diese Agentur, die Studien für Medikamentenzulassungen öffentlich zu machen (2015). Prompt reichten zwei Pharmafirmen gegen die neue Transparenzpolitik der EMA eine Klage ein. Diese wurde erstinstanzlich abgewiesen, worauf die Firmen Berufung beim Europäischen Gerichtshof (EuGH) einlegten. Gerard Hogan, Generalanwalt beim EuGH, »*hatte in seinem Gutachten zugunsten der beiden klagenden Pharmahersteller plädiert und festgestellt, dass die Transparenz grundsätzlich den kommerziellen Interessen der Unternehmen schade.*«[157]

Gegen diese Meinung protestierten 42 Organisationen, Forschungseinrichtungen und Wissenschaftler gemeinsam mit dem AOK-Bundesverband in einem offenen Brief, in dem sie u. a. klarstellten: »*Der Zugang zu den Clinical Study Reports für Medikamente ist ein Eckpfeiler für freie Forschung, öffentliche Kontrolle und Vertrauen in die europäische Regulierungsbehörde.*«[158]

In diesem Fall haben sich die obersten Richter des EuGHs nicht, was üblich gewesen wäre, der Meinung des Generalanwalts angeschlossen und somit die Notwendigkeit von Transparenz bestärkt, gerade was die öffentliche Gesundheit anbelangt.[159]

Dies lässt auf ein allgemeines Erwachen hoffen, auch wenn es ein langwieriger Prozess werden dürfte.

KAPITEL 3

Gibt es noch Meinungsfreiheit an den Universitäten?

Die Löschkultur (Cancel Culture) hat an Universitäten eine lange Tradition und zu gravierenden Folgen für die Gesellschaft und für den Einzelnen geführt. Der Begriff »Löschkultur« mag neu sein, nicht aber die damit verbundene Unterdrückung von Standpunkten oder Forschungsergebnissen. In diesem Buch wird »Cancel Culture« also **nicht nur für das Ausladen von Gelehrten oder für die Identitätspolitik verwendet.**

Hochschulen und Universitäten sind zentrale Akteure in Wissenschaft und Gesellschaft.[160] Sie sollten Orte der freien Meinungsäußerung sein,[161] denn nur eine *»freie Wissenschaft ermöglicht uns Fortschritt. Sie ist der Garant für die Zukunft unserer Kinder«,* wie Bundesministerin Anja Karliczek beim KAS-Symposium in Berlin 2020 betonte.[162] In den letzten Jahrzehnten stellen sich viele Universitäten aber immer mehr in den Dienst der herrschenden wirtschaftlichen und politischen Vorstellungen bzw. vermitteln veraltete Theorien. Im Zuge dieser Entwicklung haben zahlreiche Universitäten die Freiheit der Wissenschaft bzw. die Unabhängigkeit des wissenschaftlichen Denkens teilweise aufgegeben.[163]

Wir alle leben in einer Art hypnotischer Blase, die gefüllt ist mit falschen Informationen, unzulänglichen Theorien und unwahren Fakten. Sie wurden und werden in den Lehranstalten wie in der Gesellschaft von Generation zu Generation als nahezu unumstößliche Wahrheiten weitergegeben. Bereits Alan Watts erkannte in den 1970er-Jahren, dass wir in einer Gesellschaft von hypnotisierten, die Wahrheit nicht erkennenden Menschen leben. Bestimmte falsche Vorstellungen und Fakten, die an Universitäten und Schulen als wissenschaftliche Wahrheiten verbreitet werden, lenken und gefährden die Gesellschaft und die Demokratie.

Jordan Peterson, kanadischer Psychologieprofessor, Bestsellerautor und Superstar auf YouTube, hätte im Herbst 2019 zwei Monate an der theologischen Fakultät der Universität Cambridge lehren sollen. Aufgrund studentischer Proteste wegen seiner Ernennung als Gastdozent beschloss Cambridge, die bereits angekündigten Lehrveranstaltungen abzusagen. Der renommierte Psychologe und Wissenschaftler erfuhr von der Absage über Twitter …

Man kann mit den Meinungen von Professor Jordan Peterson, die sicherlich alles andere als Mainstream sind, hadern – trotzdem hat sich Cambridge bzw. die Universitätskultur damit keinen Gefallen getan.[164]

Die seit Jahren an Universitäten praktizierte Cancel Culture, also die sogenannte Absage- oder Löschkultur, ist wohl eine der größten Gefahren für unsere Demokratie. Sie lässt uns in dem Glauben, dass bestimmte Theorien bzw. kulturelle oder gesellschaftlichen Vorstellungen und Meinungen die einzig »richtigen« sind, was jegliche Weiterentwicklung blockiert. Hierbei geht es nicht nur um das Ausladen von Gelehrten, deren Äußerungen irgendwann die Regeln der *political correctness (PC)*, also der politischen Korrektheit oder der Identitätspolitik, verletzt haben. Vielmehr geht es auch darum, dass Theorien oder belegbare Fakten von Wissenschaftlern, die von den vorherrschenden abrücken, nicht mehr publiziert bzw. überhaupt zur Diskussion gestellt werden. Letzteres ist von der Definition der Cancel Culture bis jetzt noch nicht abgedeckt, aber ich finde diese Erweiterung durchaus angebracht: An den Universitäten werden nämlich oft nur die etablierten Auslegungen von Theorien gelehrt, und was nicht in deren Sinn ist, kommt kaum mehr zu Gehör.

Wie war das doch gleich mit Galileo …? Auch heute werden weiterhin obsolete und somit falsche Theorien gelehrt,[165] und in einigen Fakultäten, wie z. B. in der Medizin, werden den Studierenden sogar eindeutig falsche »Fakten« beigebracht (siehe Kapitel 2 »Medizinfakultäten – Absage an die Ethik?«).

Die Manipulation der Lernenden besteht seit etlichen Generationen[166] und wird auch künftige Akademikerjahrgänge betreffen. Sie lässt junge Menschen wie hypnotisiert an Fakten festhalten, die entweder veraltet und somit falsch sind – oder sie lässt sie unbeirrbar, oft sogar radikal, an einseitige Vorstellungen glauben, die eigentlich einer offenen Überprüfung und Analyse unterzogen werden sollten, insbesondere an den Wirtschaftsfakultäten. Dazu Professor Martin Parker von der University of Bristol im *Guardian: »Wenn wir wollen, dass die Mächtigen verantwortungsbewusster werden, dann müssen wir aufhören, **den Studenten beizubringen**, […] dass der Zweck des Lernens z. B. von Steuergesetzen darin besteht, Steuern zu hinterziehen, oder dass der Zweck des Marketings das Schaffen neuer Begehrlichkeiten ist. In jedem Fall agieren die Business Schools als Apologeten **und vermitteln Ideologien, als wären sie Wissenschaften**.«*[167] (Hervorhebungen durch die Autorin)

Was an Universitäten gelehrt wird, hat für die ganze Gesellschaft ein besonderes Gewicht – und es Gelehrten zu verwehren, **neue Standpunkte zu wesentlichen Themen der Wissenschaft oder der allgemeinen Kultur vorzutragen,** ist eine absolut gefährliche Tendenz, **insbesondere, wenn der Lehrstoff ideologisch vermittelt wird.**

Die Absage- oder Löschkultur ist inzwischen so weit fortgeschritten, dass die britische Regierung Anfang 2021 bekanntgab, ein Gesetz zu planen, das die Unterdrückung von Meinungsäußerungen an Universitäten unter Strafe stellt.[168] Für Tom Simpson, außerordentlicher Professor für Philosophie und öffentliche Politik an der Universität Oxford, ist dieser Vorschlag der britischen Regierung ein »*sehr willkommener Schritt, um sicherzustellen, dass die Meinungsvielfalt an britischen Universitäten geschützt wird*«.[169]

Es war an der Zeit für diesen Vorstoß, denn seit Jahrzehnten werden u. a. Biologen und Genetiker, die eine Erweiterung der Darwin'schen Evolutionstheorie fordern, von den Universitäten entweder benachteiligt oder ihre Projekte nicht finanziert.[170]

Allzu lange ist z. B. versucht worden, die Unzulänglichkeiten der Darwin'schen Theorie zu verbergen, indem man neue evolutionäre Erkenntnisse ins Lächerliche zog, obwohl sie auf streng wissenschaftlichen Forschungen basierten. Dieses Festhalten an der veralteten Interpretation der Evolutionstheorie hatte schwerwiegende Folgen für die Gestaltung unserer Gesellschaft, die sich in einem Satz subsumieren lässt: **Der Kampf ums Dasein** – ein Prinzip, das dem Turbokapitalismus Tür und Tor öffnete, da er als naturgegeben galt (Stichwort Sozialdarwinismus – siehe nächstes Kapitel).

Faktisch wurden – und werden – Evolutionsforscher marginalisiert, die nicht die gleiche wissenschaftliche Meinung vertreten wie die Befürworter des Neodarwinismus und der synthetischen Evolutionstheorie (bekanntester Vertreter: Richard Dawkins, Autor von *Das egoistische Gen*). Jeder Wissenschaftler, der nicht mit diesen Richtungen einverstanden war, wurde als Darwin-Verräter diffamiert.

Als einer dieser »Verräter« gilt Rupert Sheldrake, ehemaliger Dozent für Biochemie an der Universität Cambridge. Vor Jahren hatte er ein Buch über seine Theorie der morphogenetischen Felder veröffentlicht mit dem Titel *Das schöpferische Universum*

(A New Science of Life). Da er sich damit als Cambridge-Professor erdreistet hatte, von der Mainstream-Wissenschaft abzuweichen, fiel die Kritik erwartungsgemäß besonders harsch aus. Der *Guardian* resümierte den Vorgang so: »*Als Sheldrake im Jahr 1981 eines Morgens nach dem Aufwachen – es war einige Monate nach der Veröffentlichung seines ersten Buches »A New Science of Life« – den Leitartikel der Zeitschrift* **Nature** *las, wurde ihm klar, dass er es zum Status eines unberührbaren Paria gebracht hatte, denn in diesem Artikel wurde allen recht denkenden Männern und Frauen verkündet, dass sein Buch ein ›***Buch zum Verbrennen***‹ sei und Sheldrake in derselben Sprache zu verurteilen sei, mit der Galileo vom Papst verurteilt wurde, und aus demselben Grund. Es sei reinste Ketzerei.*«[171] (Hervorhebungen durch die Autorin)

Purer Obskurantismus! Dass eine Fachzeitschrift wie *Nature* nahelegt, dass das Buch eines Andersdenkenden wie Sheldrake (dessen wissenschaftliche Errungenschaften ansonsten unumstritten sind) *verbrannt* werden solle, lässt erahnen, was sich womöglich allzu oft an den Universitäten abgespielt hat. Im *Manifest des Netzwerks Wissenschaftsfreiheit* vom Februar 2021, das von 555 Professoren (Stand: 16. Juli 2021) unterschrieben wurde, ist dies ziemlich eindeutig dargelegt (siehe weiter unten).[172]

Wie viele Wissenschaftler mussten wohl jahrelang ihr Wissen um die Unzulänglichkeiten der Evolutionstheorie zurückhalten, weil sie sonst ihren Job riskiert oder ihre Forschungsprojekte verloren hätten?

Manchmal hilft auch die eigene Erfahrung dabei, der Probleme im universitären Betrieb konkret gewahr zu werden. Als ich vor Jahren mit einem französischen Wissenschaftler über die vermutlich einzig korrekte Interpretation seiner letzten Studie sprach – sie enthielt deutliche Hinweise darauf, dass die Evolution nicht zufällig, sondern möglicherweise doch gerichtet, also teleologischer

Natur ist – bat er mich, dies in der Zeitschrift, für die ich als Journalistin tätig war, nicht wiederzugeben, denn diese wegweisende Interpretation könnte ihn den Job kosten. Daraus lernte ich, dass viele Wissenschaftler zwar um die Unzulänglichkeiten der Darwin'schen Theorie wissen, ihre Forschungsergebnisse aber so verpacken, dass sie dem neodarwinistischen Dogma zumindest nicht sichtbar entgegenstehen.[173]

Erst als sich aufgrund dieses unmöglichen Zustands Hunderte von Wissenschaftlern zusammentaten und ein öffentliches Papier unterzeichneten,[174] begann die Mauer der Neodarwinisten zu bröckeln. Inzwischen werden Studien bzw. die Vertreter von neuen möglichen Modellen der natürlichen Evolution allmählich zugelassen – obwohl sie nach wie vor mit Vorbehalten und Ablehnung zu kämpfen haben.

Auf diese Weise wurde allerdings ungeheuer viel Zeit verloren … ganze Jahrzehnte – und das alles nur, um eine veraltete Theorie aufrechtzuerhalten? Ein solches Versäumnis in der Wissenschaft ging und geht letztlich zulasten der Gesellschaft.

Wer die Darwin-Thematik vertiefen und verstehen möchte, warum ich hier von »Fehlinterpretation« spreche, sei auf Kapitel 4 »Gesellschaftliche Folgen der Fehlauslegung von Darwins Evolutionstheorie« verwiesen.

Die Pseudologik, mit der darüber entschieden wird, ob ein von der Mainstream-Meinung abweichender Gelehrter oder Wissenschaftler an einer Universität sprechen darf oder nicht, ist nicht nur beschämend, sondern auch äußerst verhängnisvoll für unser aller Zukunft. Der akademische Diskurs nährt sich ja gerade aus unterschiedlichen Standpunkten, Ideen und Erkenntnissen; er wächst mit der stimulierenden Fülle gegensätzlicher theoretischer Ansätze und lebt von der Herausforderung, mannigfache Aspekte und Perspektiven in Einklang zu bringen. Nur so entsteht *kultu-*

relle Evolution. Angst dagegen erzeugt Zensur – und ist ein übler Ratgeber, wenn es um die Erweiterung von Wissen und Erkenntnissen geht.

Die Radikalisierung der Cancel Culture

Alternative Meinungen, Ideen und Standpunkte abzuwürgen, selbst wenn sie auf wissenschaftlichen oder nicht mehr wegzudiskutierenden Fakten beruhen, war und ist einer der schlimmsten und folgenreichsten Fehler, die im Laufe der Jahrzehnte von Akademikern und Universitäten begangen wurden, denn oftmals hatte diese Marginalisierung von Studien und deren Verfassern spürbar negative Folgen für die Gesellschaft.[175] Und: Die Menschen werden anhand falscher oder lückenhafter Informationen in einem Zustand gehalten, in dem sie hypnotisch an eine Realität glauben, die es in Wirklichkeit so gar nicht gibt.

Hierzu nur **ein** Beispiel aus dem Medizinbereich (Kapitel 2 »Medizinfakultäten – Absage an die Ethik?« enthält ein ausführliche Darlegung der Probleme, die speziell die Medizinfakultäten betreffen): Der britische Arzt und Physiologieprofessor John Yudkin, der bereits Ende der 1950er-Jahre Herz-Kreislauf-Erkrankungen mit dem steigenden Zuckerkonsum in Verbindung brachte,[176] wurde später von seiner Universität mundtot gemacht und aus dem akademischen Leben verbannt. »*Yudkins Karriere wurde von Wissenschaftlern, die der Zuckerindustrie ›nahe standen‹, zerstört. Er durfte auf keinem Kongress mehr auftreten und in keiner Zeitschrift veröffentlichen. Sein abschreckendes Beispiel sorgte dafür, dass das Thema Zucker und Herz-Kreislauf-Risiko über Jahrzehnte von Wissenschaftlern gemieden wurde*«[177] – so zu lesen auf der Website von »*Wissen*« (ARD).

Nachdem Yudkin die These aufgestellt hatte, dass der erhöhte Verbrauch von Zucker Herzinfarkte hervorrufen kann, blies die

US-Zuckerindustrie zur Gegenoffensive und beauftragte zwei Akademiker der Harvard University mit einer Studie. Einschlägige Dokumente beweisen, dass sie beauftragt wurden, eine Metaanalyse über Fett und Herzkrankheiten zu erstellen, um somit die schädliche Rolle von Zucker zu widerlegen.[178] Die beiden Harvard-Wissenschaftler attestierten also brav, dass für den Anstieg der an Herzinfarkt Verstorbenen nicht der Zucker verantwortlich sei, sondern dass es der Konsum von Fett und Cholesterin sei, der Herz-Kreislauf-Probleme verursache. Ihre Studie wurde exakt nach den Vorgaben der US-amerikanischen *Sugar Research Foundation* (seit 1968 World Sugar Research Foundation) durchgeführt; die Wissenschaftler erhielten dafür 50 000 Dollar.[179]

Dieser Skandal wurde erst 2016 aufgedeckt und zeigt, dass bereits vor ca. 70 Jahren die Industrie genau wusste, wie man durch Auftragsstudien und die hypnotische Technik »**Verwirrung stiften**« (Zucker oder Cholesterin – wer ist denn nun der tatsächliche Krankheitsverursacher?) seine eigenen Interessen durchsetzen kann. Mit solch irritierenden Forschungsergebnissen konfrontiert, glaubt bzw. hält sich der Bürger in seiner Verunsicherung an das, was am nachdrücklichsten und anschaulichsten wiederholt wird.[180] Und das war das Mantra vom bösen Cholesterin – über ein halbes Jahrhundert lang.

Heute geht man davon aus, dass Professor Yudkin recht hatte[181] und die »Cholesterin-Lüge« den Medizinbetrieb und somit auch die Patienten jahrzehntelang bis heute hypnotisch in ihrem Bann gehalten hat[182] – zur Freude der Pharmaindustrie.[183] (Näheres dazu in meinem Buch *Die Blutwert-Lüge*)

Ungeachtet dieser Beispiele einer seit Jahrzehnten zensurfreudigen Universitätskultur scheinen die heutigen Verantwortlichen der Lehrinstitutionen eine besondere Form der Cancel Culture weiterhin und gerade in den letzten Jahren auf die Spitze zu treiben. Dabei geht es aktuell zusätzlich um die umstrittenen Forderungen der Identitätspolitik.

So wurde 2020 an der University of Tennessee eine erst wenige Wochen als Lehrkraft angestellte Frau wieder entlassen, da sie als 15-Jährige (!) ein Wort benutzt hatte, das heute (!) als diskriminierend gilt. Kein Scherz. In Hunderten von empörten E-Mails wurden Maßnahmen gefordert. »Allzu vorhersehbar«, so berichtete *Forbes*, »fiel die Universität zusammen wie ein Kartenhaus.«[184]

Im selben Jahr gab es weitere solcher Empörungsexzesse, die unverhältnismäßige Sanktionen zur Folge hatten: »*Ein Universitätsdozent wurde bestraft, weil er ein chinesisches Wort verwendet hatte, das einige Studenten dem Klang nach für das N-Wort hielten. Ein College-Dozent wurde boykottiert, weil er* [im Zusammenhang mit dem Fall George Floyd] *an einer Pro-Polizei-Kundgebung teilnahm, wobei er lediglich hören wollte, was sie zu sagen hatten.*«[185]

Niemand streitet ab, dass es in der Gesellschaft nach wie vor schändlichen Rassismus und Sexismus gibt – aber diese Beispiele zeigen, wie weit sich die neuerdings allgegenwärtigen hypnotischen Formen der Meinungsdiktatur bereits etabliert haben.

Auch wenn die britische Regierung als Reaktion auf die wachsende Krise der Campus-Zensur weitreichende Maßnahmen angekündigt hat, leugnen immer noch viele Menschen, dass es an den Universitäten Zensur gibt – und dies, obwohl die Zahl der Mitarbeiter und externen Referenten, die in den letzten Jahren von Universitäten entweder ausgeladen oder mundtot gemacht wurden, nachweislich gestiegen ist.

Auf Druck von Aktivisten der Trans-Minderheit wurde zum Beispiel die Geschichtsprofessorin Selina Todd (Universität Oxford) vom Internationalen Frauenfestival in Oxford ausgeladen. Sie war massiver Kritik und sogar Online-Drohungen ausgesetzt, *»weil sie es gewagt hatte, darauf hinzuweisen, dass die biologischen*

Unterschiede zwischen Mann und Frau nicht eine Frage der persönlichen Entscheidung sind«.[186]

Wie weit das Aufzwingen der eigenen Meinung geht und wie primitiv die Reaktionen der Menschen sind, wenn jemand ihren Standpunkt nicht teilt, lässt sich auch an den Vorfällen um die Juraprofessorin Rosa Freedman ablesen, die an der Universität von Reading lehrt. Sie hatte 2018 ihre (rein juristischen) Bedenken in Bezug auf eine vorgesehene Änderung des Gender Recognition Act zum Ausdruck gebracht – ein britisches Gesetz, das es Menschen mit geschlechtsspezifischer Dysphorie ermöglicht, ihr gesetzliches Geschlecht zu ändern. Freedman war lediglich darüber besorgt, dass die neue Gesetzesänderung die Rechte der Frauen beschneiden könnte. Man beschimpfte sie als »Nazi«, urinierte vor ihre Bürotür und meinte, sie solle »vergewaltigt werden«.[187] Hier schloss sich die Leitung der Universität Oxford allerdings nicht den Kritikern an.

Anders erging es dem Medizin-Nobelpreisträger Tim Hunt, der allein wegen eines dummen Witzes über Frauen und Männer seine Stelle an der Universität London und auch im Europäischen Forschungsrat verlor – trotz Appellen von Frauen und Männern der Wissenschaft (darunter acht Nobelpreisträger), die sich gegen solcherart Lynchjustiz verwehrten und öffentlich auf die Seite von Hunt stellten.

Problematisch sind in den USA teilweise auch Forderungen an Universitäten, keine Klassiker mehr zu lehren, weil die Werke der Griechen und Römer den Weg zum Rassismus vorbereitet hätten und somit eine Mitschuld am Faschismus tragen würden. Der Vordenker dieser Sorte von Löschkultur ist Dan-el Padilla Peralta, Professor für Klassische Philologie in Princeton. Während einer Konferenz Anfang 2021 gab er seiner Hoffnung Ausdruck, dass dieser Fachbereich so bald wie möglich aussterben möge.[188]

Bei uns sind ähnliche, wenngleich nicht ganz so radikale Tendenzen zu beobachten: Im Auftrag der Deutschen Forschungsgemeinschaft (DFG) hatte der Kabarettist Dieter Nuhr in einem Online-Beitrag seine Gedanken zum Thema Wissenschaft dargelegt, worin er u. a. meinte, dass Wissenschaft sich auch irren könne (eine unbestreitbare Tatsache, wenn man bedenkt, dass zwischen Oktober 2018 und März 2020 über 6500 Studien aus dem naturwissenschaftlichen Bereich, insbesondere der Medizin, zurückgezogen wurden).[189] Nachdem daraufhin einige Wissenschaftler auf Twitter ihren Protest kundtaten, wurde Nuhrs Online-Beitrag von der DFG vorübergehend entfernt.[190]

Ist der Druck der politischen Korrektheit inzwischen in reinste Meinungsdiktatur ausgeartet? Viele sind bereits davon überzeugt. Einige vertreten auch die Auffassung, dass die Menschen, die sich als »Woke« bezeichnen, also als »erwacht« ansehen und jedes Wort und jede Handlung anprangern, die nicht in ihr Political-Correctness-Konzept passt,[191] inzwischen zu einer Art religiöser Gemeinschaft mutiert sind, die ihre Wachtposten-Ziele **wie hypnotisiert verfolgt.**

In einem Artikel, den ich jedem, der des Englischen mächtig ist, nur wärmstens empfehlen kann, beschreibt Alexander Beiner (u. a. als Autor für *The Guardian* tätig) diese neue Community als die »Sleeping Woke« (»schlafende Erwachte«).[192] **Diese Menschen lassen sich von Themen hypnotisieren, die ihre Aufmerksamkeit voll und ganz in Anspruch nehmen, sodass kaum mehr Zeit für eigentlich wichtigere Probleme bleibt. Sie vergeuden ihre Energie auf Nebenschauplätzen.**

Wäre es, anstatt sich – zumeist fachfremd – über den theoretischen Standpunkt eines Gelehrten oder über die Hautfarbe einer Übersetzerin auszulassen,[193] nicht sehr viel sinnvoller, auf die Straße zu gehen und dafür zu demonstrieren, dass Männer und Frauen endlich den gleichen Lohn für gleiche Arbeit bekommen? Oder sich darüber Gedanken zu machen, dass – und warum – die heutige Jugend kaum noch lesen möchte?[194] Haben wir nicht viel gewichtigere, längst überfällige Probleme, die es zu lösen oder gegen die es anzugehen gilt – wie z. B. die beschämende Schere zwischen Reich und Arm?

Es ist wahrlich faszinierend, wie die Marionettenspieler es schaffen, das Volk so zu manipulieren, zu beschäftigen und abzulenken, dass es sich auf Nebenschauplätze fixiert und **wie hypnotisiert die Probleme ausblendet, die gesellschaftlich eigentlich Priorität haben sollten.**[195] Nicht von ungefähr halten uns die Medien im Moment mit spektakulären Cancel-Culture-Eklats, Genderismus-Debatten etc. in Bann.

In der Flut von verwirrenden Nachrichten bekommen es die meisten von uns gar nicht mit, in welchem Maße die Freiheit der Wissenschaft bereits gefährdet ist – und damit auch die Freiheit der Gesellschaft insgesamt.

Wie oben schon erwähnt, wurde im Februar 2021 das Manifest des »Netzwerks Wissenschaftsfreiheit« veröffentlicht, in dem das Problem der Zensur an den Universitäten sehr deutlich angesprochen wird.

Hier einige Auszüge: »*Das Netzwerk Wissenschaftsfreiheit ist ein Zusammenschluss von Wissenschaftlerinnen und Wissenschaftlern mit dem gemeinsamen Anliegen, die Freiheit von Forschung und Lehre gegen ideologisch motivierte Einschränkungen zu verteidigen und zur Stärkung eines freiheitlichen Wissenschaftsklimas beizutragen. […] Hochschulangehörige werden erheblichem Druck ausgesetzt, sich bei der Wahrnehmung ihrer Forschungs- und Lehrfreiheit moralischen, politischen und ideologischen Beschränkungen und Vorgaben zu unterwerfen: Sowohl Hochschulangehörige als auch externe Aktivisten skandalisieren die Einladung missliebiger*

Gastredner, um Druck auf die einladenden Kolleginnen und Kollegen sowie die Leitungsebenen auszuüben. Zudem wird versucht, Forschungsprojekte, die mit den weltanschaulichen Vorstellungen nicht konform gehen, zu verhindern und die Publikation entsprechend missliebiger Ergebnisse zu unterbinden. Von besonderer Bedeutung sind dabei die mittelbaren Wirkungen dieser Druckmaßnahmen: Sie senden das Signal, dass man auf den ›umstrittenen‹ Gebrauch seiner Forschungs- und Lehrfreiheit künftig besser verzichte. Die Etikettierung als ›umstritten‹ stellt dabei den ersten Schritt der Ausgrenzung dar.«[196] (Hervorhebungen durch die Autorin)

Wir sind heute also Zeugen eines neuen Obskurantismus, einer Art mittelalterlicher Ideenzensur. Man müsste aber schon blind (oder geblendet) sein, um nicht zu bemerken, dass an den Universitäten freie Meinung und unabhängige Wissenschaft **bereits seit Jahrzehnten** teilweise nur noch reinste Utopie sind. Die Schriftstellerin Nele Pollatschek bringt dies in einem Interview mit dem *Bayerischen Rundfunk* klar auf den Punkt: »*Früher haben sich da ein paar Professoren beschwert, und dann hat die Uni das gecancelt. Heute geschieht das öffentlich. Früher hätte man davon nichts mitbekommen. Das heißt, wir können nicht wissen, ob es heute öfter passiert als früher, weil wir jetzt etwas sehen, was zuvor nicht sichtbar war.*«[197]

Wie es tatsächlich an einigen Universitäten ausschaut, beschreibt der Theoretische Physiker Lee Smolin im *Scientific American*: »*Die Probleme wurzeln in der Art und Weise, wie die Karriere- und Finanzierungsstrukturen der Universitäten die ›Ich-Ich-Ich‹-Wissenschaft begünstigen: mangelnden Mut, Festhalten an gescheiterten Forschungsprogrammen, post mortem-Imagepflege, eigennütziges Machtstreben, Engstirnigkeit, defensive Strategien und Gruppendenken. Diese Punkte sollten jeden beunruhigen, der in der Position ist, Anreize für Akademiker zu schaffen [...]*«[198]

Ist inzwischen wenigstens bekannt, dass **die Evolutionstheorie von Darwin missbraucht wurde** und den Studenten bis heute teilweise veraltete oder schlichtweg falsche wissenschaftliche Informationen vorgesetzt werden? Wahrscheinlich nicht (mehr dazu im Kapitel 4 »Gesellschaftliche Folgen der Fehlauslegung von Darwins Evolutionstheorie«).

Man vertraut auf das Wissen, das an Universitäten gelehrt wird, und nur die wenigsten von uns erhalten Kenntnis davon, dass und wie sich die Pharmaindustrie in die medizinischen Fakultäten einschleicht und somit **die Medizinlehre mitbestimmt** (!). (Siehe Kapitel 2 »Medizinfakultäten – Absage an die Ethik?«)

Geblendet von der stets betonten Freiheit der Forschung und Lehre an den Universitäten, den »Horten der Wahrheit«, sehen wir wie in Trance auch hier nur sehr wenig von dem, was sich hinter den Kulissen abspielt. Wir müssen endlich aus dieser Hypnose aufwachen, die uns an inexistente Fakten und falsch ausgelegte Theorien glauben lässt und auf diese Weise zu einer materialistischen Weltanschauung verführt, die nur einer Minderheit zugutekommt.[199]

KAPITEL 4

Gesellschaftliche Folgen der Fehlauslegung von Darwins Evolutionstheorie

Wenn man die Hypnotisierung der Gesellschaft und die daraus resultierenden Folgen beleuchtet, kommt man an der Evolutionstheorie nicht vorbei: Denn wäre Darwins Theorie nicht fehlinterpretiert worden, sodass sie einem krankhaften Wirtschaftssystem (Turbo- und Finanzkapitalismus) eine scheinbar »naturgegebene« Rechtfertigung gab, wäre unsere Gesellschaft heute womöglich eine andere – nämlich eine kooperativere, die auf den unterschlagenen evolutionstheoretischen Ansatzpunkten von Darwin basieren würde (wie weiter unten ausgeführt). »*Missverständnisse und eigenwillige Interpretationen von Darwins Evolutionstheorie gibt es mehr als genaue Lektüren*«,[200] betonte schon 2009 Richard David Precht in der *SZ*.

Leider verbreitete der prämiierte Wissenschaftler und Evolutionshistoriker Ernst Mayr im selben Jahr weiterhin fehlerhafte bzw. lückenhafte Informationen über Darwins Theorie im *Scientific American*.[201] Ähnlich unzulängliche Auslegungen werden bis heute an den Universitäten gelehrt.

Wir alle haben nur einen bestimmten Teil von Darwins Evolutionstheorie verinnerlicht bekommen – den von der »Natürlichen Auslese« und den vom Konkurrenzkampf, dem »Kampf ums Dasein«. Wäre ein anderer Aspekt der Darwin'schen Evolutionstheorie wahrgenommen worden, dann hätten wir es mit einer anderen

Auslegung zu tun gehabt, denn Darwin selbst sah in der **Koopera-tion die Triebkraft der Fortentwicklung**: »*Ein Stamm mit vielen Mitgliedern, die [...] immer bereit sind, einander zu helfen und sich für das Gemeinwohl zu opfern*, würde über die meisten anderen Stämme siegreich sein; und **das wäre natürliche Auslese**.«[202]

Leider haben **wir** aber allein das Konzept vom »Kampf ums Dasein« eingetrichtert bekommen – also den Sozialdarwinismus, wonach es nur die Stärksten oder Erfolgreichsten (i. w. S. die Skrupellosesten) schaffen zu überleben. Laut einer Studie der Friedrich-Ebert-Stiftung waren in der BRD selbst noch im Jahr 2014 knapp 62 Prozent der Befragten der Meinung, »*dass Fortschritt lediglich durch Wettbewerb möglich sei*.«[203] Man darf sich daher nicht wundern, dass die Kluft zwischen Arm und Reich in Deutschland heute die gleiche ist wie vor hundert Jahren.[204]

Das Problem mit Darwins Werken ist, dass sie sich zu Fehlauslegungen eignen. »*In Wahrheit ist das, was Darwin schrieb, weder eine Philosophie noch eine weltanschauliche Erklärung. Genau das, so scheint es, öffnet dem Missbrauch Tür und Tor.*« [...] *Gewiss hätte Darwin es nicht geschätzt, dass er heute ein zweites Mal von den Ökonomen unterwandert wird, die die Evolution und das Sozialverhalten des Menschen allein nach dem Kosten-Nutzen-Prinzip ausgerichtet sehen: [...] Sie rufen ›Darwin!‹, aber in Wahrheit meinen sie nur sich.*«[205] – so Precht. (Hervorhebungen durch die Autorin)

Dies bedeutet, dass sich im Namen Darwins bzw. im Namen einer »verfälschten« Evolutionstheorie die brutalsten Formen der menschlichen Ausbeutung bis in unsere ständig die Menschenrechte proklamierende Zeit hinein verbreiten können – denken wir an das spanische Textilunternehmen *Zara* in Brasilien, wo diese Firma 2011 erst- und zweitinstanzlich wegen »*sklavenähnlicher Arbeitsbedingungen bei einem Zulieferer*« zu einer hohen Geldstrafe verurteilt wurde.[206] Solche inhumanen Arbeitsbedingungen gibt es heute weltweit, z. B. in Australien.[207] Bundesminister Gerd

Müller (CSU) betonte in seinem Buch *Umdenken – Überlebensfragen der Menschheit*, dass der Reichtum in der BRD teilweise »*auf der Ausbeutung von Mensch und Natur in den Entwicklungsländern aufgebaut*« ist.[208] Global gesehen, sind besonders Frauen und Mädchen von der »modernen Sklaverei« betroffen, wie *Report 2020* der Organisation *Walk Free* aufzeigt.[209]

Unser Wirtschaftssystem funktioniert sehr gut für eine sehr kleine, aber **machtvolle Minderheit.** Was Darwin **insgesamt** tatsächlich gesagt und geschrieben hat, interessiert die wenigsten, und solange wirtschaftliche und finanzielle Entscheidungen unterschwellig mit seiner (fehlinterpretierten) Evolutionstheorie begründet werden können, darf alles weiterhin so laufen wie bisher, und zwar weltweit. Dass die *Amazon*-Fahrer ihre Notdurft in Plastikflaschen entleeren müssen, damit sie ihr hohes Arbeitspensum einhalten können, wie die *BBC* berichtete,[210] wird achselzuckend hingenommen – und dies, obwohl Jeff Bezos der reichste Mann der Welt ist: »*Dank steigender Aktienkurse hat sich sein geschätztes Vermögen innerhalb eines Jahres um mehr als 50 Prozent auf 177 Milliarden Dollar erhöht. 177.000.000.000 Dollar.*« (*Der Spiegel*, April 2021)

Trotz seines grotesken Reichtums hat der *Amazon*-Chef seinen Beschäftigten in Alabama durch Druckausübung 2021 selbst die Gründung einer Gewerkschaft verwehrt.[211]

Solche Ungerechtigkeiten (ganz zu schweigen von Verletzungen der Menschenwürde und Menschenrechte) gibt es aber nicht nur in den USA: Seit Jahren wird auch im reichen Deutschland gegen die real existierende und zutiefst beschämende Armut von Kindern und Jugendlichen kaum etwas unternommen – obwohl über 20 Prozent im Jahr 2020 davon betroffen waren und ihre Zahl weiter steigen wird.[212]

Wird die soziale Kluft hingenommen, weil in den Köpfen immer noch der Sozialdarwinismus spukt? Entspricht der im Fernsehen gehörte Satz eines berühmten deutschen Fernsehkochs, »er verdiene gut, weil er halt besser sei als die anderen«, dem, was viele von uns denken bzw. befürworten – auch wenn Vergütungen in vielen Bereichen allzu oft alles Maß sprengen wie bei gewissen Managern?[213]

Sind wir immer noch der geradezu hypnotischen Auffassung, dass die Armen naturgewollt arm sind, weil sie womöglich faul sind, nichts auf die Reihe kriegen und sich nicht an die Gegebenheiten der Zeit anpassen können? Darwins tiefe Zweifel an einer solchen Art zu denken wird aus folgendem Zitat ersichtlich: »*Wenn das Elend unserer Armen nicht durch die Gesetze der Natur, sondern durch unsere Institutionen verursacht wird, ist unsere Sünde groß.*«[214] (Hervorhebung durch die Autorin)

Wie wir sehen, hatte er durchaus nicht nur den Konkurrenzkampf im Sinn, denn er schrieb weiter: »*Endlich werden die socialen Instincte, welche ohne Zweifel vom Menschen ebenso wie von den niederen Thieren zum Besten der ganzen Gemeinschaft erlangt worden sind, von Anfang an den Wunsch, **seinen Genossen zu helfen**, und ein gewisses Gefühl der Sympathie in ihm angeregt, […] Aber […] als er, je länger, desto mehr, **nicht bloß die Wohlfahrt, sondern auch das Glück seiner Mitmenschen in's Auge fassen lernte**, […] – in dem Maße wird auch der Maßstab seiner Moralität höher und höher gestiegen sein.*«[215]

Warum hat man immer nur die anderen, der Kooperation entgegengesetzten Aussagen seiner Werke und Überlegungen in den Vordergrund gerückt und die oben zitierten ignoriert? Kann es sein, dass es sich einer machtvollen Minderheit anbot, ihre ausufernde Habgier und ihre absurde Akkumulation von Reichtum als naturgegeben zu begründen – und dass es sie deswegen dazu verleitete, nur Teile von Darwins Theorie und somit letztlich falsche Aussagen darüber zu verbreiten?

Falls dem so war, dann konnte diese machtvolle Minderheit bedenkenlos Menschen und Ressourcen ausbeuten, ihre Ziele verfolgen und sich dabei sicher sein, dass sie kaum auf moralische Kritik oder Entrüstung stoßen würde – und sie kann dies bis heute.

Auf diese Weise wurde allerdings ungeheuer viel Zeit verloren … ganze Jahrzehnte. **Und das alles nur, um den Raubtierkapitalismus und die Ausbeutung von Ressourcen zu rechtfertigen? Dieses unverzeihliche Versäumnis und die hypnotische Manipulation der Studenten durch Vermittlung obsoleter Theorien und falscher Fakten gingen und gehen letztlich zulasten von uns allen.**

Darwin, die Wirtschaft und die Folgen für die Umwelt

Darwins Evolutionstheorie wurde von Forschern immer wieder interpretiert und teilweise erweitert. Richard Dawkins, ein Verfechter der »Neuen Synthese« und des Neodarwinismus, ist vermutlich einer der bekanntesten Vertreter dieser Lehren, der Darwins Zweifel an seiner eigenen Theorie sowie sein philosophisches Ringen zwischen Religion und Agnostizismus unter den Tisch fallen lässt. Jedenfalls wird an den Schulen und Universitäten eine **unvollständige und somit falsche** Version der Darwin'schen Theorie als die einzig mögliche Erklärung für die Evolution propagiert. Auf diese Weise wurde einem neuen Obskurantismus der Weg geebnet, der die Interessen einer kleinen Minderheit bedient – denn aus der Theorie wurde ein Dogma, das unterschwellig weiterhin als Begründung und Rechtfertigung des von Habgier und Eigennutz geprägten Kapitalismus herangezogen wird.

Den Sozialdarwinismus (der seit einigen Jahren bei rechtsradikalen Gruppierungen *en vogue* ist)[216], gab es schon lange vor Darwin.

Wie in einem Artikel der *Bundeszentrale für politische Bildung* zu lesen ist, prägte bereits der britische Sozialphilosoph Herbert Spencer Begriffe wie »Evolution« und »Gesellschaft« zur Begründung seiner umfassenden Gesellschaftstheorie: *»Darwin übernahm die Begriffe ›Kampf ums Dasein‹, ›Überleben der Tüchtigsten‹ und auch ›Evolution‹ von Spencer. Den wichtigsten Anstoß für seine Evolutionstheorie erhielt er aber von dem britischen Pfarrer und Ökonom Thomas Robert Malthus (1766–1834).«*[217]

Malthus war der Auffassung, dass der Kampf ums Überleben die Menschen dazu bringe, sich stetig zu vermehren – allerdings nur, solange genügend Rohstoffe und Nahrung vorhanden seien. Würden diese knapp, käme es zu Hungersnöten, wodurch sich die Bevölkerungszahl verringere. Aufgrund dieser auf die Menschheit bezogenen populationstechnischen Auslese entwickelte Darwin seine natürliche Selektionstheorie: *»Darwin griff bei der Formulierung seiner Evolutionstheorie also auf Konzepte zurück, die für die Beschreibung der englischen Gesellschaft seiner Zeit entwickelt worden waren, und übertrug diese auf die Naturgeschichte – nicht umgekehrt.«*[218]

Wichtig zu wissen ist auch, dass die soziologische Analyse von Thomas Malthus, die auf dem Kampf ums Dasein basierte, mit Darwin eine »natürliche« Rechtfertigung erhielt, denn Konkurrenz- und Existenzkämpfe wurden damals auch bei den Tieren beobachtet.

Von der Darwin'schen Evolutionstheorie sind uns vor allem drei Kernbegriffe vertraut: »Mutation und Selektion«, »Kampf ums Dasein« und »Survival of the Fittest«. Besonders der letzte – der eigentlich von dem Sozialphilosophen Herbert Spencer stammte und von Darwin nur übernommen wurde – diente zur Begründung der radikalen Auswüchse des ausbeuterischen Kapitalismus mit seiner ungezügelten Gier nach schnellem Geld und Rohstoffen.[219] Diese verheerende, da egoistische »Survival of the

Fittest«-Weltsicht hat der Umwelt inzwischen immense Schäden zugefügt und gefährdet die Existenz kommender Generationen.

Dass der Turbokapitalismus mit Gier gleichzusetzen ist, dürfte nichts Neues sein – neu ist jedoch, dass dies in der Öffentlichkeit unverhohlen propagiert wird. Man denke an Boris Johnson, der Anfang 2021 den Kapitalismus mit der Behauptung verherrlichte, der Covid-Impferfolg der Briten sei **der Gier und dem kapitalistischen System zu verdanken**.[220] Und er hat recht, denn hier war es die Gier … nach unseren Steuergeldern. Die privaten Investitionen waren zu gering und hätten in keinem Land ausgereicht, um die Impfstoffe zu entwickeln und erfolgreich auf den Markt zu bringen. Dieser Kraftakt war nur möglich dank der **Milliarden** (!) von Steuergeldern, die in die Forschung, Entwicklung und Herstellung flossen. Letztlich ist der Impferfolg der **Kooperation der Bürger und der EU-Staaten zu verdanken** – und nicht der Gier einiger Manager. Dazu die Wirtschaftsprofessorin Marianna Mazzucato im *Guardian* (März 2021): »*Die sechs führenden Impfstoffkandidaten haben schätzungsweise 12 Mrd. $ (8,7 Mrd. £) an Steuergeldern und öffentlichen Mitteln erhalten, darunter 1,7 Mrd. $ für den Impfstoff von Oxford/AstraZeneca und 2,5 Mrd. $ für den Kandidaten von Pfizer/BioNTech. Ein solches Investitionsvolumen stellt ein enormes Risiko dar – aber es ist nicht das einzige Risiko, das die öffentliche Hand eingegangen ist. Die Regierungen haben ›vorgezogene Marktverpflichtungen‹ eingesetzt, um privaten Unternehmen, die erfolgreich einen Covid-19-Impfstoff produzieren, Großaufträge zu garantieren.*«[221]

Was die Fehlinterpretation der Darwin'schen Theorie im Sinne des »Survival of the Fittest« und das hypnotisierende Lehren dieser Theorie an Bildungsinstitutionen (insbesondere an Business Schools) mit alldem zu tun hat, wird aus einem Artikel von Wirtschaftsprofessor Martin Parker (University of Bristol) deutlich: »**Business Schools** *haben einen enormen Einfluss,* **gelten aber auch** *weithin als intellektuell betrügerische Orte, die eine Kultur der Kurzfristorientierung und der Gier fördern. [...] Wenn wir unseren Absolventen die Unausweichlichkeit des Raubtierkapitalismus beibringen, ist es kaum verwunderlich, dass wir am Ende riesige Gehaltszahlungen an Leute haben, die **mit dem Geld anderer Leute gewaltige Risiken eingehen.** Wenn wir lehren, dass es unter dem Strich nichts anderes gibt, dann sind Ideen wie Nachhaltigkeit, Diversität, Verantwortung und so weiter nur noch schöne Worte. Die von der Managementforschung und -lehre oft vermittelte Botschaft ist, dass der Kapitalismus unvermeidlich ist und dass die Finanz- und Rechtstechniken, mit denen der Kapitalismus betrieben wird, eine Form von Wissenschaft sind. Diese Kombination aus Ideologie und Technokratie ist es, die die Business School zu einer so einflussreichen – und gefährlichen – Institution gemacht hat.«*[222] (Hervorhebungen durch die Autorin)

Dies zeigt sich schon darin, dass die jungen Generationen in den Unternehmen ein zunehmend narzisstisches Verhalten an den Tag legen. Der *Harvard Business Manager* (April 2021) dazu: *»Narzissten in Unternehmen – das sind doch Führungskräfte vom alten Schlag, oder? Falsch. Die größte Studie zum Thema weltweit zeigt, dass junge Menschen heute narzisstischer sind als frühere Generationen. Spätestens bei der Besetzung von Führungspositionen wird das zum Problem.«*[223] An den Universitäten wird anscheinend gute Vorarbeit geleistet.

Wir sehen also, dass die unförderliche Denkweise, die dem »Survival of the Fittest«-Prinzip zugrunde liegt, unsere Gesellschaft pervasiv und kapillar durchdrungen hat.

Seit Jahrzehnten lassen wir uns in Schulen und Universitäten von einer Evolutionstheorie blenden, die uns leider nur auszugsweise präsentiert wird. Die daraus selektierten Konzepte haben wir wie hypnotisiert derart absorbiert, **dass wir es einigen wenigen Gieri-**

gen erlaubt haben, den Planeten und uns Menschen im Namen des Prinzips »Survival of the Fittest« auszubeuten. »*Das Vermögen der (im Dezember 2020) zehn reichsten Männer der Welt ist seit Februar 2019 – trotz der Pandemie – um fast eine halbe Billion US-Dollar auf 1,12 Billionen US-Dollar gestiegen*«,[224] konstatiert ein Factsheet von *Oxfam*.

Joseph Stiglitz, Nobelpreisträger für Wirtschaftswissenschaften, bringt diese maßlos ungerechte Verteilung in einem Interview mit *The Economist* 2019 auf den Punkt: »*Zu viele werden nicht dadurch reich, dass sie den ökonomischen Kuchen der Nation vergrößern, sondern dadurch, dass sie anderen einen größeren Anteil wegnehmen, durch Ausschöpfung von Marktmacht und Informationsvorteilen oder durch Ausnutzung der Schwachstellen anderer. […] Es hat schon immer einen Kampf gegeben: Wer Macht und Reichtum hat, will sie erhalten und vermehren, auch wenn das auf Kosten anderer geht.*« [225] (Hervorhebungen durch die Autorin)

Der Preis dafür ist allerdings extrem hoch, denn es geht hier nicht nur um unsere Generation, sondern um die Zukunft unserer Kinder, wie das Bundesverfassungsgericht in seinem Beschluss vom 24. 03. 2021 im Hinblick auf den Klimawandel betont: »*Der Schutz des Lebens und der körperlichen Unversehrtheit nach Art. 2 Abs. 2 Satz 1 GG schließt den Schutz vor Beeinträchtigungen durch Umweltbelastungen ein, gleich von wem und durch welche Umstände sie drohen. Die aus Art. 2 Abs. 2 Satz 1 GG folgende Schutzpflicht des Staates umfasst auch die Verpflichtung, Leben und Gesundheit vor den Gefahren des Klimawandels, etwa vor klimabedingten Extremwetterereignissen wie Hitzewellen, Wald- und Flächenbränden, Wirbelstürmen, Starkregen, Überschwemmungen, Lawinenabgängen oder Erdrutschen, zu schützen. Sie kann eine objektivrechtliche Schutzverpflichtung auch in Bezug auf künftige Generationen begründen. Da infolge des Klimawandels Eigentum, zum Beispiel landwirtschaftlich genutzte Flächen und Immobilien, etwa auf-*

*grund steigenden Meeresspiegels oder wegen Dürren Schaden neh-
men können, schließt auch das Grundrecht auf Eigentum aus Art.
14 Abs. 1 GG eine Schutzpflicht des Staates hinsichtlich der Eigen-
tumsgefahren des Klimawandels ein.*«[226]

Wir haben wie hypnotisiert zugeschaut, wie wir den Planeten
mit Plastik vollgemüllt haben, wie wir diese Erde weiter ausbeuten
und mit dem Leben der Tiere umgehen. Und dies alles, damit eine
kleine, aber geldmächtige Minderheit im Namen Darwins astro-
nomische Reichtümer ansammelt?

Es ist daher wichtig zu verstehen, welche Teile der Darwin'schen
Evolutionstheorie lückenhaft bzw. unzutreffend interpretiert wurden und welche Auswirkungen diese »Verfälschungen« auf die Gesellschaft hatten und haben. Gleichzeitig ist es fundamental zu erfahren, welche neuen wissenschaftlichen Forschungsergebnisse
einen ganz anderen Blick auf die Evolution werfen – und damit die
Grundlagen für eine gerechtere Gesellschaft liefern können.

Wo steht die Wissenschaft heute?

Seit einigen Jahren vertreten immer mehr atheistische Experten
und Universitätsprofessoren aus den Bereichen der Biologie, Phy-
sik, Chemie und Philosophie die Ansicht, die Darwin'sche Evolutionstheorie, so wie sie mainstreamig interpretiert wurde, müsse
dringend überdacht werden, weil sie vieles nicht erklären könne.
Diese Forderung wurde von einer beeindruckenden Zahl von Wissenschaftlern in einem Artikel in *Nature* (2014) und im November
2016 in einer Konferenz der Royal Society vorgebracht.[227]

Als Anhänger oder Verfechter der »Darwin'schen Evolutionstheorie« sollte man zumindest anerkennen, dass Darwin höchst-
selbst in seinen Werken darauf verwiesen hat, dass seine Theorie
durchaus nicht alle beobachteten Phänomene zu erklären vermag:
»Darüber, dass noch so vieles über den Ursprung der Arten und Va-

rietäten unerklärt bleibt, wird sich niemand wundern, wenn er unsere **tiefe Unwissenheit** hinsichtlich der Wechselbeziehungen der vielen um uns her lebenden Wesen in Betracht zieht.«[228] Und weiter: »*Endlich bin ich überzeugt, dass die natürliche Zuchtwahl das wichtigste, **wenn auch nicht das ausschließliche Mittel** zur Abänderung der Lebensformen gewesen ist.*«[229]

Viren als Treiber der Evolution

Während der Corona-Krise haben wir uns alle mit dem SARS-CoV-2-Virus und seinen Varianten befasst, die für viele Menschen gefährlich oder gar tödlich sein können. Viren sind aber mitnichten nur Krankmacher und Todesbringer. So werden z. B. bestimmte Bakteriophagen-Viren in der Medizin erfolgreich eingesetzt (insbesondere in Russland), um Menschen von schwer zu behandelnden bakteriellen Infektionen zu heilen.

Es mag für viele verblüffend klingen – aber **Viren waren und sind sogar grundlegende Treiber der Evolution!** Ihre fundamentale Bedeutung wurde 2019 von Karin Moelling (Universität Zürich; Max-Planck-Institut für molekulare Genetik, Berlin) und Felix Broecker (Icahn School of Medicine at Mount Sinai, New York) beschrieben: »*Es gibt keine lebende Spezies ohne Viren! Viren kommen auch frei in den Ozeanen, im Boden und in Wolken bis in die Stratosphäre und höher vor. […]. Sie besiedeln den menschlichen Darm, den Geburtskanal und die Außenseite des Körpers als Schutzschicht gegen mikrobielle Populationen.« […] **Viren haben sich als Treiber der Evolution erwiesen** […], einschließlich des menschlichen Genoms, das zu mindestens 45 % aus Sequenzen besteht, die mit Retroviren verwandt sind. Darüber hinaus lieferten endogenisierte Retroviren die Syncytin-Gene, die für die Entwicklung der Säugetierplazenta essentiell sind, und ermöglichten das Wachstum von Embryonen ohne deren Abstoßung durch das mütterliche Im-*

munsystem [...] Folglich trugen Viren zur Gestaltung von Genomen bei, indem sie wesentliche Gene und Mechanismen bereitstellten.«[230] (Hervorhebung durch die Autorin)

Weniger fachchinesisch ausgedrückt, kann dies nur eines bedeuten: Die Wissenschaft hat inzwischen erkannt, dass unser Erbgut zu einem großen Teil aus Genen von Retroviren besteht und dass diese winzigen »Datenträger« bei der **Evolution der Arten** eine entscheidende Rolle gespielt haben. (All diese Vorgänge im Nanobereich waren Darwin seinerzeit naturgemäß verborgen.)

Der entscheidende Evolutionssprung zu den höheren Säugetieren (Plazentatieren) fand also, wie oben erwähnt, dank eines Retrovirus statt, das sich in das Genom der Vorläufer dieser Tiere eingeschleust und dort diese fundamentale Veränderung in Gang gesetzt hat. Die Entwicklung der Plazenta (des Mutterkuchens) war also **keine langsame, zufällige Veränderung aufgrund von Mutation und Selektion.** Es sind die Gene des damaligen Retrovirus, die es heute noch allen Frauen ermöglichen, ihren biologisch vorgegebenen Kinderwunsch zu erfüllen.[231]

Zur Bedeutung von Retroviren schreibt die Wissenschaftsautorin Carrie Arnold auf der Website von *NOVA*, einer Bildungssendung des US-Rundfunkunternehmens *PBS*: »*Wissenschaftler entdecken, dass die sogenannte ›Junk-DNA‹ – von der ein erheblicher Teil von symbiotischen Viren stammt – in der Tat eine starke Triebkraft der Evolution neuer Arten ist. Obwohl die Evolution der Schwangerschaft per Plazenta einer der überzeugendsten Beweise dafür sein könnte, dass tief im Genom verborgene Viren zur Entstehung neuer Arten beitragen können, ist dies nicht der einzige Beweis.*«[232] Und sie hat recht, wie weiter unten ausgeführt wird (siehe ARC-Gene).

Viren gibt es auf unserem Planeten massenweise. Bislang ging man davon aus, sie würden auf der Erde entstehen. Inzwischen ist man sich dessen aber nicht mehr so sicher, denn Untersuchungen haben gezeigt, dass es im Luftraum innerhalb der Troposphäre eine Region gibt, in der sich Abermilliarden von Viren tummeln. In der Sierra Nevada in Spanien haben sich Forscher der Universitäten von Granada und British Columbia darangemacht, dieses Rätsel zu lösen: »*Wissenschaftler vermuten, es gibt **einen Strom von Viren, der den Planeten umkreist** – oberhalb der Wetterschicht, aber unterhalb der Ebene des Flugverkehrs. Über diese Schicht ist sehr wenig bekannt, weshalb die Zahl der dort vorhandenen Viren das Team in Spanien verblüffte. Jeden Tag, so rechneten sie aus, gelangen etwa 800 Millionen Viren auf jeden Quadratmeter des Planeten.*«[233]

Einige davon könnten uns durchaus gefährlich werden, **andere aber vielleicht der Natur helfen, evolutionäre Sprünge einzuleiten, die größere Veränderungen bewirken** – z. B. in uns Menschen: »*Forscher haben vor Kurzem ein uraltes Virus identifiziert, das seine DNA in die Genome vierbeiniger Tiere eingebaut hatte, die Vorfahren des Menschen waren. Dieser Schnipsel des genetischen Codes, ARC genannt, ist Teil des Nervensystems des modernen Menschen und spielt eine Rolle **im menschlichen Bewusstsein – Nervenkommunikation, Gedächtnisbildung und Denken höherer Ordnung**.*«[234]

Auch Theresa Schredelseker, promovierte Biologin mit einem Faible für Neuronen und Gene, stellt in ihrem preisgekrönten Blog fest: »*ARC ist im Wesentlichen ein rudimentärer Retrovirus! Als Reaktion auf die Erregung einer Nervenzelle wird ARC aktiviert, und seine Bestandteile setzen sich zu Capsid-ähnlichen Partikeln zusammen, die RNA enthalten. Auch wenn diese ARC-Partikel ihre eigene RNA zehnmal so gerne verpacken, kommt es durchaus auch vor, dass sie dabei **auch andere RNA verpacken**. Das Gesamtpaket, also so eine Art Virus, wird dann aus der Zelle ausgeschleust und von benachbarten Zellen aufgenommen. **Somit wird aktivitätsgesteuert RNA von einer Nervenzelle in andere Nervenzellen geschleust.***

Nun ist das Rennen um die Klärung so vieler daran anschließender Fragen eröffnet: Welche RNA wird vom ARC Protein zur Verpackung ausgewählt und wie? Wie weit verbreitet ist dieser neuartige Mechanismus der Zell-Zell-Kommunikation?«[235] (Hervorhebungen durch die Autorin)

Können wir also davon ausgehen, dass Viren den Impuls zur Weiterentwicklung unseres Gehirns und somit zur Entwicklung der Intelligenz des *Homo sapiens sapiens* gaben? Dies ist eine der grundlegenden Fragen, denen wir uns stellen müssen, um eine Erneuerung der Evolutionstheorie (endlich) voranzutreiben.

Schon 2017 erließen Forscher einen Appell an die Wissenschaft, die Viren besser zu erforschen, denn: »*Viren modulieren die Funktion und Evolution aller Lebewesen*« – so Matthew B. Sullivan von der Ohio State, Joshua Weitz von der Georgia Tech und Steven W. Wilhelm von der University of Tennessee. Und mussten aber gleichzeitig einräumen: »*Jedoch in welchem Ausmaß, bleibt ein Rätsel.*«[236] (Hervorhebung durch die Autorin)

Die reduzierte Auslegung der Werke von Charles Darwin, die sich an den Lehranstalten durchgesetzt hat, ist also längst veraltet, und die neuen wissenschaftlichen Erkenntnisse sollten in eine neu zu formulierende Evolutionstheorie integriert werden. Und wenn man schon dabei wäre, sollte man auch die leider weniger bekannten, aber revolutionärsten Aspekte der Darwin'schen Werke *Über die Entstehung der Arten* und *Die Abstammung des Menschen* einbauen – zumal gerade diese den neuesten wissenschaftlichen Erkenntnissen entsprechen und zeigen, welch geniale, zukunftsweisende Intuitionen der Verfasser bereits hatte. Aber just diese Aspekte wurden jahrzehntelang »gecancelt« zugunsten der Hervorhebung primitiver Handlungsmaximen wie »(Konkurrenz-) Kampf ums Dasein« und »Survival of the Fittest«.

Wir sollten diese evolutionstheoretische wie gesellschaftstechnische Erkenntnisbremse an Universitäten und Schulen endlich als solche erkennen, die altvertrauten Scheuklappen ablegen und aus diesem *hypnotischen Zustand* aufwachen, denn leider hat Darwin *nolens volens* nicht nur die Biologie allzu nachhaltig beeinflusst: »*Neben der Bibel*«, so der Anthropologe Ashley Montagu, »*war kein Werk in praktisch allen Aspekten des menschlichen Denkens so einflussreich wie ›Die Entstehung der Arten‹.*«[237]

Darwin selbst wäre wohl zutiefst entsetzt darüber, was aus seiner Theorie gemacht und abgeleitet wurde. Die neuesten wissenschaftlichen Erkenntnisse würden ihn aber sicher mit Freude erfüllen, bestätigen sie doch seine damaligen Eingebungen.

Evolution als Kooperation

Die Biologin Lynn Margulis lieferte bereits in den 1960er-Jahren Nachweise über einen anderen, ebenfalls schon von Darwin angedeuteten evolutionstheoretischen Ansatz: »*Für mehr als ein Jahrhundert nach der Veröffentlichung von Darwins Werk ›Die Entstehung der Arten‹ legten die Wissenschaftler den Fokus auf den Konkurrenzkampf als Hauptantriebskraft der Evolution. Die Biologin Lynn Margulis war davon nicht überzeugt. Die [2011] verstorbene Forscherin der University of Massachusetts vertrat die Ansicht, dass auch Kooperation eine Rolle spielte. […] Margulis' Idee wurde belächelt, und sie hatte Mühe, ein Fachblatt zu finden, das bereit war, ihre Hypothese zu veröffentlichen.*«[238]

In ihren Forschungsarbeiten zeigte sie auf, dass die **Evolution nicht nur vom Konkurrenzkampf, sondern auch von der Kooperation (Symbiose) vorangetrieben** wurde und dass die Mitochondrien und Chloroplasten in den Zellen dafür die besten Beispiele seien (beides ehemalige Bakterien, die eine Symbiose mit Pflanzen- bzw. Tierzellen eingegangen sind).

Tatsache ist, dass die Endosymbiontentheorie von Lynn Margulis momentan als einzige den Übergang von den kernlosen Zellen (Prokaryonten) zu den kernhaltigen Zellen (Eukaryonten) erklären kann.[239]

Ihre Idee, dass die Evolution auf Kooperation basiert, war nicht neu, denn wie oben erwähnt hatte Charles Darwin diesen Gedanken in seinem Buch *Die Abstammung des Menschen* bereits selbst dargelegt. Zur Erinnerung: »*Ein Stamm mit vielen Mitgliedern, die [...] immer bereit sind, einander zu helfen und sich für das Gemeinwohl zu opfern, würde über die meisten anderen Stämme siegreich sein; und das wäre natürliche Auslese.*«[240]

Und was haben Richard Dawkins und die Mehrzahl der Universitäten aus Darwin gemacht? Einen Wissenschaftler, der Konkurrenzkampf zwischen Menschen als natürlich ansah und somit dem primitivsten aller Instinkte, der egoistischen Gier, eine »naturgegebene« Rechtfertigung gab. »*Jahrzehntelang haben wir mit der Vorstellung gelebt, dass Charles Darwins Theorie der natürlichen Auslese alles im Sinne des Wettbewerbs erklären kann – und dass die Evolution daher den Egoismus begünstigt. Welchen Platz gibt es für einen mitfühlenden Altruisten in einer Welt, in der nur die Stärksten überleben?*«, so der *Guardian* 2016.[241]

Allzu lange wurden wir von einer vermutlich bewussten Fehlauslegung von Darwins Werken verblendet und dazu hypnotisiert, ebenso falsch zu denken und zu glauben, dass der Mensch eben von Natur aus nur auf den eigenen Vorteil bedacht ist und man sich entsprechend verhalten muss, um im Leben nicht zurückzustehen.

Mit dieser eingetrichterten Grundannahme nicken wir die Arm-Reich-Schere als quasi naturgesetzlich ab und nehmen es hin, dass gewisse Unternehmen ihre Steuern auf 0,1 Prozent ihrer Gewinne drücken[242] (woran vermutlich auch neue Gesetzesänderungen kaum etwas ändern werden) und viele Manager abstrus hohe Gehälter beziehen – wie z. B. in einem Kommentar in der *Zeit* zu lesen: »*Verglichen mit dem Durchschnittsgehalt in ihrem Unternehmen verdienten die Vorstandsmitglieder im vergangenen Jahr 71-mal so viel. 2005 hatte dieser Wert noch bei 42 gelegen. Frank Appel, Vorstandschef der Deutschen Post, erreicht mit dem 232-fachen Jahreseinkommen den Spitzenplatz in der aktuellen Rangliste.*«[243]

Adriano Olivetti, Chef des gleichnamigen Schreibmaschinenunternehmens, vertrat vor 70 Jahren die Ansicht, dass ein Manager, der es mit der Moral ernst nimmt, höchstens zehnmal so viel verdienen dürfte wie einer seiner Arbeiter.[244]

Das aber war vor 70 Jahren – heutzutage ist gelebte Moral fast obsolet geworden und die individuelle Habgier nicht mehr auszubremsen. **Obwohl …** am 30. März 2021 »*veröffentlichte der Internationale Währungsfonds (IWF) einen **Aufruf zu mehr Umverteilung von oben nach unten, höherer Besteuerung von Superreichen und Konzernen, besseren öffentlichen Dienstleistungen und ›einer fairen Chance auf Wohlstand für alle*‹«.[245] Welche Überraschung – stellte dieser Aufruf doch seine jahrelang propagierten wirtschaftlichen Mantras auf den Kopf: Denken wir an die Rolle des IWF in der Griechenland-Krise, als der Athener Regierung mit beinahe erpresserischen Methoden Steuersenkungen für Reiche und Sozialkürzungen aufgezwungen wurden.[246] Zu dieser 180-Grad-Wendung nur so viel: Der IWF wird seit Kurzem von der Bulgarin Kristalina Georgiewa geleitet, die mit dem kommunistischen wie mit dem westlichen Wirtschaftssystem vertraut ist und an der Universität von Sofia sowie in Harvard und an der London School of Economics lehrt.[247] Eine Frau, die Ungleichheit offenbar nicht als naturgegeben ansieht und Ethik in die Wirtschaft einbringen möchte, um gegen die Allgegenwärtigkeit und Allmacht der Gier anzukämpfen.

Denn diese eigentlich primitiv-animalische Triebkraft (… wobei selbst Affen allzu gierige Artgenossen bestrafen[248]) wird schon viel zu lange als so positiv bzw. vorteilhaft erachtet, dass man sich sogar damit brüsten kann (wie z. B. Boris Johnson – siehe oben). Leider propagiert die Betriebswirtschaftslehre nach wie vor die Gewinnmaximierung als oberstes Ziel von Unternehmen, und die Habgier ist inzwischen regelrecht zu einer Wirtschaftstugend und damit zu einem der gravierendsten Hindernisse für die Kooperation geworden – obwohl die Menschheit genau diese so dringend braucht. Wo doch selbst Affen zu kooperieren wissen …[249]

Wie erwähnt, hatte Darwin bereits Mitte des 19. Jahrhunderts die Kooperation als evolutionsförderliche Kraft anerkannt; aber sein Werk wurde teilweise »gecancelt« und auf einige wenige Aspekte reduziert.

Was damit wirtschaftlich und gesellschaftlich verursacht wurde, bringt der *Guardian* einmal mehr auf den Punkt: »*Das Dawkins'sche Bild vom egoistischen Menschen, der von einem daraus evolvierten Individualismus getrieben wird, stand im Einklang mit den sozialen und politischen Leitsätzen der Margaret-Thatcher-Ära.*«[250]

Darwin jedoch hatte ganz anderes im Sinn, denn: »*Er dachte, dass mitfühlende und kooperative Stämme und Gruppen florieren würden im Vergleich zu Gemeinschaften, die aus eher egoistischen Individuen bestehen, und **dass die natürliche Auslese daher Kooperation begünstigen würde.***«[251] (Hervorhebung durch die Autorin)

Dieser vernachlässigte Aspekt der Darwin'schen Theorie wurde zuletzt auch von Mathematikern der Universität Princeton bestätigt, die in einer Studie nachwiesen, »*dass es langfristig einen evolutionären Vorteil haben kann, wenn man Gutes tut, ohne persönlichen Gewinn zu erzielen.*«[252] (Hervorhebung durch die Autorin)

Lynn Margulis hegte vor vielen Jahren den gleichen Gedanken mit ihrer Endosymbiontentheorie, die darin mündet, dass Kooperation als Antrieb der Evolution zu sehen ist. Damit konnte sie aufzeigen, dass diese **auch** auf Kooperation basiert. Von den zumeist männlichen Befürwortern des »Kampfs ums Dasein« wurde Lynn Margulis daraufhin natürlich marginalisiert und ihre Theorie ins Lächerliche gezogen.[253]

Wir sehen also, dass es die Cancel Culture in der Wissenschaft faktisch schon immer gegeben hat und dass sie immer dann greift, wenn eine neue Idee oder Erkenntnis die altvertrauten, festgefahrenen Standpunkte der herrschenden Meinung auf den Prüfstand stellt – insbesondere, wenn diese den Zielen einer machtvollen Minderheit nützen.

Heute werden Teile der von Lynn Margulis aufgestellten Theorie endlich auch von ihren Kollegen mit Bewunderung anerkannt. In einem Beitrag für die Fachzeitschrift *Evolution: Education and Outreach* stellen Wissenschaftler der Universität La Bicocca in Mailand fest: »*In den späten 1960er-Jahren* **leistete sie Pionierarbeit** *und trieb die symbiogenetische Theorie der eukaryotischen Zelle energisch voran (Sagan 1967; Margulis 1970) – damals revolutionär, heute aber bestätigt durch eine überwältigende Zahl an Forschungen und Daten auf molekularer Ebene, die in der Genom-Ära erweitert und vertieft wurden (Margulis & Sagan 2003).*«[254] (Hervorhebung durch die Autorin)

1999 wurde Margulis' Buch *Die andere Evolution* in Deutschland publiziert (Neuauflage 2018 unter dem Titel *Der symbiotische Planet oder wie die Evolution wirklich verlief*), aber Teile ihrer Theorie sind bis heute noch nicht durchgedrungen, obwohl sie inzwischen durch weitere Nachweise erhärtet werden konnten. Maßgeblich ist und bleibt die nach dem Pick-and-Choose-Prinzip reduzierte Auslegung von Darwins Werk, selbst wenn konservative Wissenschaftler inzwischen dringend ein Überdenken der Evolutionstheorie fordern.[255]

In jedem Fall mehren sich deutlich die Beweise, dass die Evolution ganz anders verläuft als bisher propagiert, denn selbst der **ho-**

rizontale oder laterale Gentransfer zwischen unterschiedlichen Arten soll potenziell einen evolutionären Vorteil bringen, wie Wissenschaftler der University of Sheffield vor Kurzem erneut festgestellt haben.[256]

Springende Gene in einer sich selbst organisierenden Evolution?

Bereits 1948 hatte die Biologin Barbara McClintock in Maispflanzen die **Transposons** entdeckt, oder, anschaulicher ausgedrückt, die *springenden Gene.* Auch McClintock zählt zu den Pionierinnen, denn sie war schon damals der Auffassung, dass es eine Art **Eigenregulation des Genoms** gibt – das heißt, das Genom reguliert sich aktiv selbst und wartet nicht passiv auf zufällige Mutationen.

Diese Fakten, von ihr wissenschaftlich nachgewiesen, stießen aber zu jener Zeit auf strikte Ablehnung. Nach 1953 publizierte McClintock kaum mehr über dieses Thema, konnte (durfte) aber als Dozentin weiterforschen. Es dauerte Jahrzehnte, genauer gesagt 35 Jahre, bis man in Stockholm begriff, dass ihre Entdeckung der springenden Gene den Nobelpreis verdiente: »*In ihrer Nobelpreisrede von 1983 führte die Genetikerin Barbara McClintock verschiedene Möglichkeiten an, wie ein Organismus auf Stress reagiert – unter anderem mit der Veränderung des eigenen Genoms.*«[257] (Hervorhebung durch die Autorin)

»*Ein Ziel für die Zukunft wäre es*«, so Clintock, »*das Ausmaß des Wissens zu bestimmen, das die Zelle über sich selbst hat, und wie sie dieses Wissen in ›wohlüberlegter‹ Weise nutzt, wenn sie vor einer Herausforderung steht.*«[258] (Hervorhebung durch die Autorin)

Barbara McClintock war ebenso genial wie weitsichtig, denn die spätere Forschung hat ihre Theorien bestätigt[259] und gezeigt, dass nicht nur die Eigenregulation, sondern **selbst die Evolution sich ebendiese springenden Gene (Transposons) zunutze macht.**[260]

»›Springende Gene‹ bilden im Laufe der Evolution immer wieder neue Gene« – diese Überschrift eines Artikels in *Science Daily* (Februar 2021) hätte Barbara McClintock große Freude bereitet. Die darin erwähnte Studie stammt von der Cornell University und bestätigt, **dass »springende Gene« (Transposons) alte genetische Elemente im Genom mischen und anpassen, um neue Gene zu erschaffen.** Durch ihre Tätigkeit werden sogar ganz neue Gene erzeugt. Man geht davon aus, dass diese Transposons 30 bis 50 Prozent des Genoms ausmachen. Sie sind wie kleine eifrige Labormännchen, die alte Gene entweder zurechtschneiden oder mit anderen Genen (oder nur mit Teilen von diesen) zusammenkleben, um neue Gene mit neuen Eigenschaften zu erschaffen.[261]

Nachweise darüber, dass die Transposons in den wichtigsten evolutiven Phasen der Säugetiere eine entscheidende Rolle gespielt haben, wurden bereits 2015 von Wissenschaftlern der *Chicago University* erbracht. Auch in deren Studie wurden im Genom bereits vorhandene Gene von den »springenden Labormännchen« dergestalt verändert, dass neue Funktionen entstanden.[262]

Darüber hinaus könnten Transposons bei der Veränderung von Chromosomen – und somit bei der Entstehung neuer Arten – eine wichtige Rolle gespielt haben, wie Forscher der *Universitat Autònoma de Barcelona* entdeckten[263] – und zwar vor über 20 Jahren (!).

Angesichts neuer Erkenntnisse in der Biologie hat sich die »verfälschte« Darwin'sche Theorie bereits seit über einem halben Jahrhundert als unzulänglich erwiesen, um die Evolution zu erklären. Transposons, die das Genom teilweise steuern, und Retroviren, die sich dort ebenfalls »einmischen«, sprechen im Grunde gegen eine Evolution, die auf rein zufälliger Mutation und Selektion beruht. Auch kann die fundamentale Bedeutung der Viren bzw. ihrer »genetischen Informationsschnipsel« für die Evolution nicht mehr wegdiskutiert werden.

Epigenetik – die Regulierung des Genoms von außen

Dies gilt auch für die Bedeutung epigenetischer Veränderungen. Unser Dasein und das unserer Nachfahren wird nicht nur von unseren Genen, sondern auch von der Umwelt und unseren eigenen Verhaltensweisen bestimmt. So schlagen sich z. B. Essensgewohnheiten auf das Erbgut nieder: »*Wer sich längere Zeit ungesund ernährt, verändert womöglich dauerhaft wichtige Schaltstellen in seinem Erbgut. Eltern steigern dadurch nicht nur das eigene Risiko auf Stoffwechselerkrankungen, sondern auch das ihrer künftigen Nachkommen.*«[264]

Folgende Aussage des *Gen-ethischen Netzwerks e. V.* verdeutlicht die Bedeutung der Epigenetik für uns Menschen, aber auch für die Biologie und die Medizin: »*Epigenetik ist das Facebook der heutigen Biowissenschaften. Sie fasst die individuelle Biographie als eine Liste abrufbarer molekularbiologischer Eintragungen auf. Dabei besteht wieder einmal die Gefahr, dass Gesellschaft und Psychisches biologisiert werden. Epigenetik wird oft als Wiederkehr des Lamarckismus diskutiert, scheint sie doch* **mit der Grundannahme neodarwinistischer Evolutionstheorie zu brechen, dass erworbene Eigenschaften nicht vererbt werden. Bedeutender ist jedoch, dass die epigenetischen Studien das zentrale Dogma der Molekulargenetik in Frage stellen.**«[265] (Hervorhebungen durch die Autorin)

Verschiedene Elemente, wie z. B. die Histone oder die Methylgruppen der DNA, können Gene aufgrund von Umwelteinflüssen regulieren oder ganz ausschalten, wie Wissenschaftler des Max-Planck-Instituts 2017 in einem Paper darlegten: »*Wir sind mehr als die Summe unserer Gene.* **Epigenetische Mechanismen**, *die durch Umwelteinflüsse wie Ernährung, Krankheit oder unseren Lebensstil verändert werden, nehmen eine wichtige Rolle bei der Steuerung unseres Erbguts ein, indem sie* **Gene ein- oder ausschalten.** *Lange Zeit war fraglich, ob diese epigenetischen Informationen, die sich über* *das ganze Leben hinweg in unseren Zellen ansammeln, die Grenze der Generationen überschreiten und an Kinder oder sogar Enkel weitervererbt werden können. Forscher des Max-Planck-Instituts für Immunbiologie und Epigenetik in Freiburg konnten nun zeigen, dass nicht nur die vererbte DNA selbst, sondern auch vererbte epigenetische Instruktionen zur Regulierung der Genexpression der Nachkommen beitragen.«*[266] (Hervorhebung durch die Autorin)*

Solche Nachweise sind in den Laboren der Welt inzwischen an der Tagesordnung und zeigen einmal mehr, dass der Neodarwinismus à la Dawkins und Kollegen ausgedient hat, denn er hat die Möglichkeit einer externen Genregulierung stets verworfen – obwohl Darwin einen analogen Mechanismus postuliert hatte.

Die bislang aufgelisteten Mechanismen beweisen, dass sich das Genom (also unsere DNA) »selbst reguliert« – sei es aufgrund äußerer Faktoren (Epigenetik), innerer Mechanismen (springende Gene) oder durch die Aufnahme fremder Informationsschnipsel (Viren).

In einem Interview mit der *taz* (Januar 2021) beschreibt Professorin Isabelle Mansuy (ETH Zürich), eine renommierte Epigenetikerin, dass das Genom zum Großteil aus regulatorischen Genen besteht: *»Lange fokussierte sich die Forschung auf das Genom. Aber auch darüber wissen wir noch nicht alles. So haben nur etwa 1 bis 2 Prozent unserer Genome eine codierende Funktion, **die anderen 98 bis 99 Prozent haben regulatorische Funktionen.** Das ist so, als würden Sie ein Buch lesen, aber nur 1 bis 2 Prozent der Buchstaben verstehen.«*[267]

Wenn aber über 90 Prozent der Gene dazu dienen, das Genom zu regulieren, dann ist die These der Nobelpreisträgerin Barbara McClintock, wonach sich das Genom (und somit m. E. die Evolution) selbst reguliert, einem definitiven Nachweis sehr nahe.

Die Vorteile einer »neuen« Evolutionstheorie

Angesichts dieser in den letzten Jahrzehnten erdrückenden Fülle an wissenschaftlichen Fakten und Nachweisen müsste jedem klar geworden sein, dass die Evolution weder ausschließlich auf »zufälliger Mutation und Auslese«, noch auf dem »Survival of the Fittest«-Prinzip beruht – **zwei hypnotisch vermittelte Prinzipien mit verheerenden Folgen für uns und die Gesellschaft.**

Die Darwin‹sche Evolutionstheorie, ausgelegt im Sinne von Neodarwinismus und Synthetischer Evolutionstheorie, wurde zu einer absolutistischen Lehrmeinung, die nachgerade unantastbar ist und sich laut zahlreicher Wissenschaftler zu einer »dogmatischen Erkenntnisbremse« entwickelt hat: »*Manche, die außerhalb des biologischen Diskurses stehen, werden es mit Verwunderung zur Kenntnis nehmen: Der Zufall gehört zu den brisantesten Themen der Biologie. Von den Gralshütern des Darwinismus wird er wie eine Reliquie gehegt. Die Motive, die diesem Beharren zugrunde liegen, sind zwar historisch nachvollziehbar, doch [... sie] haben sich mittlerweile nicht nur überlebt, sie sind zu einer dogmatischen Erkenntnisbremse verkommen, die es aufzubrechen gilt [...] Die Angst, der Religion ein neues Einfallstor in die Biologie zu eröffnen [...] hat dazu geführt, dass jeder geäußerte Zweifel am evolutionären Zufallsprinzip heute die Gefahr der Exkommunikation aus der wissenschaftlichen Gemeinde nach sich zieht.*« So Professor Dr. med. Joachim Bauer, wie von Paul Natterer in *Philosophie der Biologie* zitiert.[268]

Unsere Schulen und Universitäten füttern uns jedoch weiter mit unzulänglichen oder sogar falschen Informationen, sodass wir auf das Leben, die Gemeinschaft und unser Miteinander keine andere, bessere Sicht bekommen als eine, die nur auf Zufall und Konkurrenzkampf gründet.

Wie schädlich diese Grundannahme ist, hat der angesehene Philosoph Thomas Nagel in seinem Buch *Geist und Kosmos: Warum die materialistische neodarwinistische Konzeption der Natur so gut wie sicher falsch ist* dargelegt. Die Tatsache, dass es von der streng wissenschaftlich orientierten und eigentlich darwinfreundlichen *Oxford University Press* publiziert wurde, zeigt uns aber auf, dass auf diesem Gebiet allmählich ein Umdenken einsetzt. Diese Publikation eines konservativen Verlages brachte die Neodarwinisten auf die Barrikaden, die die Darwin'sche Theorie zu einer Art Ersatzreligion erhoben haben und sich als Gralshüter des Zufalls und des *Survival of the Fittest* verstehen – wodurch in der Gesellschaft, vielleicht unbewusst, eine Rückentwicklung zu den eher primitiven Merkmalen des menschlichen Wesens gefördert wurde.

Wenn eine Theorie wie der Neodarwinismus einen so eklatanten Einfluss ausübt, ist es umso notwendiger, ihre Unzulänglichkeiten im Interesse der Wahrheit bzw. der neuen wissenschaftlichen Erkenntnisse in das öffentliche Bewusstsein zu rücken, damit wir aufhören, mit schlafwandlerischer, aber trügerischer Sicherheit an eine Natur zu glauben, die nur Konkurrenzkampf und Zufall auf der Agenda hat – zumal Darwin selbst explizite Zweifel an bestimmten Aspekten seiner Theorie hegte.

Die verkannte Genialität Darwins

Die in diesem Abschnitt vorgetragenen alternativen Möglichkeiten und Fakten, die einen anderen Blick auf die Evolution werfen, hatte Darwin mit genialer Intuition bereits vorausgeahnt. Im Vorwort zur 2. Auflage von *Die Abstammung des Menschen* heißt es: »*Ich darf bei dieser Gelegenheit anmerken, dass meine Kritiker häufig annehmen, ich schriebe alle Veränderungen des Körperbaus und der geistigen Kräfte ausschließlich der natürlichen Auslese solcher Variationen zu, die oft als spontan bezeichnet werden* [i. S. v. zufälliger Mutation und Selektion]*, wohingegen ich schon in der ersten Auflage der* Entstehung der Arten *deutlich erklärt habe, dass den ererbten Wirkungen von Gebrauch und Nichtgebrauch ein großes*

Gewicht beigemessen werden muss sowohl in Bezug auf den Körper als auch auf den Geist [i. S. d. Selbstregulation des Genoms]. *Ich schrieb ein gewisses Maß an Veränderung auch der direkten und anhaltenden Wirkung veränderter Lebensbedingungen zu* [i. S. d. Epigenetik].«[269] (Hervorhebungen und Erläuterungen in Klammern durch die Autorin)

Mit diesen eigentlich wegweisenden Intuitionen hatte Darwin richtiggelegen, denn in der Zwischenzeit gibt es zunehmend Nachweise dafür, dass Faktoren und Mechanismen wie z. B. die Selbstregulation des Genoms mittels Transposons und die Epigenetik für die Evolution womöglich eine viel wichtigere Rolle spielen als zufällige Mutation, Selektion und das Überleben des am besten Angepassten oder Stärkeren.

Die seit Jahrzehnten gesammelten wissenschaftlichen Fakten und die Unmengen an biologischen Nachweisen bestätigen letztlich **Darwins Vision einer teleologischen, also zielgerichteten Evolution**. Im Schlusssatz zu *Die Entstehung der Arten* betont er: »*Es ist wahrlich eine großartige Ansicht, dass der Schöpfer den Keim alles Lebens, das uns umgibt, nur wenigen oder nur einer einzigen Form eingehaucht hat, und dass, während unser Planet den strengsten Gesetzen der Schwerkraft folgend sich im Kreise geschwungen, aus so einfachem Anfange sich eine endlose Reihe der schönsten und wundervollsten Formen entwickelt hat und noch immer entwickelt.*«[270]

Dieser seiner Idee zu folgen würde **unsere Vision des Lebens** völlig verändern – und zwar zum Positiven, so wie Darwin es sich gewünscht hatte: »*Und da die natürliche Zuchtwahl nur durch und für das Gute eines jeden Wesens wirkt, so wird jede fernere körperliche und geistige Ausstattung desselben seine Vervollkommnung zu fördern streben.*«[271]

KAPITEL 5
Politik und Hypnose

Inzwischen dürften wohl die meisten von uns mitbekommen haben, dass in der Politik schlicht und einfach viel gelogen wird. Trotzdem bleiben wir gefangen in der politischen Realität dessen, was uns die Politiker über die Leitmedien und die Social Media an Informationen mitteilen.

Aber wie steht es mit den Institutionen? Der Mythos, dass institutionelle Stellen, Behörden, Regierungseinrichtungen etc. grundsätzlich nichts als die Wahrheit bzw. vertrauenswürdige Fakten kommunizieren, hält sich hartnäckig im Bewusstsein der Bürger und ist trotz gegenteiliger Beweise seit Jahrzehnten kaum zu erschüttern.

*»Ein lauter Knall. Ein Feuerball erhellt die Nacht, als am 25. Juli 1978 um 2.54 Uhr eine Bombe an der Justizvollzugsanstalt Celle detoniert. Die Beamten im Wachturm geben Alarm und leuchten mit Suchscheinwerfern die sechs Meter hohe Außenmauer ab. Dort klafft ein Loch von rund 40 Zentimetern Durchmesser. [...] Verdacht fällt auf die RAF. Die Schlagzeilen am nächsten Morgen berichten einhellig von einem Terroranschlag auf die Justizvollzugsanstalt. Der Verdacht liegt nah: Zwei Monate zuvor ist in Berlin eine bewaffnete Befreiungsaktion aus dem Gefängnis Moabit gelungen. **Doch als entscheidendes Indiz für einen terroristischen Hintergrund der Tat präsentiert das Landeskriminalamt in Hannover das sogenannte***

Dellwo-Papier. Urheber des Strategiepapiers soll RAF-Mitglied Karl-Heinz Dellwo sein, der 1975 am Anschlag auf die deutsche Botschaft in Stockholm beteiligt war. Die darin skizzierte ›Verunsicherungsstrategie‹ liest sich wie das Drehbuch zum Celler Anschlag: Unblutige ›Anschläge auf den äußeren Bereich der Vollzugsanstalten‹ seien durchzuführen, um ›eine Zusammenlegung einsitzender Terroristen zu Interaktionsgruppen‹ zu erzwingen. […] Am 25. April 1986 – drei Wochen vor der Landtagswahl in Niedersachsen – macht die Hannoversche Allgemeine Zeitung *mit einer unglaublich klingenden Geschichte auf:* **Der Anschlag auf die Justizvollzugsanstalt Celle sei komplett inszeniert gewesen.** *Doch was Journalist Ulrich Neufert in seinem später preisgekrönten Artikel aufdeckt, entspricht der Wahrheit.* **Beamte legten die Bombe, Minister waren ihre Auftraggeber, der Verfassungsschutz sekundierte.** *Höchste Regierungskreise vom niedersächsischen Ministerpräsidenten Ernst Albrecht bis zum damaligen Bundesinnenminister Werner Maihofer waren eingeweiht, Gefängnisdirektor Paul Kühling sowieso. Die ›Aktion Feuerzauber‹ sollte V-Leuten ein Stück Biografie verschaffen, um ihnen den Einstieg in die linksextremistische Szene zu ermöglichen.«*[272]

Ende 1986 wurde ein parlamentarischer Untersuchungsausschuss eingesetzt, um diesen staatsterroristischen Akt zu beleuchten und insbesondere das Vorgehen von Ministerpräsident Ernst Albrecht und weiterer institutionell Beteiligter zu ermitteln. Dabei gab es wenig zu deuten, denn damals haben höchste institutionelle Stellen die Bevölkerung und die Staatsanwaltschaften erwiesenermaßen bewusst irregeführt, das heißt mithilfe der Medien als Wahrheit propagierte Lügen verbreitet und ein terroristisches Attentat vorgetäuscht, das in Wahrheit von Beamten und vom Verfassungsschutz inszeniert worden war. 2018 verlautete im *NDR:* »*Wesentlich stärker als die Celler Gefängnismauer ist das Vertrauen in die Politik und die Sicherheitsorgane erschüttert. Das Schüren von Terrorangst und* **die gezielte Desinformation der Bevölkerung** *führten dazu, dass man künftig nicht mehr wisse, ›welche Anschläge von Terroristen und welche vom Staat zu verantworten sind‹, urteilt der damalige Abgeordnete des Niedersächsischen Landtags Jürgen Trittin. Verfassungsschützer Peter Frisch hatte nämlich betont, dass auch ein Sprengstoffanschlag durchaus ein ›nachrichtendienstliches Mittel‹ sein könne.«*[273]

Der Punkt ist – wer von uns erinnert sich noch an das Celler Loch und den damit verbundenen politischen Desinformationsskandal?

Wir werden von so vielen Nachrichten und Informationen überflutet, dass Fakten leicht in Vergessenheit geraten, obwohl uns eigentlich gerade solche Geschehnisse im Gedächtnis bleiben müssten.

Es sollte ähnlich wie in einer Partnerschaft laufen: In dem Moment, wo man entdeckt, dass der Partner (oder die Partnerin) einen belogen und hintergangen hat, bleibt das Unbehagen darüber haften, und das Vertrauen in den anderen bekommt einen Riss, der der Beziehung die Basis entzieht.

Für den Einzelnen mag eine partnerschaftliche Bindung bedeutsamer sein als die soziale Bindung zwischen der Gesellschaft und ihren politischen Repräsentanten und Behörden. Trotzdem sollte man nach einem Vertrauensbruch »von oben« auch den Worten von Politikern oder behördlichen Repräsentanten fortan mit einer gewissen Skepsis begegnen – insbesondere, wenn ein so **eklatanter Fall von Täuschung** vorliegt wie oben geschildert.

Warum tun wir das nicht? Oder warum tun das nur sehr wenige von uns? In Gesprächen mit Menschen jeglicher Couleur ist die Antwort immer die gleiche: Die meisten haben keine Lust, ihre Wohlfühlzone zu verlassen und sich mit solchen Fällen gedanklich zu beschäftigen. Was bedeutet diese Einstellung? Dass die meisten es vorziehen, hypnotisiert zu bleiben und nicht aufzuwachen, weil ihnen das einfach zu anstrengend ist?

Man könnte argumentieren, dass eine so gezielt herbeigeführte Täuschung der Bevölkerung wie die Operation Celler Loch nur ein Einzelfall ist, aber dem ist leider nicht so. Eine absichtliche Täuschung liegt zum Beispiel bereits dann vor, wenn wesentliche Meldungen nicht mitgeteilt werden: Auch die Unterschlagung von Informationen ist eine Form des Lügens. Und institutionelle Lügen haben eine lange Karriere, die bis in die Gegenwart reicht.

Anfang 2021 spielte sich in Bayern ein nachdenkenswerter Fall ab: »*Bayerische Kontrollbehörden haben schwere Hygiene-Mängel in der Malzfabrik Johann Zeitler festgestellt – aber die Öffentlichkeit nicht informiert. Die Staatsregierung muss Konsequenzen aus dem Fall ziehen!* **Massiver Schimmelbefall an Decken, Wänden und Türen: Was die Kontrolleure der Bayerischen Kontrollbehörde für Lebensmittelsicherheit und Veterinärwesen (KBLV) Anfang Februar in der Malzfabrik Johann Zeitler vorfanden, war unappetitlich.** *Trotz der schwerwiegenden Mängel verhängte die Behörde jedoch kein Bußgeld und hielt die Ergebnisse geheim – ein eklatantes Versäumnis.* **Erst foodwatch und der Bayerische Rundfunk** *machten die Dokumente am heutigen Donnerstag öffentlich. Die Malzfabrik Johann Zeitler beliefert nach eigenen Angaben bundesweit 50 Brauereien, darunter auch Augustiner. Behörden sind nach den Vorgaben des Lebensmittel- und Futtermittelgesetzbuches dazu verpflichtet, bei ›nicht unerheblichen‹ oder ›wiederholten‹ Hygienemängeln die Öffentlichkeit zu unterrichten, sofern ein Bußgeld von ›mindestens 350 Euro‹ zu erwarten ist.* **Der Fall Zeitler macht deutlich, dass die Behörden die Veröffentlichungspflicht einfach umgehen könnten, indem sie kein Bußgeld verhängen.*«*[274] (Hervorhebungen durch die Autorin)

Sind das die »kleinen Tricks« einer Gesellschaft, in der Skrupel und Moral schwinden, in der eine Hand die andere wäscht und Kontrollbeamten ein Auge zudrücken, sobald Geld im Spiel ist? Schimmel im Bier – wird schon keinem schaden!

Während in einem Fall (Celler Loch) von institutioneller Seite **bewusst falsche Fakten verbreitet wurden,** hat eine institutionelle Behörde in einem anderen Fall (Malzfabrik Zeitler) der Bevölkerung **wesentliche Informationen unterschlagen,** obwohl dies von Gesetz wegen erforderlich gewesen wäre.

Das Jahr 2021 hat uns noch eine weitere Spielart von institutionellem Vertrauensbruch gezeigt: Eine Behörde brachte eine Studie heraus, die falsche Daten enthielt und Menschen aufgrund ebendieser Daten zu falschen Schlussfolgerungen und Handlungen verleitete. Im April 2021 veröffentlichte die *Zeit* einen investigativen Bericht mit dem Titel »*Viel Lärm um Nichts – Die Studie einer Bundesbehörde bremste die Energiewende und beflügelte Windkraftgegner. Zu Unrecht.*« Darin ging es um die Tatsache, dass eine mit falschen Zahlen versehene wissenschaftliche Studie der Bundesanstalt für Geowissenschaften und Rohstoffe (BGR) den Windkraftbefürwortern den Wind aus den Segeln genommen und den **Windkraftgegnern über ein Jahrzehnt ein Superargument zugespielt** hatte. (Es kam ja von einer Bundesbehörde).

Mancher wird kontern und sagen – ja nun, auch Wissenschaftler können sich mal irren und **fälschlicherweise** behaupten, dass bestimmte Windräder einen Infraschalldruck von mehr als 100 Dezibel Lautstärke verursachen. (100 Dezibel sind achtmal so laut wie 70 Dezibel, wobei ein Wert im oberen 70er-Bereich für viele Menschen an der Grenze des Erträglichen liegt).[275]

Sicher – Irrtümer kommen vor. Aber aufgrund dieser falschen Zahlen haben sich sehr viele Menschen umsonst Sorgen gemacht und um ihre Gesundheit gefürchtet, denn 100 Dezibel und alles darüber kann, wissenschaftlich nachgewiesen, zu gesundheitlichen Einschränkungen führen.[276]

Das Problem hier ist aber, dass mehrere externe Wissenschaftler die verantwortlichen Beamten des BGR bereits vor Jahren (!)

auf ihren Fehler aufmerksam gemacht hatten. Mit seriösen Forschungsarbeiten belegt, wurde den BGR-Experten aufgezeigt, dass die Lautstärke der in ihrer Studie beschriebenen Windräder höchstens knapp über 60 Dezibel liegen könne und dieser Wert bekanntermaßen im Rahmen des Erträglichen, also nicht im gesundheitsgefährdenden Bereich läge.

Ein Beitrag in der *Zeit* »*zitiert Experten, laut denen die BGR-Studie den Windräder-Infraschall nicht nur um den Faktor 10 000 zu hoch angesetzt habe* – **die Behörde habe lange Zeit auch entsprechende Hinweise, dass hier fehlerhaft gearbeitet wurde, sowie Studien mit stark abweichenden Resultaten ignoriert.** *Bundeswirtschaftsminister Altmaier erklärte dazu, er wolle sich nicht ausmalen, wie viele Menschen, auch Windkraftgegner, schlaflose Nächte gehabt hätten, weil sie sich Sorgen vor den gesundheitlichen Auswirkungen von Infraschall gemacht hätten. Es tue ihm leid, dass die falschen Zahlen über einen langen Zeitraum im Raum standen.* **Darunter habe auch die Akzeptanz der Windkraft an Land gelitten.** *Die Bundesanstalt für Geowissenschaften und Rohstoffe (BGR) hat ihrerseits die Kritik an den veröffentlichen Daten zu Schalldruckpegeln bei Infraschall-Emissionen […] offiziell bestätigt.*«[277] (Hervorhebungen durch die Autorin)

Wie kann es sein, dass eine Behörde, die streng wissenschaftlich arbeiten sollte, von anerkannten Wissenschaftlern jahrelang anhand belegter Studien auf Fehler aufmerksam gemacht wird und diese nicht unverzüglich korrigiert? Könnte es sein, dass jemand daran Interesse hatte, den Bau von Windrädern zu blockieren?

Aufwachen ist unsere neue Pflicht, denn viele, die sich aktiv an Bürgerinitiativen beteiligt hatten, um den Ausbau der Windkraft zu verhindern, waren den falschen Daten der BGR-Studie schlafwandlerisch gefolgt.[278]

Das Vertrauen in die Institutionen erodiert von Jahr zu Jahr, denn ein Skandal folgt dem nächsten. Denken wir an den Fall Wirecard und die Aufsichtsbehörde Bafin, die samt der Regierung über jegliche Warnung hinweggeschaut hat, wie vom Rechnungshof festgestellt.[279]

Und was ist vom Cum-Ex-Skandal zu halten? Wurden diese Spielchen von den zuständigen Stellen wirklich nicht bemerkt? Man könnte ja fast meinen, die Betrüger sind intelligenter und besser vorbereitet als die Beamten in den Finanzbehörden – und dass eine davon auf die Rückforderung von Millionen verzichtet, wie auf der Internetseite der *Tageschau* zu lesen, ist schon besonders eklatant: *»Bei den Cum-Ex-Geschäften steht die Hamburger Warburg-Bank im Fokus. Anleger sollen sich durch das gegenseitige Hin- und Herschieben von Aktien rund um den Dividendenstichtag die Kapitalertragssteuer mehrfach haben erstatten lassen. 2016 soll die Hamburger Finanzbehörde informiert worden sein, dass sich Warburg aus eben solchen Geschäften im Jahr 2009* **rund 47 Millionen Euro unberechtigt verschafft hatte. Doch die Behörde verzichtete darauf, sich diesen Betrag zurückerstatten zu lassen, trotz nahender Verjährungsfrist der Betrugsfälle.«**[280] (Hervorhebung durch die Autorin)

Es handelt sich immerhin um 47 Millionen Euro Steuergelder, die z. B. für die Renovierung maroder Schulen oder zur Behebung des Personalmangels an unseren Krankenhäusern hätte eingesetzt werden können. Warum die Finanzbehörde auf diese Gelder verzichtet habe, sei völlig unverständlich, so der im *ARD*-Magazin *Panorama* zitierte Steuerprofessor Christoph Spengel (Mannheim): *»Es gab zu diesem Zeitpunkt bereits finanzgerichtliche Urteile, die Cum-Ex-Geschäfte als illegal eingestuft haben, auch das Thema der Verjährung war allgemein bekannt. Wenn es dann um eine Summe von rund 50 Millionen Euro geht und dieser Sachverhalt einfach liegen bleibt, dann ist das ein Skandal.«*[281] (Hervorhebung durch die Autorin)

Eine der Institutionen, der man noch vertrauen kann, ist der Bundesgerichtshof (BGH). Er entschied im Juli 2021, dass Cum-Ex-Geschäfte als Steuerhinterziehung zu bewerten und damit strafbar sind. Ferner hat er die Revision gegen das Urteil der Vorinstanz verworfen und somit bestätigt, dass der Angeklagte zu Recht zu einem Jahr und zehn Monaten **auf Bewährung** verurteilt worden war und bei ihm bzw. bei dem Bankhaus W. Taterträge in Höhe von 14 Millionen Euro bzw. 176 Millionen Euro eingezogen wurden.[282]

Die meisten von uns bewegen sich gewissermaßen wie Schlafwandler durch den Tag und nehmen die nicht abreißende Flut von Skandalen kaum mehr wahr. Die Berichte darüber sausen an uns vorbei, einer nach dem anderen – egal, ob es dabei um die Europäische Arzneimittelagentur EMA geht[283], um die FDA[284] (ihr US-amerikanisches Pendant) oder um andere Institutionen.[285] (Siehe dazu auch Kapitel 6 »Wie die Medien uns manipulieren«)

Wer diese Flut an ethischen Dammbrüchen noch wahrnimmt, schüttelt den Kopf, spricht mit Freunden, Verwandten und Bekannten, ja selbst mit Fremden darüber und stellt fest: Es herrscht sehr schnell Einigkeit darüber, wie sehr die sich virusgleich verbreitende Unmoral und die zunehmende Erodierung der Grundwerte unserer Gesellschaft schaden – und wie verletzend es für die meisten Bürger ist, ausgerechnet von denjenigen hinters Licht geführt zu werden, denen sie ihr Vertrauen geschenkt haben.

Bei den meisten bleibt es allerdings beim Kopfschütteln – und das wissen die Regierenden sehr genau: Sie selbst sind kaum in Gefahr und können ihr Spiel mit Lobbys und Interessengruppen ungestört weitertreiben.

Es nagt das ungute Gefühl, **eigentlich** kein Vertrauen mehr haben zu können und zu einer Art Fußvolk zu werden, das sich mit einem resignierten »Wir können ja doch nichts ändern …« in seine Wohlfühlblase zurückzieht.

Um zu verstehen, wie sehr sich Politiker inzwischen selbst als unantastbare abgehobene Kaste betrachten, genügt ein kurzer Blick in unser Nachbarland Frankreich. Dort wurde kürzlich, wie die *Zeit* berichtete, per Gesetz beschlossen, dass die Bürger ab Juli 2021 bei jedem Besuch in einem Restaurant, Museum, Kino, Krankenhaus etc. einen Impfpass vorzeigen müssen, »*weshalb die Opposition von einer ›Impfpflicht durch die Hintertür‹ spricht. Und zwar eine, die nicht für jeden gilt. Während im Freibad alle Gäste ihr Dokument vorweisen müssen, ist der Zutritt zur Nationalversammlung für alle 577 Abgeordneten unbeschränkt möglich. Einen Impfpass im Parlament vorzeigen zu müssen verstoße gegen die Verfassung, sagte der Vorsitzende des Parlaments, Richard Ferrand. Warum eine Zugangsbeschränkung zum Museum oder sogar zum Krankenhaus gesetzlich unbedenklich sein sollte, sagte er nicht.*«[286] (Hervorhebung durch die Autorin)

Dies zeigt uns auf besonders eindrucksvolle Weise, wie die politische Elite ihre eigenen Regeln aufstellt – und das ausgerechnet in Frankreich, wo das Wort »Égalité« (Gleichheit) zur Maxime der Nation gehört.

Die schleichende Erosion des Vertrauens

Muss man sich dann wundern, wenn populistische Parteien in Europa seit Langem auf dem Vormarsch sind?

Es sind nicht nur die institutionellen Lügen, die zu einem Vertrauensverlust zwischen Volk und Staatsorganen führen – auch die persönlichen Lügen der Politiker tragen zu dieser fatalen Entwicklung bei. Wie soll man jemandem vertrauen, der seinen Lebenslauf frisiert, seine Nebeneinnahmen nicht dem Bundestag meldet oder mitten in einer gravierenden Pandemie persönlichen Profit aus dem Verkauf von Corona-Masken schlägt? (Einer psychologischen Studie der Universität Kopenhagen zufolge gehört Betrügen zur charakterlichen Grundausstattung, also zum »Dark Core«, solcher Menschen – in welchen Situationen auch immer).[287]

Laut der jährlichen Umfrage des bekannten Edelman Trust Barometers scheinen die Deutschen im Vergleich zu anderen Nationalitäten seit Corona teilweise zwar mehr Vertrauen in die gesellschaftlichen Institutionen, Regierung, Unternehmen, Medien und NGO zu haben als vor der Pandemie, aber: »*Trotz der anhaltend positiven Entwicklung, die das Vertrauen hierzulande seit 2020 zeigt, schaffen es die Institutionen insgesamt jedoch nicht, dass die Deutschen sie als vertrauenswürdig einstufen. Vielmehr schätzen die Menschen die Institutionen nun im neutralen Vertrauensbereich ein.*«[288] (Edelman-Vertrauensbarometer 2021).

Nach Ansicht von Martin Hartmann, Philosophieprofessor an der Universität Luzern, liegen die Probleme »*weniger in einer fehlenden Vertrauenswürdigkeit als darin, Vertrauenswürdigkeit zu erkennen*«[289], denn es gäbe Ausnahmen, das heißt, es gibt Institutionen, denen die Bürger laut Umfragen grundsätzlich mehr vertrauen, z. B. dem Bundesverfassungsgericht in Deutschland und der Feuerwehr in der Schweiz.

Ansonsten Fehlanzeige, denn die regelmäßig durchgeführte Langzeit-Umfrage »*Die Angst der Deutschen*« hat 2021 gezeigt, dass sich immer mehr Bundesbürger (54 %) **Sorgen darüber machen, dass die Politiker überfordert sind:** »*Für Manfred Schmidt, Politologe an der Universität Heidelberg, handelt es sich bei den wachsenden Sorgen der Bundesbürger in der Pandemie nicht um eine diffuse German Angst, sondern um nachlassendes Vertrauen*«, wie die *Zeit* berichtet.[290] Im Klartext: nachlassendes Vertrauen in die Kompetenz der Politiker.

Im Januar 2020 brachte die *Zeit* eine Kolumne des Wirtschaftsexperten Marcel Fratzscher über die Edelman-Umfrage 2020. Sein Kommentar hat nichts von seiner Gültigkeit eingebüßt, insbesondere im Hinblick auf folgende Aspekte: »*Zudem zeigt die Edel-*

man-Umfrage auch, dass es fast nirgends auf der Welt einen größeren Unterschied im Vertrauen in den Staat gibt als in Deutschland: Die sogenannte Elite, also gut ausgebildete Menschen mit hohem Einkommen, hat in Deutschland ein um fast 50 Prozent höheres Vertrauen in den Staat und seine Institutionen als der Durchschnitt der gesamten Bevölkerung. Oder, anders ausgedrückt: **Der Staat mag für die Elite funktionieren. Aber aus Sicht der Mehrheit der Bürgerinnen und Bürger funktioniert er eben nicht ausreichend für sie.** Und vieles spricht dafür, dass nicht der kleine Mann oder die kleine Frau eine verzerrte Wahrnehmung der Realität hat, sondern eher die Privilegierten, die zu den Gewinnern von Globalisierung und technologischem Wandel gehören. **Denn kaum ein Industrieland hat eine höhere Ungleichheit bei den Vermögen und geringere Aufstiegschancen durch Bildung und Arbeit als Deutschland.** Wir erleben fast überall in der westlichen Welt eine Vertrauenskrise in den Staat mit einem massiven Vertrauensverlust der Bürgerinnen und Bürger in ihre staatlichen Institutionen. Die großen Herausforderungen unserer Zeit sind fast alle von Menschen gemacht und bleiben von staatlichen Institutionen ungelöst – vom Klimawandel über Finanzkrisen bis hin zu einer zunehmenden sozialen Polarisierung und einem rapiden technologischen Wandel. Umfragen mögen ihre Schwächen haben, aber sie enthalten meist mehr Wahrheit, als viele sich eingestehen mögen. Der Vertrauensverlust in den Staat und seine Institutionen sollte ein Weckruf für die Politik sein, dringende Reformen endlich anzustoßen und sich das Vertrauen der Menschen wieder zu erarbeiten.«[291]

Pathologische Lügner gefährden die Demokratie

In der Bevölkerung ist es inzwischen fast zu einem Gemeinplatz geworden zu sagen, »die da oben« seien »glatte Lügner« oder »Taugenichtse, die sich nur um sich selbst und die Reichen kümmern«. Diese eigentlich erschreckenden Äußerungen hört man **nicht nur in Deutschland, sondern weltweit,** und sie bedeuten, dass die Bürger die Kompetenz der Politiker anzweifeln, den Staat zu verwalten[292] und zum Wohle der Gemeinschaft zu gestalten.

Zu Recht: Bevor Viktor Orbán an die Macht kam, wurde Ungarn von Ferenc Gyurcsány regiert (2004–2009). Kaum jemand von uns wird sich an ihn erinnern – aber wir sollten es, denn 2010 teilte er einigen engen Vertrauten unverblümt mit, dass er **das Volk im Wahlkampf** *»morgens, mittags und abends«* **belogen habe.**[293] *»Dumm nur, dass ein Aufnahmegerät mitlief und die Rede öffentlich wurde. Schwere Aufstände und ein großer Vertrauensbruch waren die Folgen.«*[294]

Die *SZ* beschrieb den Skandal seinerzeit so: *»In der etwa halbstündigen temperamentvollen Rede ließ der Premier keinen der gängigen ungarischen Kraftausdrücke aus. ›Es war sonnenklar, dass das, was wir sagen, nicht wahr ist‹, sagte er mit Bezug auf die falschen Angaben zum Haushaltsdefizit im Wahlkampf und darauf, dass man dem Volk die Sparpläne verschwiegen habe. Dies sei notwendig gewesen, ›um die Regierung aus der Scheiße zu ziehen‹, sagte demnach* Gyurcsány. *Die Ungarn konnten die Rede auch im Internet hören. Vor dem Parlament versammelten sich sofort Tausende* Gyurcsány-*Gegner und harrten dort die ganze Nacht aus.«*[295]

Später betrat Viktor Orbán die Bühne – was einmal mehr bestätigt, dass die Bürger, wenn sie erst einmal das Vertrauen in ihre Politiker verloren haben, leicht von Populisten geködert werden können. Von diesen werden sie zwar genauso angelogen, wie die *NZZ* in einem Artikel über Orbán nachweist[296] – aber irgendjemandem **muss** man ja glauben und die Verwaltung des Staates anvertrauen (können). Das gelang dem »Neuen« umso besser, als er mit markantem Auftreten und eindrucksvoller Rhetorik Werte und Begriffe wie Nation, Sicherheit etc. hervorhob und somit das Bedürfnis nach der »starken Hand« bediente. Dieses politische Verhaltensmuster zieht immer wieder – insbesondere bei Menschen, die eine niedrige Toleranzschwelle für Unsicherheit haben, wie eine Studie der Brown University aufzeigt.[297]

Wir Wähler verhalten uns gegenüber der Politik anscheinend wie in einer Liebesbeziehung: Sobald unser Vertrauen in den Partner/die Partnerin zerstört ist, müssen wir unser Vertrauen einem/einer anderen »schenken«, denn der- oder diejenige wird uns ja wohl »diesmal nicht« täuschen und wir können unser Glück erneut versuchen.

Nein, aufwachen fällt uns schwer, denn wir wollen nicht aufwachen, weil wir von Haus aus gerne vertrauen – und **Vertrauen ist die Basis der Hypnose** (siehe Kapitel 1 »Am Anfang war das Wort«).

Somit aber ist die Demokratie in Gefahr. Dazu schrieb vor einigen Jahren Prof. William Davies (Goldsmiths University, London) im *Guardian*: »*Systeme, die auf Vertrauen beruhen, sind immer anfällig für Missbrauch durch diejenigen, die sie ausnutzen wollen.* [...] *In der westlichen Welt ist seit vielen Jahren oder sogar Jahrzehnten ein Trend sinkenden Vertrauens zu beobachten, wie zahlreiche Umfragen belegen.* [...] *Was niemand voraussah: Wenn das Vertrauen unter einen bestimmten Schwellenwert sinkt, könnten viele Menschen das gesamte Spektakel der Politik und des öffentlichen Lebens als eine betrügerische Inszenierung ansehen. Dies geschieht nicht, weil das Vertrauen im Allgemeinen sinkt, sondern weil Schlüsselpersonen des öffentlichen Lebens – insbesondere Politiker und Journalisten – nicht mehr als vertrauenswürdig wahrgenommen werden. Es sind diese Personen, die an Glaubwürdigkeit verloren haben – also die, die ausdrücklich den Auftrag haben die Gesellschaft zu vertreten, ob als gewählte Repräsentanten des Volkes oder als professionelle Berichterstatter.*«[298] (Hervorhebungen durch die Autorin)

113

Unser Vertrauen sinkt, weil die Machenschaften hin und wieder aufgedeckt werden, wenn auch aus unterschiedlichen Gründen: Whistleblower wie Edward Snowden wollen schlicht **Wahrheiten offenlegen;** in den USA bestand ein **wirtschaftliches Interesse,** den Abgasskandal von VW und Co. ans Licht zu bringen, und **die korrupte Gier** ihrer Kollegen während der Pandemie (Maskenskandal[299]) war selbst einigen Politikern zu viel.

Aber wer lügt oder betrügt, »darf« meist an der Macht bleiben, denn wer sich etwas hat zuschulden kommen lassen, ist leicht(er) erpressbar – ähnlich wie jene Politiker, die mit Prostituierten erwischt wurden.[300] Politiker, die **irgendeinen** moralischen oder legalen Fehltritt begangen haben, kann man wie Marionetten an Schlüsselpositionen befördern bzw. sie aus solchen entfernen[301] – vermutlich, um auf diese Weise die strategischen Pläne bestimmter Lobbyverbände oder Interessengruppen durchzusetzen.[302]

Welche Methoden hierbei angewandt werden, zeigt uns der Skandal um Cambridge Analytica: Führende Mitarbeiter dieses Unternehmens äußerten einem Undercover-Journalisten des britischen TV-Senders *Channel 4* gegenüber, dass sie in der Lage seien, missliebige Politiker aus dem Weg zu räumen, indem sie ihnen z. B. ukrainische Escort-Girls »zuführen« und entsprechende Videos ins Netz stellen.[303]

»Die Politik der Lüge«[304]

Auch Boris Johnson war und ist der Mann fürs Grobe: Er sollte den Brexit vollziehen (der mit einer ungeheuren Lügenkampagne und mithilfe eines Hypnotiseurs durchgeboxt wurde; siehe Kapitel 1 »Am Anfang war das Wort«) – ein Plan, den Medienmogul Murdoch unterstützte aus Gründen, die eines Tages vielleicht einmal deutlich(er) hervortreten werden.[305] (Siehe Kapitel 6 »Wie die Medien uns manipulieren«)

Seit Jahren wird Großbritannien auf Lügenbasis regiert, und wie 2021 in den *Blättern für deutsche und internationale Politik* zu lesen, gibt es kaum jemanden, der sich Boris Johnson widersetzt: »*Einer dieser wenigen ist Peter Oborne, ein ehemaliger Parteifreund Johnsons, der sich selbst weiter dem konservativen Lager zurechnet. Einer der vielen heimatlos gewordenen Tories, die in der neuen rechtsnationalen Johnson-Partei keinen Platz mehr haben. In seinem jüngsten Buch hat Oborne Johnsons pathologisches Verhältnis zur Wahrheit eindrucksvoll dokumentiert und gleichzeitig eine lange Liste mit dessen Lügen und Verdrehungen an den Speaker des House of Commons geschickt.[3] Bislang hat er darauf keine echte Antwort erhalten. Und natürlich ist sein Buch auch in der auf der Insel dominanten Murdoch-Presse, die den Brexit und damit die Entfremdung der Insel von der EU und ihren demokratischen Standards wesentlich betrieben hat, nicht ein einziges Mal rezensiert oder auch nur erwähnt worden.*

Denn Oborne nennt einen wesentlichen Punkt, der zeigt, worum es Johnson und seinen Mitstreitern wirklich geht: ›Obschon kein Zweifel daran besteht, dass Johnson betrügerisch und amoralisch ist, so ist der Krieg des Premierministers gegen die Wahrheit doch Teil eines breiteren Angriffs auf die Säulen der britischen Demokratie: das Parlament, die Rechtsstaatlichkeit und den öffentlichen Dienst. Dafür gibt es einen Grund: Wahrheit und liberale Demokratie sind miteinander verknüpft.[4]‹ Wenn ein Volk seine Regierung zur Rechenschaft ziehen will, braucht es Zugang zu objektiver Wahrheit, zu nachprüfbaren Fakten. Wo das von einer übermächtigen Exekutive zerstört wird, entsteht die Gefahr autoritärer Regierungen unter dem Deckmantel der Demokratie. Polen und Ungarn haben es vorgemacht. Peter Oborne sieht die Schwelle hierfür auch in Großbritannien bereits überschritten, und er ist damit nicht alleine. Denn die Johnson-Regierung will längst auch die britische Justiz zunehmend als Kontrollorgan der Exekutive aushebeln.

In einem offenen Brief forderten im letzten Oktober [2020] *mehr als 800 hohe Anwälte und Richter, darunter drei ehemalige Richter des Supreme Courts, die Johnson-Regierung auf, ihre Attacken auf die Justiz und den Rechtsstaat unmittelbar einzustellen.«*[306] (Hervorhebungen durch die Autorin)

Der Fall Oborne und Johnson zeigt einmal mehr, wie gewisse Mainstream-Medien Hand in Hand mit den Regierungen kooperieren (siehe Kapitel 6 »Wie die Medien uns manipulieren«). Oborne wird von der Presse totgeschwiegen, sodass nur die wenigsten die Lügen des britischen Premierministers mitbekommen. Eine typische Strategie der Massenmanipulation, die bereits vor Jahrzehnten aufgedeckt wurde und die darin besteht, eine Information entweder gar nicht erst zu vermitteln oder sie so zu verpacken, dass nur ein gewünschter Teil von ihr publik wird.[307]

Die Jüngeren unter den Lesern werden mit dem Namen Noam Chomsky kaum etwas anfangen können (falls sie ihm nicht in einem Uniseminar oder aus eigenem politischem Interesse begegnet sind). Chomsky ist emeritierter Professor für Linguistik am renommierten MIT (Massachusetts Institute of Technology) und einer der schärfsten und brillantesten Denker der USA. Ihm wird das 2013 erschienene Pamphlet *10 Strategien der Manipulation«* zugeschrieben, von denen ich hier nur drei herausgreife:

1) **Umlenkung der Aufmerksamkeit**: Das Interesse der Bürger wird durch die Medien auf Unwesentliches oder Banales gelenkt und dabei von wichtigen bzw. wirklich relevanten Informationen ferngehalten.
   (Hierbei kommen mir beispielsweise die heiße Debatte um den Genderismus, das Wohl und Wehe der Adelshäuser u. Ä. in den Sinn.)
2) **Anrede in Kindersprache**: Die Menschen werden wie kleine

Kinder angesprochen in dem Sinne, dass sich die Politiker in Tonart, Wort, Mimik und Gestik wie »Elternfiguren« und betont konziliant-fürsorglich inszenieren.

(Bestes Beispiel: Angela Merkel galt jahrelang als die »Mutti der Nation«.)

Eine Strategie, die es Politikern ermöglicht, das kritische Denken und Hinterfragen der Menschen zu neutralisieren[308] – also *de facto* eine Form der **Hypnose** auszuüben.

3) **Die Ignoranz der Gesellschaft aufrechterhalten:** Ignoranz bedeutet, nicht über die Informationen zu verfügen, die erforderlich sind, um Fakten und Gegebenheiten wahrheitsgemäß(er) beurteilen und einzuordnen zu können, das heißt, den Menschen werden wesentliche Daten, Meldungen und Informationen nicht mitgeteilt. Halbwahrheiten zu vermitteln oder Wahrheiten zu verschweigen ist aber letztlich das Gleiche wie lügen.

Die oben genannten Strategien funktionieren auch nur so gut, weil wir gerne in einer hypnotischen Blase leben – darin lebt es sich schlicht einfacher, denn Selberdenken, Hinterfragen und Recherchieren können anstrengend sein. Trotzdem frage ich mich: Wie kann es sein, dass wir immer wieder pathologische Lügner wählen – manchmal einen nach dem anderen?

Nehmen wir z. B. die USA. Nach Clinton kam Bush Jr., und diesem folgte Barack Obama, gefolgt von Trump.

SFGATE, eine bekannte Online-Zeitung aus San Francisco und seiner Bay Area, hat die falschen und irreführenden Behauptungen der US-Präsidenten kurz und bündig kommentiert, wobei besonders auf die 935 Lügen von George W. Bush eingegangen wird, die er ab dem 11. September 2001 von sich gab: »*Bringt es etwas, die genaue Zahl zu kennen? Macht das einen Unterschied? Dass Präsidenten lügen, ist ja nun keine große Enthüllung, eher ein nationaler Zeitvertreib. Zum Teufel, ja, Bill Clinton hat in einem harmlosen*

Zivilprozess gelogen und wurde deshalb sogar angeklagt. Seine kleine orale Fixierung hat uns natürlich nicht in einen aussichtslosen billionenteuren Krieg geführt [...] Das sind wirklich nur Haarspaltereien. Und es ist doch allgemein bekannt, dass George Bush Sr. über Iran-Contra [...] gelogen hat. Und [...] Ronald Reagan, der alte Halunke, hat über den Iran und die Unterstützung der Contras gelogen, dass sich die Balken biegen, und Lyndon Johnson log über den Golf von Tonkin, um Unterstützung für den Vietnamkrieg zu gewinnen, und Harry Truman hat wahrscheinlich über Hiroshima gelogen und John F. Kennedy hat vermutlich über die Schweinebucht gelogen und – naja, alle Präsidenten lügen bis zu einem gewissen Grad und mit wechselnden Erfolgen und historischen Konsequenzen. Ist es nicht irgendwie nutzlos, darüber zu jammern?«[309]

Nein, ist es nicht, denn Demokratie sollte auf Wahrheit basieren, sonst wird ihr das Fundament entrissen, sonst wird sie Opfer einer gewollten Verwirrung, die bekanntlich eine der grundlegenden Taktiken der Hypnose ist. **Ohne Wahrheit wird sie,** wie Kévin Finel und Jean Dupré in ihrem Buch darlegen, **zu einer »*Demokratie unter Hypnose*«.**[310]

Welchen Sinn haben Wahlen, wenn wir vorher und hinterher ständig belogen und Versprechen gebrochen werden? Wir dürfen zwar wählen, das heißt, der demokratische Schein wird gewahrt, aber *de facto* haben sich unsere demokratischen Wahlen mittlerweile zu einer *fictio juris,* zu einer juristischen Fiktion entwickelt.

Dies hatte der italienische Journalist und Politiker Massimo Fini bereits vor vielen Jahren festgestellt[311] – auch aus seiner Sicht ist der Demokratie-Grundpfeiler »Wahrheit« heftig ins Wanken geraten. Die Politik bestätigt offen, dass es in der Demokratie nicht mehr um Wahrheit geht – so 2021 in Österreich, wo Parlamentspräsident Wolfgang Sobotka, der zweite Mann im Staat, in einem Fernsehinterview im Zusammenhang mit parlamentarischen Untersuchungsausschüssen sagte: »*Die Wahrheitsfindung ist entbehrlich.*«[312]

In seinem jüngst erschienenen Büchlein *Jeder Mensch* geht der Jurist Ferdinand von Schirach auf das Problem »Wahrheit und Politik« ein. Er versucht, die Charta der EU-Grundrechte zu erweitern, denn angesichts der globalen Probleme »*müssen wir wieder über unsere Gesellschaft entscheiden – nicht wie sie ist, sondern so, wie wir sie uns wünschen*«.[313] Eines der von ihm geforderten neuen Grundrechte betrifft das oben dargelegte Problem des fast pathologischen Lügens in der Politik. Nach Schirach sollte jedem Menschen das Recht eingeräumt werden, Politiker zu verklagen, die der Lüge überführt wurden. Sein diesbezüglich vorgeschlagener Artikel 4 lautet: »*Jeder Mensch hat das Recht, dass Äußerungen von Amtsträgern der Wahrheit entsprechen.*«[314] Der ethische Gedanke dahinter verbindet sich mit dem, was Peter Oborne konstatiert: »*Wahrheit und liberale Demokratie sind miteinander verknüpft.*«

Die Wahrheit ist das Fundament des demokratischen Gedankenguts. Auf Lügen kann man keine echte Demokratie aufbauen, denn welchen Sinn, welche Bedeutung hat meine Wahlstimme, wenn meine Entscheidung – unwissend – auf den Unwahrheiten des gewählten Politikers beruht? Auf diese Weise sind Wahlen tatsächlich nichts weiter als eine juristische Fiktion.

Aber liegt die Schuld allein bei den Politikern, die besonders gut lügen können und uns somit manipulieren? Oder liegt es auch an uns Wählern selbst? Es erhärtet sich nämlich immer mehr der Verdacht, dass der Bürger belogen werden möchte.

Als die Grünen 1998 auf ihrem Parteitag den Entschluss fassten, den Benzinpreis auf 5 DM (ca. 2,5 Euro) zu erhöhen, bekamen sie vom Wähler postwendend eine harsche Abfuhr.[315] Anscheinend wollen die Bürger, dass man ihnen zwar Problemlösungen vorträgt und Wahlversprechen macht, aber bitte nicht die Wahrheit verkündet, die damit einhergeht. Einer Studie der Universität Pompeu Fabra in Barcelona (2020) zufolge tendieren Wähler dazu, ehrliche Politiker **nicht** wiederzuwählen. In dieser Untersuchung wurde das Verhalten von über 800 Bürgermeistern Spaniens und das ihrer Wähler analysiert: »*Wir stellen fest, dass ein großer und statistisch signifikanter Anteil der Bürgermeister gelogen hat. Bürgermeister, die Mitglieder der beiden großen politischen Parteien sind, logen signifikant häufiger. Außerdem stellen wir fest, dass Frauen und Männer mit gleicher Wahrscheinlichkeit lügen. Schließlich finden wir einen negativen Zusammenhang zwischen wahrheitsgemäßen Aussagen und der Wiederwahl bei den nächsten Kommunalwahlen, **was darauf schließen lässt, dass Unaufrichtigkeit den Politikern helfen könnte, im Amt zu überleben.**«*[316] (Hervorhebung durch die Autorin)

Karine Boucquillon, eine kanadische Autorin und Umweltaktivistin, äußerte sich bereits 2013 mit klaren Worten über die politische Lage in den westlichen Demokratien: »*Ich bin der Ansicht, dass sich der heutige Wähler seinen politischen Vertreter selbst erschafft. Eine reife Gesellschaft wählt einen Repräsentanten, der ihre Erwartungen widerspiegelt, der integer ist und der in der Lage ist, Lösungen für echte Probleme zu finden. **Eine unreife Gesellschaft wählt entweder gar nicht, oder sie wählt Marionettenpolitiker, die Spielball wirtschaftlicher oder mafiöser Mächte sind, wenn sie nicht schon selbst vom System pervertiert worden sind.** In beiden Fällen stützen diese Politiker ihre Wahlkampagnen auf Lügen und Versprechen, die sie nicht einhalten werden. Sie wissen, dass die Wählerschaft leichtgläubig ist und ihre Meinung auf das Image, auf einen manipulativen oder aggressiven Diskurs stützt.*«[317] (Hervorhebung durch die Autorin)

Diesbezüglich hat Ferdinand von Schirach mit der Forderung, »*Jeder Mensch hat das Recht, dass Äußerungen von Amtsträgern der Wahrheit entsprechen*«, einen wichtigen Vorschlag gemacht, denn

Politik und Lüge sind seit Langem eine symbiotische Beziehung eingegangen, und es ist an der Zeit, diese unheilvolle Symbiose aufzubrechen und die Demokratie aus ihrer Hypnose zu holen.

Nur: Die potenten Interessengruppen und Lobbys (von Großunternehmen etc.) sind naturgemäß alles andere als an Demokratie interessiert, denn diese steht der Durchsetzung ihrer Partikularinteressen im Weg und ist ihnen somit »hinderlich«, wie Professor Rainer Mausfeld betont (siehe dazu *SWR-Tele-Akademie* auf YouTube[318]).

Peter Thiel, der Mitbegründer von PayPal, gab bereits 2009 zu: »*I no longer believe that freedom and democracy are compatible*«[319] (dt.: Ich glaube nicht mehr, dass Freiheit und Demokratie kompatibel sind).

Ähnliche Auffassungen werden auch offen von einigen Politikern vertreten, so z. B. von dem US-Senator Mike Lee (Republikaner), der 2020 auf Twitter schrieb: »*Nicht die Demokratie ist das Ziel, sondern Freiheit, Frieden und Wohlstand.*«[320]

Um den Ballast »Demokratie« loszuwerden, lancieren Unternehmen eine Vielzahl von politischen Aktivitäten, wie auch Prof. Daniel Nyberg (University of Sidney) in einer wissenschaftlichen Abhandlung ausführt: »*Es besteht die echte Sorge, dass der von Geschäftsinteressen getragene Reichtum die Gesundheit der liberalen Demokratien des Westens untergräbt […]. Crouch (2004) verwendete den Begriff ›Postdemokratie‹, um zu beschreiben, inwiefern Unternehmen eine übermäßige politische Macht ausüben, um die Regierungspolitik zu gestalten. Ähnlich wies Barley darauf hin (2007, S. 201),* **dass die repräsentative Demokratie durch eine ›Unternehmensgesellschaft‹ ersetzt wurde, in der Unternehmen die Gesetzgebung zu ihrem eigenen Vorteil beeinflussen, ohne Rücksicht auf die Bürger eines Landes.** *Die Erkenntnis, dass Unternehmen mit der Politik verflochten sind, ist nicht neu; im Laufe der Geschichte haben Unternehmen im Streben nach Profit den Willen des Volkes unter-*

graben (Barley, 2010). Die Sorge ist vielmehr, dass sich die westlichen liberalen Demokratien zunehmend in die falsche Richtung bewegen; der Einfluss von Unternehmen nimmt zu, was in vielen Ländern der Welt zu einer Erosion der demokratischen Prinzipien und einem Prozess der Entdemokratisierung führt (Brown, 2015; Fraser, 2015).«[321] (Hervorhebungen durch die Autorin)

Dass es eine oder mehrere Eliten gibt, die in Politik und Wirtschaft verdeckt den Ton angeben, ist kein Hirngespinst von Aluhutträgern oder Verschwörungstheoretikern (siehe auch Kapitel 6 »Wie die Medien uns manipulieren«). In Studien zum Thema »Eliten« ist dies seit Langem bekannt, und einige Soziologen sprechen auch von der funktionalen Notwendigkeit von Eliten. Ganz anderer Meinung ist z. B. Suzanne Keller, **die bereits 1963** dargelegt hatte, dass es eine Machtgruppe, also eine strategische Elite, gibt, die *Jenseits der herrschenden Klasse* die Geschicke der Gesellschaft lenkt. Im Vorwort zur Neuausgabe ihres Buches schreibt sie: »*Wie in einem Geheimbund geben diese an der Spitze nur selten die inneren Abläufe/Ziele ihrer Welt preis.*«[322]

Gäbe es eine solche lenkende Elite nicht, würden sich wohl etliche Soziologen nicht mit diesem Thema wissenschaftlich befassen, und es würden sich auch nicht mehrere amerikanische Universitäten zusammentun (darunter Yale, Princeton, Columbia), um gemeinsam an einem Projekt über den politischen Einfluss der wirtschaftlichen Eliten zu arbeiten, wie 2012 geschehen.[323] Unternehmen oder global agierende Banken wissen also ihre Ziele durchzusetzen, auf welche Weise auch immer. Und dass selbst Präsidenten, die sich der Gesellschaft abträglichen Interessen potenter Gruppen nicht beugen wollten, vermutlich mit unglaublichen Methoden zu Marionetten des Systems gemacht werden, könnte uns die Affäre um Bill Clinton und Monica Lewinsky zeigen.

Das Banken-Deregulierungsgesetz und die Clinton-Lewinsky-Affäre

1993 wurde Bill Clinton zum Präsidenten der USA gewählt. Einige Jahre später wurde er von der Gruppe der Mitarbeiter um den Finanzminister Robert Rubin (vormals bei Goldman Sachs tätig) gedrängt, ein neues Gesetz zu unterzeichnen. (Die Dokumente über diese Angelegenheit wurden übrigens erst 2014 zur Einsicht freigegeben.)

Bei diesem Gesetz ging es um die Abschaffung des Glass-Steagall Acts, der seit Anfang der 1930er-Jahre die strikte Trennung zwischen dem Kreditgeschäft mit Privatkunden und dem Investmentbanking vorschrieb. Die Banken in den USA wollten dieses Gesetz aufheben lassen – allen voran die Citicorp, die mit dem Versicherungsunternehmen Travelers Group fusionieren wollte. (Rubin war übrigens von 1999 bis 2009 für die Citigroup tätig).

Allerdings wurde diese Fusion bereits **vor (!) der Unterzeichnung** des neuen Gesetzes **vollzogen,** und die Citicorp und die Travelers Group verschmolzen zur Citigroup, die damit zu einer der vier größten Banken der USA wurde.

1999 unterschrieb Clinton dann den Financial Services Modernization Act, auch bekannt als Gramm-Leach-Bliley Act (GLBA), mit dem die 1998 erfolgte Fusion von Citicorp und Travelers Group rückwirkend (!) **genehmigt** wurde. Die Aufhebung des Glass-Steagall-Gesetzes löste an der Wall Street eine Konsolidierungswelle aus.

Viele Wirtschafts- und Finanzwissenschaftler waren und sind der Auffassung, dass die Aufhebung des Glass-Steagull-Gesetzes zur großen Banken- und Finanzkrise von 2007/2008 geführt hat: *»Das Ziel von Gramm-Leach-Bliley war es, die von Glass-Steagall errichtete Mauer einzureißen, welche Banken, die riskante Investitionen tätigten, von denen trennte, die einfache Kredite vergaben. (Die*

Vermischung dieser beiden trug zu einer Kaskade von Bankzusammenbrüchen während der Depression bei)«[324] – so die *New York Times.*

Und was geschah während der letzten Finanzkrise 2008? Die Banken »*gerieten in Schwierigkeiten, weil sie eine Reihe neuer riskanter Geschäfte eingingen, während Washington nichts Neues unternahm, um dem entgegenzustehen. [...] Gramm-Leach-Bliley ist daran nicht ganz schuldlos. Zum einen verschafften die dadurch geförderten Fusionen den Banken mehr Kapital zum Investieren; ein Teil des Kapitals landete in dem trügerischen Subprime-Hypothekenmarkt. [...] Wer in Washington ist nun schuld daran? Zufälligerweise sind es viele der gleichen Leute, die hinter Gramm-Leach-Bliley standen. **Die Clinton-Regierung** und die Republikaner im Kongress haben es versäumt, einen starken Rahmen zu schaffen, der Glass-Steagall ersetzte.*«[325]

Wie konnte ein solches Gesetz unterschrieben werden, und wer profitierte davon? Wenn man die Puzzlestücke zusammensetzt und hinter die Kulissen schaut, erscheint der uns bekannte Clinton-Lewinsky-Sexskandal in einem etwas anderen Licht.

Zunächst müssen wir einen Blick in die Regierungsdokumente werfen, die seit 2014 einsehbar sind und teilweise vom *Guardian* veröffentlicht wurden. Aus diesen wird klar ersichtlich, dass wiederholt Druck auf Bill Clinton ausgeübt wurde, damit er den *Gramm-Leach-Bliley Act* endlich unterzeichne. Besonders der 1995 ernannte Finanzminister Robert Rubin wirkte mit Nachdruck auf Clinton ein (zusammen mit seinem Stellvertreter Bo Cutter und John Podesta, leitender Berater von Clinton). Wie in einem der Dokumente zu lesen ist, drängten sie Clinton sogar, das Gesetz innerhalb von drei Tagen zu unterzeichnen.

1995 zeigte sich Präsident Clinton aber noch zögerlich und unterschrieb nicht. 1997 versuchten Rubin und Co. erneut, ihn mit

Druck zur Unterschrift zu bewegen, aber auch diesmal ohne Erfolg.[326] (Rubin, Cutter und Podesta wurden später Vorstandsmitglieder der Citigroup, Rubin selbst kurzfristig zum Vorsitzenden).[327]

1999 war es dann so weit: Clinton unterzeichnete das Gesetz zur Deregulierung der Banken schließlich doch (ein historischer Moment für die Finanzwelt).[328]

Woher dieser Sinneswandel? Nun, Bill Clinton war zwischen 1995 und Frühjahr 1997 eine Sex-Affäre mit Monica Lewinsky eingegangen. Notabene: Noch im Mai 1997 hatte er sich gegen die Unterzeichnung des Banken-Deregulierungsgesetzes gestemmt.

Im September desselben Jahres begann Linda Tripp, eine Arbeitskollegin von Monica Lewinsky im Weißen Haus, ihre privaten Telefongespräche mit Lewinsky aufzunehmen, und bestärkte sie darin, das mit Clintons Sperma »befleckte« blaue Kleid ungewaschen wie bisher »als Erinnerungsstück« in ihrem Schrank aufzubewahren. Später übergab Tripp diese Telefonaufnahmen der bekannten amerikanischen Literaturagentin und Autorin Lucianne Goldberg, auch als Lucianne Cummings bekannt. Diese brachte den Skandal Anfang Januar 1998 an die Öffentlichkeit und tat alles, damit sich die Story explosionsartig verbreitete und überall zu lesen war.[329]

Noch im Januar 1998 leugnete Bill Clinton in einer Pressekonferenz jegliche intime Beziehung zu Monica Lewinsky. Im August tischte er diese Lüge erneut auf, diesmal unter Eid. Ende 1998 wurde ein Impeachment-Verfahren (Amtsenthebungsverfahren) gegen ihn eingeleitet, weil er u. a. unter Eid gelogen sowie die Justizarbeit behindert hatte. Kurz darauf, am 12. Februar 1999, wurde das Amtsenthebungsverfahren mit einem Freispruch beendet.

Genau neun Monate später, am 12. November 1999, unterzeichnete Clinton das von den Banken so nachdrücklich geforderte Deregulierungsgesetz, den Gramm-Leach-Bliley Act. (In seiner Ansprache vor der Unterzeichnung sagte Clinton zumindest klar und deutlich, dass dieses Gesetz die Macht der Banken ausweitete).[330]

War das der Deal?

Wurde der Demokrat Clinton freigesprochen (trotz republikanischer Mehrheiten in beiden Häusern!), damit die Banken das seit Jahren gewünschte Deregulierungsgesetz bekamen, in das er bis zu dem Sex-Skandal – **nicht** einwilligen wollte?

Liegt es fern zu denken, dass er womöglich »erpresst« worden war und ihm die Amtsenthebung erspart wurde, damit er im Gegenzug den Banken endlich freie Bahn gewährte und dadurch extrem mehr Macht verlieh? (Natürlich nach einer gewissen Zeit – neun Monate –, da es sonst zu offensichtlich gewesen wäre).

Ich frage mich und den Leser nochmals: Wurde Bill Clinton (der notorische Frauenheld, der die Banken-Deregulierung jahrelang verweigert hatte) womöglich gezielt in die Lewinsky-Falle gelockt, um dann im Gegenzug für seine Einwilligung ein hässliches Amtsenthebungsverfahren zu überleben? Die Fakten mögen für sich sprechen.

Man darf auch nicht vergessen, dass der ehemalige Finanzminister Rubin und einige seiner Mitarbeiter ins Vorstandsgremium der 1998 fusionierten Citigroup berufen wurden und ein Teil der damaligen Berater später für Obama arbeitete. Der Hoffnungs- und Friedensnobelpreisträger hatte zwar öffentlich gegen das Deregulierungsgesetz gewettert, weil es als einer der Auslöser der globalen Finanzkrise von 2008 galt, tat aber als Präsident alles, damit dieses Gesetz nicht rückgängig gemacht wurde.[331]

Aufgrund der Berichterstattung in den Medien halten wir die Lewinsky-Affäre für nicht mehr als eine unglückselige Sex-Eskapade – aber vielleicht steckten dahinter ja Strategie und Methode.

Wenn dem so wäre, würde sich einmal mehr zeigen, was inzwischen zahlreiche Bürger glauben (die Hypnose wirkt nicht flächendeckend), nämlich dass **die Regierenden oft ausführende Organe mächtiger Lobbys und Interessengruppen** sind – sei es, weil sie »erpresst« werden oder weil man ihnen für ihre »Willfährigkeit« hochbezahlte Posten oder andere Annehmlichkeiten in Aussicht stellt.

Und was sind die Folgen? Die kürzlich von Präsident Biden initiierte Kampfansage an die großen Tech-Unternehmen, sie zu höheren Steuerzahlungen zu verdonnern, wurde von der Mehrheit der Staaten der Welt mitgetragen. Künftig sollen diese Unternehmen nun 15 Prozent Steuern berappen (so mancher Arbeiter oder Kleinunternehmer oder Beamte in Europa wäre glücklich, wenn er nur 15 Prozent auf seine Einnahmen zahlen müsste). Aber immerhin, ein erster Schritt ist getan.

Um die Details dieses historischen Beschlusses auszuarbeiten, trafen sich die Finanzminister im Sommer 2021 in Venedig. *Spiegel* und *Guardian* brachten daraufhin Berichte, aus denen deutlich hervorging, wie sehr wir von den Politikern auf die Schippe genommen werden: Mit lauter kleinen Tricks (z. B. kreativen Änderungen der Berechnungsgrundlage) und Ausnahmen (*Amazon* wird vermutlich verschont) werden die großen Konzerne am Ende viel weniger als 15 Prozent oder so gut wie überhaupt keine Steuern zahlen.[332]

Und um uns solche »Lügen« aufzutischen, leisteten sich die Finanzminister von unseren Steuergeldern einen netten Kurzurlaub in Venedig.

Erosion und schleichender Tod der Demokratien?

In ihrem bekannten Buch *Wie Demokratien sterben* haben die Harvard-Politologen Steven Levitsky und Daniel Ziblatt vor einigen Jahren dargelegt, dass die Regeln unserer bekanntesten Demokratien im Schwinden begriffen sind. Diese »*Erosion der Demokratie geschieht so unmerklich, dass viele sie nicht wahrnehmen*«,[333] betonen die Autoren und haben deshalb aufgelistet, worauf man sein Augenmerk richten sollte, um zu erkennen, welche Demokratien am meisten gefährdet sind.

So ist beispielsweise höchste Vorsicht geboten, wenn seitens der Regierenden Angriffe auf das Justizsystem erfolgen – wie seit Monaten in Großbritannien, wo Premier Boris Johnson die Justiz auf das Schärfste attackiert und in die Enge treibt.[334] Auch in Italien wird zwischen Exekutive und Judikative seit vielen Jahren ein erbitterter Kampf ausgefochten.[335]

Ein weiteres Zeichen ist die Diffamierung der noch verbliebenen, an einer Hand abzuzählenden kritischen Medien (siehe Trump oder Erdoğan).

Diese schleichende Erosion der Demokratie tritt gerade während der Corona-Krise immer deutlicher zutage, denn zahlreiche gesundheitspolitische und freiheitseinschränkende Entscheidungen der Regierenden waren und sind fragwürdig.[336] Aktuell lassen die Bestimmungen in vielen Ländern eine wirklich freie Entscheidung für oder gegen eine Covid-Impfung immer mehr zur Farce mutieren. In Italien und Frankreich z. B. wird aus der proklamierten »freiwilligen Impfung« nämlich *de facto* eine Impfpflicht, da man ohne Impfpass (in den auch Tests eingetragen werden) keinen Zugang mehr zu Restaurants, Museen, Kinos o. Ä. erhält; in Italien gilt sogar: keinen Pass, keine Arbeit – höchstens Homeoffice.[337]

Kurz nachdem die italienische Regierung dieses Gesetz verabschiedet hatte, das ab dem 6. August 2021 gültig ist, haben 500 000 Italiener online sofort Impftermine gebucht.[338] Der Druck hat somit in Italien seine Wirkung gezeigt. Die ersten Anzeichen machen sich nun auch in Deutschland bemerkbar, was sogar den konservativen Politiker Wolfgang Bosbach im Sommer 2021 dazu bewogen hat, sich gegen eine »Impfpflicht durch die Hintertür« auszusprechen.[339]

Covid-19

Über die Corona-Politik zu schreiben, würde hier den Rahmen sprengen; aus diesem Grund verweise ich auf mein Buch *Die Wahrheit über Covid-19* und beleuchte in diesem Kapitel als *Pars pro Toto* nur einen einzigen Aspekt der politischen Glaubwürdigkeitsprobleme, die während der Covid-Krise auftraten.

Das Vertrauen in die deutsche Politik wurde im Sommer 2021 wieder auf eine harte Probe gestellt, denn nach einem Bericht des Bundesrechnungshofs besteht der eindeutige Verdacht, dass die Zahlen der »belegten Intensivbetten« während der Pandemie manipuliert wurden – und: *»Der Bericht wirft auch die Frage auf, ob die Auslastung der Intensivstationen während der Corona-Pandemie übertrieben dargestellt wurde.«*[340]

Die *FAZ* berichtete darüber im Juni 2021 wie folgt: *»Ungenaue oder bewusst falsche Angaben könnten aber auch, und das ist die Hauptstoßrichtung der Kritik, die Ausmaße der Pandemie verzerrt haben. Denn neben anderen Parametern dient die Zahl der verfügbaren Intensivbetten dem RKI und der Politik zur Lageeinschätzung und hat damit letztlich Auswirkungen auf die Beschränkungen im öffentlichen Leben.«*[341]

Angeblich sollen Spahn und Merkel[342] von diesen Zahlenbetrügereien bereits lange vor dem öffentlichen Skandal gewusst, aber weder etwas unternommen, noch eine Richtigstellung veranlasst haben, das heißt, die Bevölkerung wurde weiter in dem Glauben gelassen, die Corona-Situation wäre höchst besorgniserregend und es müssten entsprechende Einschränkungen in Kauf genommen werden.

Waren also alle Rechtseinschränkungen rechtens? Interessante Überlegungen dazu lieferte Philosophieprofessor Christoph Lütge im August 2021 im Magazin *Cicero*. Während der Corona-Krise war er Mitglied des Bayerischen Ethikrats und bekam in dieser Funktion einiges sehr nah und frühzeitig mit – so z. B., dass die angegebenen Zahlen der mit Covid-Kranken belegten Intensivbetten nicht korrekt waren **und es somit gar nicht zu der befürchteten Überlastung hätte kommen können,** wie ihn und uns die Politiker immer wieder haben glauben lassen.[343]

Politische Hypnose

Es verwundert, dass wir immer wieder auf Lügen und Fehldarstellungen hereinfallen und deren Verkünder auch noch wählen – selbst wenn ihre Unwahrheiten ans Licht kommen. Die einzige Antwort, die ich darauf finde, lautet: Hypnose.

Nehmen wir Barack Obama. Für ein Amerika mitten im Krieg war er der dunkelhäutige Hoffnungsträger, der ein wenig wie ein Prediger sprach und uns an den unvergessenen Mythos Martin Luther King erinnerte, der in seinen Reden refrainartig immer wieder den Satz *I have a dream* (Ich habe einen Traum) wiederholte. Diese vier Wörter haben sich tief in das Gedächtnis der Menschen eingeprägt; sie hatten etwas Magisches, und die Wiederholung dieser Zukunftsvision sorgte für den Rest, wie in jeder wirkungsvollen Hypnose. Einen Begriff oder auch einen kurzen Satz stetig zu wiederholen ist ja gerade das Prinzip, nach dem Hypnose funktioniert. Diese Technik der Wiederholung wird in der Rhetorik gezielt verwendet – von der Antike bis heute.

Cody Keenan, der Ghostwriter von Barack Obama, hat in dessen Reden bewusst von den üblichen persuasiven Rhetorikformen Gebrauch gemacht. Eine sehr bekannte Methode ist die dreimalige Wiederholung eines Wortes bzw. sich ähnelnder Sätze. So sprach

Obama 2008 in einer 13-minütigen Rede in New Hampshire drei Minuten vor Schluss den bekannten Satz »*Yes we can*« – und zwar exakt dreimal hintereinander. Danach begann die versammelte Anhängerschaft, völlig in seinem Bann, diesen Slogan wiederholt zu skandieren.[344] Obama wartete ihre Reaktion ab und sprach dann von den verschiedenen Möglichkeiten, was in den USA alles geändert werden müsste, wobei er jeden Satz erneut mit »*Yes we can*« bekräftigte. Zum Schluss der Rede sagte er, wohl wissend um die suggestive Macht dieser drei Wörter: »*Und gemeinsam werden wir das nächste große Kapitel der amerikanischen Geschichte beginnen– **mit drei Wörtern,** die von Küste zu Küste, von Meer zu strahlendem Meer erklingen werden: **Yes we can.***«[345] (Hervorhebungen durch die Autorin)

Hypnose funktioniert – und sie funktioniert eben auch dann, wenn sie in einer Form erfolgt, die wir als Persuasion, Suggestion oder Manipulation bezeichnen. Die Technik ist dabei immer die gleiche: eine Umgehung der Kontrollinstanzen in unserem Cortex, also im stammesgeschichtlich jüngsten und am höchsten entwickelten Teil unseres Gehirns.

Aber warum tappen wir so leicht in diese Fallen? Weil zahlreiche Politiker wie z. B. Barack Obama unsere Anfälligkeit für Hypnose mittels ihrer hypnotischen Rhetorik ausnutzen.

Auf der Website der US-amerikanischen Gesellschaft der Ärzte und Chirurgen (AAPS) erschien hierzu ein erhellender Beitrag. Die darin aufgezeigte Analyse ist von einer so einleuchtenden Klarheit, dass ich sie hier fast in voller Länge übersetzt wiedergebe: »*Ist Barack Obama ein brillanter Redner, der Millionen durch seine Eloquenz fesselt? Oder nutzt er bewusst die Techniken des Neurolinguistischen Programmierens (NLP), einer von Dr. Milton Erickson entwickelten verdeckten Form der Hypnose? Grundlegende Werkzeuge der ›Konversationshypnose‹ sind Pacing* [Schritt halten] *und*

Leading [Führen] – *eine Möglichkeit für den Hypnotiseur, die kritische Fähigkeit des Zuhörers zu umgehen, indem er wiederholte Aussagen, die unbestreitbar zutreffend sind, mit der Botschaft assoziiert, die er vermitteln will.* […]

Zu den Techniken der Trance-Induktion gehören besonders langsames Sprechen, Rhythmus, Tonalität, Unbestimmtheit, visuelle Bilder, Metaphern und das Erwecken von Emotionen. Hypnotiseure lassen ihre Patienten oft zählen. In einer Rede nach dem Ende der Vorwahlen sagte Obama: ›Sechzehn Monate sind vergangen … (Pause) …Tausend … (Pause) von Meilen … (Pause) … Millionen von Stimmen …‹

Hypnotiseure nennen dies eine Ablenkungstechnik: Die dominante Gehirnhemisphäre bekommt eine Aufgabe, die sprachliche Prozesse beinhaltet, wodurch die nicht-dominante Gehirnhemisphäre für Suggestionen geöffnet wird.

Handgesten können als hypnotische Anker oder zur Einbettung hypnotischer Befehle eingesetzt werden. Es kann schwierig sein, sie von harmlosen Gesten zu unterscheiden, mit denen [lediglich] etwas hervorgehoben wird. Obama verwendet jedoch einige Gesten außerordentlich häufig und bei sehr spezifischen Wörtern wie ›glauben‹ und ›wählen‹. […] Seine Zeigegeste sendet die unterschwellige Botschaft, dass eine Autoritätsperson einen Befehl erteilt. Obama hat tatsächlich einmal gesagt: ›Von irgendwoher wird ein Licht auf Sie herabscheinen, es wird Sie erleuchten, Sie werden eine Offenbarung erleben und Sie werden zu sich selbst sagen: Ich muss Barack wählen.‹

Sie werden nicht die Wahl haben, für Barack zu stimmen: Sie werden es ›müssen‹. Es ist keine logische Wahl, sondern eher eine, die von einer mystischen (unterbewussten) Kraft gelenkt wird. Zu welchem Zweck sollte ein Politiker einen solchen Satz äußern? Obama hat diese Aussage nur ein einziges Mal verwendet. Vielleicht unterließ er sie [später], weil er merkte, dass sie zu offensichtlich war, oder weil Hillary Clinton und John McCain ihn deswegen verspotteten.«[346]

(Tatsächlich wurde dieser Satz in einem Video der John McCain-Kampagne verwendet, um Obama lächerlich zu machen.)[347] (Hervorhebungen durch die Autorin)

Obamas Dankesrede am 30. August 2008 (anlässlich seiner Nominierung zum Präsidentschaftskandidaten der Demokraten) war ein Meisterwerk der Rhetorik – eine beschwörende Reise in die Zukunft der USA, die mitreißt und emotional berührt (selbst wenn man kein Amerikaner ist) und ein Füllhorn an politischen Versprechungen bereithält (von denen Obama allerdings eine erkleckliche Anzahl nicht erfüllt hat).[348]

Auch von Obama haben wir uns wieder einmal aufs Glatteis führen lassen – von seinen Worten und der Art, wie diese vorgetragen werden. Die meisten Amerikaner und auch wir in Europa hatten große Hoffnungen auf Obama gesetzt und sahen in ihm den Retter in der Not für die westliche Welt. Er bekam sogar den Friedensnobelpreis – aber wofür eigentlich? Dafür, dass er den Drohnenkrieg salonfähig machte, zehnmal so viele Einsätze wie Bush junior durchführte und dabei die Ermordung vieler Zivilisten, darunter Kinder, in Kauf nahm?[349]

Tja, noch so eine Liebesgeschichte unter Hypnose, die man lieber vergessen sollte. Und was taten später die Enttäuschten? Sie warfen sich dem nächsten Demagogen zu Füßen, der ihnen versprach, Amerika von der »linken Diktatur« (Genderism und Co.) zu befreien: Donald Trump.

Die besten Hypnotiseure der USA (darunter Richard Barker) hatten sich schon ab 2016 dahingehend geäußert, dass Trump jemand sei, der bewusst oder unbewusst die Massen zu hypnotisieren wusste und deshalb die Wahlen gewinnen würde (und dies, als alle noch fest davon überzeugt waren, dass Hillary Clinton das Rennen macht).

Trump prägte den Wahlslogan »*America First*« – damit hatte er die Aussage von Obama »*We all put our country first*«[350] (»*Wir alle setzen unsere Nation an erste Stelle*«) in einen griffigen Slogan umgewandelt. Trump wusste fast instinktmäßig, wie man einen Teil der US-Amerikaner rhetorisch hypnotisieren konnte. In den Staaten kursiert seitdem ein neues Wort: »Trumpnosis«[351] – ein Kunstwort aus »Trump« und »Hypnosis« (engl.: Hypnose).

Die New Yorker Presseagentur *Cision PR Newswire* veröffentlichte darüber 2016 einen Artikel, hier auszugsweise wiedergegeben: »*Donald Trump nutzt erfolgreich* [NLP-]*Techniken wie Pacing und Leading, Ankersetzen, verbale Verwirrung, Wiederholung und so weiter. Er umgeht erfolgreich den kritischen Faktor in den Köpfen einiger Menschen und besitzt die Fähigkeit, das rationale Denken auszuschalten. Durch den Einsatz bestimmter Wörter und Verhaltensweisen kann ein Redner sehr schnell eine Beziehung zu einem Publikum aufbauen. Der wiederholte Kontakt mit diesem Redner kann dazu führen, dass er mit einer Bewunderung betrachtet wird, die an Anbetung grenzt. Jedes geäußerte Wort wird als die absolute Wahrheit akzeptiert.* [...]

Hypnotiseur Richard Barker betont: »*Alles, was Sie sich merken müssen, ist, dass die Bedürfnisse der meisten Menschen auf ihren Instinkten basieren. Diese Instinkte der Menschen zu verstehen, besonders bei einer Massenversammlung, ist eines der Hauptziele der Massenhypnose. Trumpnosis ist ein Mittel, um große Gruppen von Menschen dazu zu bringen, ein verändertes Glaubenssystem anzunehmen.*«[352]

Außer Barker befassten sich noch andere mit Trumps natürlicher Fähigkeit, Menschen für sich zu gewinnen und zu »hypnotisieren«.

Auch *Forbes*, eines der weltweit erfolgreichsten englischsprachigen Wirtschaftsmagazine, brachte 2016 einen ausführlichen Artikel über die hypnotischen Fähigkeiten des Donald Trump:

»Wie genau ›fesselt‹ Trump sein Publikum? Hypnose würde es per-
fekt erklären. Hypnose hat absolut nichts mit einer pendelnden Ta-
schenuhr zu tun. Die pendelnde Uhr ist ein veraltetes Mittel – und
ein kulturelles Klischee – zur Herbeiführung eines hypnotischen Zu-
stands. Bei der Hypnose geht es einfach darum, auf subtile Weise
Fantasievorstellungen zu induzieren, einen Zustand wie bei einem
Tagtraum: Tiefe Entspannung, gepaart mit erhöhter Aufmerksam-
keit – bei gleichzeitigem Einsatz der Vorstellungskraft und einer Ab-
***schwächung der analytischen Fähigkeit,** verbunden mit der Kraft*
*der Suggestion. **Exzellente Politiker setzen diese Technik routine-***
***mäßig ein.** [...] Was ist Hypnose? Welche Bedeutung hat sie für die*
Politik? Kurze Antworten: Trump nutzt etwas, das von Hypnose
nicht zu unterscheiden ist. [...] Hypnose zu verstehen ist relevant,
wenn sie in dieser politischen Kampagne auf uns angewendet
wird.«[353] (Hervorhebungen durch die Autorin)

Ich möchte daran erinnern, dass dieser Artikel (ebenso wie der
weiter oben zitierte) während der Präsidentschaftskampagne 2016
geschrieben wurde, also zu einer Zeit, als fast alle auf Hillary Clinton als Wahlsiegerin setzten.

Ernest Hilgard, Stanford-Psychologieprofessor und seinerzeit
einer der weltweit bedeutendsten Hypnoseforscher, definierte
Hypnose einmal lapidar als »geglaubte Einbildung«.[354]

Daran erkrankt wiederholt der Einzelne wie die Gesellschaft,
und zwar nicht nur die US-amerikanische. *»Geglaubte Einbildung,*
also Hypnose, kann politisch sehr wirkungsvoll eingesetzt werden.
[...] politische Hypnose [...] ist eine Kraft, mit der man sehr wohl
rechnen muss. Wie Napoleon mehr als einmal sagte: ›Fantasie regiert
die Welt‹.«[355]

Solange wir Angst haben (Nachrichten, Internet, Facebook etc.
bombardieren uns ja tagtäglich mit angsteinflößenden Informa-

tionen[356], und auch das Fernsehen bringt hauptsächlich Krimis jeglicher Couleur, in denen es um Verbrechen und brutale Gewalt geht[357]), lassen wir uns leicht von Demagogen kapern, die uns mittels »Massenhypnose«[358] eine sichere Welt versprechen.

Zum Beispiel eine, in der eine meterhohe Mauer zwischen Mexiko und den USA die illegale Einwanderung unliebsamer Mitmenschen in die Staaten verhindert, wie Prof. John Sommers-Flanagan von der University of Toronto in seinem Blog darlegt: »*Im Wesentlichen ist das Sicherheitsbedürfnissystem ein uralter Teil des Gehirns, das nach ›Hinweisen, subtilen Andeutungen und Vorahnungen‹ in Bezug auf Gefahren sondiert. Das Problem ist, wie Woody und Szechtman es ausdrücken, dass die menschlichen Gehirne heute mit dem Internet verbunden sind und das Internet mit pausenlosen Nachrichten, Facebook-Verlinkungen, russischen Bot-Aktivitäten und politischen Meldungen gefüllt ist. Viele dieser Instant-Informationen senden subtile Warnhinweise und Gefahrensignale aus, und diese Hinweise und Ahnungen aktivieren unser Sicherheitsbedürfnissystem. Je nachdrücklicher der Ruf dunkler, beängstigender Gefahr, desto stärker werden unsere kollektiven Sicherheitsbedürfnissysteme aktiviert. Und was verlangen unsere kollektiv aktivierten Sicherheitsbedürfnissysteme? Es muss etwas geschehen! Konkret gesagt: Aktionen, die zu Sicherheit führen. All dies kann uns dazu veranlassen, uns Politikern anzuvertrauen, die große Taten anbieten, um uns hypothetisch vor Gefahren zu schützen.*«[359] (Hervorhebung durch die Autorin)

Je mehr Gefahren (oder Pseudogefahren) um uns herum lauern, desto stärker lechzt unser Gehirn nach Sicherheit.[360] Und wem vertraut man die eigene und auch die Sicherheit der Gesellschaft an? Den Regierenden. Und **obwohl** wir wissen, dass sie uns belügen und hintergehen, haften wir noch der Vorstellung (und/oder Hoffnung) an, dass sie in ihrer institutionellen Funktion doch bestimmt irgendetwas Positives für uns tun werden.

Aber Fehlanzeige. Was hat beispielsweise Angela Merkel – eine Physikerin, also der Wissenschaft nicht abhold – in 16 Jahren unternommen, um die Gefahren des Klimawandels zu bannen? »Nicht genügend«, wie sie in ihrer letzten Sommer-Pressekonferenz *de facto* selbst zugegeben hat.[361]

Anscheinend wollen wir es so, damit unser Gehirn beruhigt in seiner Wohlfühlzone bleiben kann – einer hypnotischen Blase. Es würde also wohl nichts bringen, wenn ich hier weitere Korruptionsfälle auflisten, die immer wieder gebrochenen Wahlversprechen darlegen und die lobbynahen Verquickungen beleuchten würde, durch die sich die Regierenden als ausführende Organe mächtiger Gruppen entlarven.

Solange wir aus unserer selbst erduldeten Hypnose nicht aufwachen, in die uns die Politik seit eh und je so erfolgreich versetzt, sind solche Einblicke in ihre Korruptionsfälle, Betrügereien und Machtspiele nur kurzfristige Aufwachmomente aus dem süßen Schlaf, der Teile unseres Intellekts und unsere schärfsten Denkfähigkeiten seit Langem ruhen lässt.

Einen Aspekt aber möchte ich noch beleuchten: die Tech-Giganten und **ihre** Politik. Wir befinden uns in einem Zeitalter, in dem Algorithmen entscheiden, welche Informationen und Fakten veröffentlicht werden, welche es auf die ersten Seiten der Suchmaschinen schaffen und welche als Fakes markiert werden. **Hightech-Unternehmen wie Google und Facebook machen somit Politik.**

Google hat seine Algorithmen schon vor Jahren dahingehend geändert, dass die ersten angezeigten Trefferseiten nur »offiziell abgesegnete« Informationen enthalten. In der Corona-Zeit wurden diese mathematischen Kontrollinstanzen weiterentwickelt, sodass die »richtigen« Informationen über Covid-19 als Erste zu sehen sind.[362] Die Pseudoobjektivität der Algorithmen kontrolliert somit den Informationsfluss.[363] Dies hat zur Folge – und das ist in der Corona-Zeit auf Facebook mehrfach geschehen–, dass selbst seriöse wissenschaftliche Studien zu Covid-19 als Fakes markiert werden.[364]

Wie Schlafwandler bewegen wir uns durch diese Welt, die dominiert wird von den Mainstream-Medien, von Technikgiganten wie *Amazon, Microsoft* und *Apple* sowie von Online-Plattformen wie Instagram, Twitter und insbesondere Facebook.

Wie weit Facebook Inc., dieses global dominierende Social-Media-Unternehmen, die Meinungen, also die Denkart seiner User zu manipulieren und zu lenken versucht, zeigt eine verdeckte Studie von Facebook und der Cornell University mit fast 700 000 jungen ahnungslosen Facebook-Usern, deren Resultate 2014 an die Öffentlichkeit gelangten. In dieser Studie ging es darum, zu verstehen, welchen emotionalen Einfluss negative bzw. positive Posts hatten und wie einfach es für Facebook war, Posts zu eliminieren oder hinzuzufügen (wie es jetzt üblicherweise durch interne News-Feeds erfolgt), um die Emotionen der jungen Menschen so zu lenken, dass es zu einer weitverbreiteten »emotionalen Ansteckung« kam. In diesem Experiment wurde also eine riesige Menge von Facebook-Nutzern dazu gebracht, in die gleichen Emotionen zu verfallen … willkommen in der Welt der Hypnotisierbaren und Hypnotisierten.[365]

Wie leicht Facebook seine Nutzer auf diese Weise auch **politisch** zu manipulieren vermag, liegt auf der Hand.[366] Dieses Unternehmen ist »*eines der toxischsten Unternehmen auf dem Planeten*«, so urteilte im September 2021 Professor John Naughton im *Guardian.*[367]

Es gilt also, den Manipulationen dieser Unternehmensriesen entgegenzuwirken – und Algorithmen mit Algorithmen zu bekämpfen. In einem Artikel der *MIT Technological Review* schreibt die leitende Redakteurin Rachel Metz, es sei an der Zeit, Twitter und

Facebook zu manipulieren, anstatt sich von ihnen manipulieren zu lassen, denn: »*Algorithmen auf Facebook und Twitter steuern so viel von dem, was Sie in Ihrem Feed sehen – sie sind zum Beispiel der Grund dafür, […] warum Sie nur Nachrichten aus bestimmten Quellen sehen, und nicht aus anderen.*

Mit einem Tool wie Gobo, einem Forschungsprojekt des MIT Media Lab's Center for Civic Media, können Sie mit diesen Algorithmen herumspielen. Gobo verbindet sich mit Ihren Twitter- und Facebook-Konten und lässt Sie Ihre Feeds so kontrollieren, wie es die Unternehmen nicht tun [weil es nicht in deren Sinne wäre].«[368]

Leider ist es aber nur eine kleine Minderheit, die mittels solcher IT-Kenntnisse »rebellieren« kann. Der Rest von uns fällt der Informationspolitik der sozialen Plattformen ebenso zum Opfer wie den Manipulationen der Suchmaschinen; er unterwirft sich unwissend und hypnotisiert der Politik und den Meinungen, die uns eine Gruppe von Menschen diktiert.

Anfang 2021 wandte sich Mathias Döpfner, Vorstandsvorsitzender der Verlagsgruppe Axel Springer SE, mit einem offenen Brief in der *Welt* an die EK-Präsidentin Ursula von der Leyen: Man müsse »*die Daten-Allmacht der amerikanischen und chinesischen Tech-Giganten brechen*«, denn: »*Algorithmen analysieren unser Verhalten und sagen uns, was wir wollen sollten. Oder wie Eric Schmidt* [ehem. Chef von Google] *es vor Jahren formulierte:* »*Wir wissen, wo du bist. Wir wissen, wo du warst. Wir wissen mehr oder weniger, woran du denkst.*«[369]

Klingt erschreckend … aber laut der Harvard-Professorin Shoshana Zuboff leben wir nun einmal im »***Zeitalter des Überwachungskapitalismus***«.[370]

Aufwachen – das ist das Gebot der Stunde, denn die Demokratie liegt schon seit geraumer Zeit auf dem Sterbebett. Jean Paul Dollé, französischer Philosoph und Autor des Artikels *Politique de la peur*, schrieb bereits 2004: »*Die Politik der Angst basiert auf einem Axiom: Gehorsam von den Untertanen ist umso leichter zu erlangen, je mehr sie glauben, dass sie ihre Angst durch eine Macht loswerden können, die ihnen Schutz je nach ihrer freiwilligen Zustimmung gewährt. Das ist das Geheimnis der freiwilligen Knechtschaft.*«[371] (Hervorhebung durch die Autorin)

Wir leben in einer Gesellschaft, die von Angst dominiert ist, wie die klügsten Köpfe bereits seit Jahren festgestellt haben.

Denken wir hier nicht nur an Jean Paul Dollé, sondern auch an Autoren wie Noam Chomsky, Michael Moore und Rainer Mausfeld.

Letzterer – emeritierter Professor für Psychologie an der Universität Kiel – schrieb 2019 in *Angst und Macht*: »*Wenn wir uns aus den Fesseln systematisch erzeugter gesellschaftlicher Angst befreien und emanzipatorische Fortschritte in Richtung einer menschenwürdigeren Gesellschaft ermöglichen wollen, so müssen wir, wie Noam Chomsky nicht müde wird uns zu ermahnen, entschlossen an die Wurzeln der Machtverhältnisse gehen, die einem solchen Ziel im Wege stehen: Solange die Wirtschaft unter privater Kontrolle steht, ist es egal, welche Formen das System annimmt, weil sich mit der Form nichts erreichen lässt. Selbst wenn es politische Parteien gäbe, an denen sich die Bürger engagiert beteiligen und Programme ausarbeiten, von denen sie überzeugt sind, hätte das bestenfalls marginalen Einfluss auf die Politik, weil die Macht anderswo verortet ist. […]* »*Die tatsächliche Macht ist heute in neuartigen globalen Organisationsformen verortet, die vollkommen einer gesellschaftlichen Kontrolle entzogen sind, die für die Bevölkerung weitgehend unsichtbar sind und die zudem durch einen gigantischen US-amerikanischen Militär- und Sicherheitsapparat geschützt werden. Daraus resultiert eine Asymmetrie der Machtverhältnisse zwischen den Zentren der Macht und denjenigen, die ihr unterworfen sind, die in ihrem globalen Maßstab und in ihrer gesellschaftlichen Durchdringungstiefe historisch einzigartig ist. Der Neoliberalismus hat zu einem zivilisatorischen Regress einer Entzivilisierung von Macht geführt, als dessen Folge unsere Gesellschaft und unsere gesamten Lebensgrundlagen zerstört werden. Ein wirksames zivilisatorisches Gegenmittel kann nur von unten kommen und muss von unserer Entschlossenheit und unserer unbeirrbaren Überzeugung geleitet sein, dass es keine Form gesellschaftlicher Macht geben darf, die nicht demokratisch legitimiert ist.«*[372] (Hervorhebung durch die Autorin)

Um dies in Angriff zu nehmen – und das ist unsere Pflicht –, müssen wir erst aufwachen, denn unter Hypnose können wir nicht erkennen, dass wir belogen, manipuliert und dominiert werden (nicht nur von der Politik, sondern unter anderem auch von den mächtigen Google- und Facebook-Algorithmen) und somit langsam, aber stetig in eine Algokratie stürzen.[373]

KAPITEL 6

Wie die Medien uns manipulieren

*»Der Journalismus wurde im 19. Jahrhundert zu seiner modernen Form entwickelt; er verlangt vom Journalisten die Fähigkeit, schnell, aktuell, verständlich und publikumswirksam zu schreiben, **wobei die Maßstäbe von Gründlichkeit und Wahrhaftigkeit nicht verletzt werden dürfen.**«*[374] (Hervorhebung durch die Autorin)

Selbst diese Definition von *Wissen.de* besagt nicht, dass man im Journalismus die Wahrheit, sondern nur, dass man die Wahrhaftigkeit, also das Streben nach Wahrheit, nicht verletzen solle. Aber welcher Journalist oder welche Journalistin hat heute noch die Zeit, so gründlich zu recherchieren, dass man sich im Wirrwarr der Meldungen und in der global induzierten Verwirrung der Wahrheit nähern kann?

Obwohl nach wie vor tiefgehende und gut recherchierte Artikel veröffentlicht werden – insbesondere in Nischenmedien im Internet mit einer bestimmten Leserschaft (z. B. *Telepolis*, *Nachdenkseiten*, *Rubikon* etc., oft mit Quellenangaben), aber auch in einigen Leitmedien (darunter insbesondere *Der Tagesspiegel*, *Die Zeit*, *Handelsblatt*) liegt der Journalismus als vierte Gewalt, also zur Kontrolle des Staates und der Mächtigen, bereits in der Spätphase einer langandauernden Agonie.[375]

Am verstörendsten ist, dass ein Teil der Medienlandschaft und somit der Journalisten zu Komplizen derjenigen geworden ist, die sie eigentlich kontrollieren sollen, so als hätten die Berichterstatter das Wesentliche ihres Metiers vergessen – dass nämlich »*Die Rolle der Medien in einer Demokratie zentral [ist].*«[376]

Heutzutage geraten die Medien zunehmend unter Druck, und somit werden viele Journalisten *de facto* zu »Pressesprechern«.

Wie die Pressesprecher von Unternehmen oder von Behörden kommunizieren sie das, was die Mächtigen oder Regierenden dem Volk vermitteln wollen. Ohne Sachverhalte zu hinterfragen, werden Meldungen von Behörden, Regierungsstellen und Bundesministerien, aber auch wissenschaftliche Ergebnisse einfach in einen Artikel verpackt und veröffentlicht.

Auf diese Weise verbreiten Journalisten oft Halbwahrheiten oder glatte Lügen (siehe auch Kapitel 5 »Politik und Hypnose«) und machen sich damit zu Komplizen einer hypnotisierenden Kommunikation, die für die Gesellschaft höchst schädlich ist. Überspitzt gesagt: **Die hypnotisierte Gesellschaft ist eine solche hauptsächlich dank der Medien. Schon seit Jahren stellen zahlreiche Wissenschaftler die Manipulation der Massen durch die Medien fest; dies betrifft insbesondere die Mainstream-Medien.**

Rainer Mausfeld, Professor emeritus der Universität Kiel, spricht mir diesbezüglich aus der Seele, deshalb soll er hier zu Wort kommen, um die Lage zu erläutern: »*Medien stiften Gesellschaft und schaffen und formen erst unser Bild von der gesellschaftlichen und politischen Realität. Sie schaffen gemeinsame Denkräume, helfen Erfahrungen in Sinnzusammenhänge zu integrieren und stiften durch eine Synchronisation der Aufmerksamkeit gemeinsame Erfahrungen. Daher sind sie ganz zentrale Instrumente zur Organisation und zur Ausübung von politischer Macht. Folglich gehen politische Kämpfe zwischen unterschiedlichen gesellschaftlichen Interessengruppen stets mit Bemühungen einher, Zugriff auf die Medien zu gewinnen. Da jedoch die Einstiegs-Betreiberkosten im Bereich der Massenmedien sehr hoch sind, ist es nicht überraschend, dass sie sich überwiegend im Besitz von Konzernen oder Multimillionären befinden und somit deren politische Weltsicht und Interessen zu vermitteln suchen. Dieser Tatsache muß man sich täglich beim Lesen von ›Nachrichten‹ bewusst sein, um nicht der naiven Vorstellung zu verfallen, dass Medien uns über die gesellschaftliche Realität unterrichten würden.* Die Leitmedien ebenso wie die Massenmedien sind Geschäftsmodelle und dienen so wenig der Vermittlung von ›Wahrheit‹, wie die Pharmaindustrie der Förderung der Volksgesundheit dient. **Indoktrination gehört zum Wesenskern von Medien.**«[377] (Hervorhebungen durch die Autorin)

Dies gilt für die meisten Medien, aber nicht für alle. Im Journalismus gibt es sehr wohl Ausnahmen, wie z. B. die Fernsehmagazine *Fakt, Monitor, Panorama, Frontal* etc., die immer wieder und oft unerschrocken Fakten vortragen und aufzeigen. (Kritiker würden mich diesbezüglich wohl der Naivität bezichtigen, da solche Sendungen für sie nur eine Alibifunktion haben, denn nur so könnte man zeigen, dass die Medienlandschaft **doch** noch Freiheit genießt).[378]

Andererseits kommt es immer darauf an, **wer** an der Spitze eines Medienunternehmens sitzt und ob diese Person ihre Vision der Gesellschaft, der Politik oder der Wirtschaft durchsetzen will und diesbezüglich Druck auf die für seine Medien arbeitenden Journalisten ausübt.

Hier erlaube ich mir einen kleinen Exkurs: Die oben erwähnten deutschen Zeitungen und Zeitschriften *Die Zeit, Der Tagesspiegel* und *Handelsblatt*, die gelegentlich immer noch anspruchsvolle und gut recherchierte Artikel veröffentlichen, werden von der *DhV Medien GmbH*, also von Dieter von Holtzbrinck (mit)finanziert – einem Mann, dessen Haltung dem Journalismus gegenüber sich insbesondere in dem Moment gezeigt hat, als er das US-amerikanische Verlagshaus Dow Jones verließ, um gegen den Einstieg von Medienmogul Rupert Murdoch zu protestieren. Vor seiner

Kündigung sagte Dieter von Holtzbrinck, Murdochs Angebot von 60 Dollar pro Aktie wäre »*in finanzieller Hinsicht sehr großzügig*«, aber er sei besorgt, dass die journalistischen Werte von Dow Jones »*stark leiden*« würden, wenn der Verkauf zustande käme.[379] Eine solche Haltung lässt zumindest hoffen, dass die Unternehmensspitze der DhV nicht allzu großen Einfluss auf die Journalisten nimmt, die u. a. für *Die Zeit*, das *Handelsblatt* und den *Tagespiegel* arbeiten.

Ein weiteres Problem entsteht aus der Tatsache, dass Presse und Medien hauptsächlich von der Werbung leben. Was geschieht wohl, wenn eine Pharmafirma regelmäßig Anzeigen schaltet und die Journalisten eine heikle Geschichte über die Machenschaften dieser Pharmafirma bringen möchten? Wie wird sich die Redaktionsleitung entscheiden? Interessenkonflikte wirken sich auf die Wahl der Informationen aus, die vermittelt werden. Auch darüber sollten wir uns im Klaren sein, denn laut einer Studie der Technischen Universität Dresden, die in *Publizistik* veröffentlicht wurde, gelten die »*Interessen von Anzeigenkunden […] seit jeher als potenziell verzerrender Faktor der Berichterstattung von Medien, die sich durch Werbung finanzieren.*«[380]

Die TU-Wissenschaftler hatten den *Spiegel* und *Focus* unter die Lupe genommen und waren zu folgendem Schluss gelangt: »*Als zentrales Ergebnis zeigt sich, dass über Unternehmen sowohl im Spiegel als auch im Focus erstens häufiger, zweitens freundlicher, drittens mit mehr Produktnennungen berichtet wird, je mehr Anzeigen diese Unternehmen schalten. Dieser Befund ist bedenklich. Nicht nur, weil er mit dem Spiegel ein Urgestein der deutschen Qualitätsmedienlandschaft trifft. […] Forschung ist jedenfalls notwendig, um die genauen Mechanismen der Synchronisation von Nachricht und Werbung aufzudecken.[…] Es könnte damit zum Beispiel geklärt werden, inwiefern Synchronisation durch belohnende Berichterstat-*

tung von Medien für Anzeigenschaltungen entsteht, oder sich umgekehrt auch aus Sanktionen von Anzeigenkunden ergibt, die sich in Reaktion auf negative Berichterstattung zurückziehen.

Die de-facto-Synchronisation, die unsere Untersuchung belegt, ist jedenfalls ein zu großes Bedrohungspotential für die Erfüllung der öffentlichen Aufgabe durch die Nachrichtenmedien, um sie unerklärt zu lassen.«[381]

Das war 2014. Sieben Jahre später wurde die oben aufgeführte Studie durch den österreichischen Inseratenskandal faktisch bestätigt. Im BR24 hieß es am 8. 10. 2021 (18:16 Uhr) dazu: »›Inseratenkorruption‹ – nie war das System so in Verruf wie heute. Die Kernfrage: Ist das noch Wirtschaftsförderung oder schon Meinungsmanipulation? [Andy] Kaltenbrunner [Medienwissenschaftler] gibt zu bedenken, dass ›das nicht Ausgaben und Wirtschaftsförderung irgendwelcher Natur sind, sondern sie doch sehr entscheidend über die Qualität von Öffentlichkeit bestimmen – und über die Qualität von Demokratie, um es pathetisch zu sagen‹.«

Das Beispiel Brexit – wie Medien Politik machen

In einem ausführlichen Artikel über den Medienmogul Rupert Murdoch unter dem Titel »*Der Brexit wurde herbeigeschrieben*« legte z.B. *Die Zeit* dar, wie sehr ein Medienunternehmen *de facto* Politik machen kann: Seine Presse manipulierte ihre Leser tagtäglich mit ausgewählten stimmungsmachenden Informationen, bis diese wie hypnotisiert dem Brexit zugestimmt haben: »*Nach dem Brexit ist einer wirklich zufrieden: Rupert Murdoch. Dessen Boulevardblätter haben wie die meisten Zeitungen über Jahre gegen die EU agitiert […] im Vorfeld des Referendums war es auf Murdochs Twitter-Konto erstaunlich ruhig. Dafür hat sich sein Boulevardblatt The Sun (Auflage: rund 1,7 Millionen) deutlich für den Brexit ausgesprochen. Bereits im März fing sich das Revolverblatt eine Rüge der*

Medienaufsicht wegen der – quer über die Titelseite herausposaunten – Behauptung ein, die Queen unterstütze den Brexit. Zu Recht: Die reißerische Titelgeschichte basierte auf einer angeblichen Äußerung der Monarchin aus dem Jahr 2011. Im gesamten Text fand sich kein einziger Beleg dafür. Die Queen war not amused, und der Palast legte erfolgreich Beschwerde ein. Am 23. Juni, dem Tag des Referendums, titelte die Sun: ›Independence Day: Sie können heute Großbritannien aus den Klauen der EU befreien‹. Das Titelbild – die Zeichnung einer Erdkugel, über der (seltsamer Weise im Norden) die Sonne aufgeht – erinnerte stark an das Plakat des gleichnamigen Hollywood-Films. Doch nicht nur die Sun hat einseitig und zugunsten eines Brexits berichtet. Bereits einen Monat vor dem Referendum kam das Reuters Institute for the Study of Journalism der Universität Oxford in einer Studie zu dem Schluss, dass die Zeitungen des Landes **schon früh auffällig stark zugunsten des Brexits berichtet haben.** [...] Die Boulevardblätter Sun und der Labour-nahe Daily Mirror konzentrierten sich dabei auf Fragen der Souveränität (und da auf Themen wie Einwanderung), während sich die großformatigen Zeitungen – etwa der Guardian, die Times und der Daily Telegraph – überwiegend mit den wirtschaftlichen Folgen befassten.«[382] (Hervorhebung durch die Autorin)

Wie sehr das Projekt Brexit mit allen nur möglichen Mitteln durchgeboxt werden sollte, zeigt uns auch die Tatsache, dass hier nicht nur die Boulevardzeitungen mit glatten Lügen, eingängigen Sprüchen oder der Wiederholung gewisser suggestiver Worte und Darstellungen (also durch Anwendung hypnotisierender Techniken) gearbeitet haben, sondern dass die Politik als Berater für die Brexit-Videos einen der bekanntesten britischen Hypnotiseure engagierte.[383]

Fakt ist: Die Brexit-Videos sowie die Bilder und Titel der Boulevardzeitungen haben die Briten dazu bewogen, aus der EU auszutreten – und dies, obwohl gerade sie zu denjenigen Bürgern Europas zählen, die dem Journalismus am wenigsten Vertrauen entgegenbringen. Trotzdem haben die britischen Zeitungen und Berichte ihr Ziel erreicht.[384]

Wie war dies möglich? Ganz einfach: Für die Brexit-Kampagne haben Politik und Medien Hand in Hand gearbeitet und **eindeutig Hypnose-Techniken eingesetzt.**

Just diese zwei Berufsgruppen (Politiker und Journalisten), denen die europäischen Bürger vor der Corona-Krise am wenigsten vertrauten, setzen bewusst oder unbewusst in hohem Maße Hypnosetechniken ein, um ihr Vorhaben durchzusetzen. »»*Die Medien haben mehr Einfluss darauf, den Menschen zu sagen, was sie denken sollen, als sie dazu zu bringen, [selbst] zu denken‹, sagte David Deacon, Professor für Kommunikation und Medienanalyse in Loughborough.*«[385] So wurden z. B. markante Wortspiele benutzt, an die man sich leicht erinnern kann: »If you beLEAVE in Britain, vote LEAVE«[386] (etwa: »Wenn du an Großbritannien ›glaubst‹, dann wähl ›raus‹«).

Was mich am meisten verwundert – wie können Menschen, die angeblich ihr Vertrauen in Medien und Politik verloren haben, ihrem eigenen Intellekt so entsagen und Tatsachen verdrehenden Politikern oder unter Druck gesetzten Journalisten vertrauen? Die massive Pro-Brexit-Kampagne seitens der Murdoch-Presse wurde damit begründet, dass Journalisten der Stimme des Volkes eine Plattform geben wollten. Dies aber ist eine glatte Lüge, denn wie im *Guardian* zu lesen,[387] ließen die Meinungsäußerungen der Briten auf Twitter oder Facebook klar erkennen, dass die Mehrheit für ein Verbleiben des Königreiches in der EU war. Also ist es nur anhand einer historisch einmaligen **Hypnosekampagne der Bevölkerung** zum Brexit gekommen – anhand unverschämter Lügen, hypnotischer Bilder und einschlägiger suggestiver Worte.

Aber warum wollten die Mehrheit der Medien und ein Teil der Politik den Brexit? Nun, vielleicht deswegen (und dies ist für Hypnotisierte kaum erkennbar), weil der Brexit nur **eine** Schlacht in einem globalen Wirtschaftskrieg war, wie im November 2020 einem Kommentar im *Guardian* zu entnehmen: »*Im Großen und Ganzen gibt es zwei vorherrschende Formen des Kapitalismus. Die erste Form könnte man als stubenreinen Kapitalismus bezeichnen. Er versucht, sich mit dem Verwaltungsstaat zu arrangieren, und profitiert von Stabilität, Vorhersehbarkeit und den Vorschriften, die unsaubere und rabiatere Konkurrenten ausschließen. Er kann mit einer zahmen und schwachen Form der Demokratie koexistieren. Die zweite Form könnte man als Warlord-Kapitalismus bezeichnen. Dieser betrachtet alle Beschränkungen der Akkumulation – einschließlich Steuern, Vorschriften und öffentliches Eigentum an wesentlichen Dienstleistungen – als illegitim. Dem Profitstreben darf nichts im Wege stehen. [...] In unbewachten Momenten gehen die Warlords und ihre Anhänger aufs Ganze. [...] Der Brexit bietet dem Warlord-Kapitalismus eine erstaunliche Chance. Er eröffnet ihm die Gelegenheit, nicht nur **bestimmte Regeln aufzubrechen**, was er offenkundig anstrebt, **sondern auch den unsicheren Waffenstillstand zwischen Kapitalismus und Demokratie aufzukündigen**, in dessen Rahmen öffentliche Schutzmaßnahmen im Allgemeinen geschaffen und durchgesetzt werden.*«[388] (Hervorhebungen durch die Autorin)

Diesen Kampf gegen die Demokratie hat der alte Medienmogul Rupert Murdoch mit der *Sun* und der *Times* gezielt unterstützt, vermutlich weil er als Resultat dieses Wirtschaftskrieges die Möglichkeit sah, sein Imperium weiter auszudehnen.[389]

Seine flächendeckenden Medienlügen kamen bei einem großen Teil der britischen Bürger an und lotsten sie in die gewünschte Denkrichtung, sodass die Menschen gar nicht anders konnten, als dem Brexit zuzustimmen.

Aber es waren nicht nur die traditionellen Medien, sondern auch und insbesondere die sozialen Medien, die bei der Manipulation der Briten eine ausschlaggebende Rolle gespielt hatten (siehe

z. B. der Fall *Facebook und Cambridge Analytica)*. Dazu ein Kommentar vom *Guardian*: »*Eine elitäre Gruppe gestaltet die Weltpolitik nach ihren privaten Überzeugungen, und ihr Verhalten hat ungeahnte und nicht zu quantifizierende Auswirkungen. [...] Leave.EU gibt zu, dass Cambridge Analytica die Kampagne unterstützt hat, aber nicht dafür bezahlt wurde. Es scheint klar, dass diese Art von Tätigkeit bei der Wahlkommission als Sachspende hätte gemeldet werden müssen. Das ist aber nicht geschehen. Arron Banks* [der Milliardär, der die Brexit-Kampagne mitbegründet und finanziert hat] *von Leave.EU hat inzwischen erklärt: ›Ich schere mich einen Dreck um die Wahlkommission.‹ Lobbyisten und Milliardäre manipulieren vorsätzlich die Medien und die öffentliche Meinung unter Missachtung der Transparenzvorschriften. Cambridge Analytica ist zwar die bekannteste Gruppe, aber nur ein Teil dieser schmutzigen Geschichte, bei der ausländische Gelder unsere Wahlprozesse beeinflussen.*«[390] (Hervorhebung durch die Autorin)

Welche Posts und welche Likes von Menschen oder von Bots (also von weitgehend automatisierten Programmen) kommen, ist für einen normalen User nicht mehr zu erkennen – und dass Bots in der Brexit-Kampagne eine große Rolle gespielt haben, legen »*Untersuchungen des Oxford Internet Institute [...] nahe, wonach ein Drittel des gesamten Twitter-Verkehrs vor dem EU-Referendum in Wirklichkeit von Bots stammten [...]. Zusammengenommen machen diese Beweise deutlich, dass die Demokratie in einer beunruhigenden Ära nur schwer bestehen kann – in einer Ära, in der Lobbyisten für den Meistbietenden Fake News als Waffe einsetzen können,* während Einrichtungen wie die Wahlkommission nicht über die Ressourcen verfügen, um einzugreifen und Sanktionen zu verhängen. Bösartige Kräfte können die persönlichen Daten von Wählern nachverfolgen und die öffentliche Meinung manipulieren [...]. All dies können sie tun unter dem Deckmantel der Anonymität und frei von Regulierung oder Aufsicht. Das EU-Referendum war* *eine Schlacht der Unehrlichkeit. Es wurde von der Seite gewonnen, die die Mittel hatte, die plausibelsten Lügen zu verbreiten.*«[391] (Hervorhebung durch die Autorin)

Lügenpresse?

Dass dies kein spezifisch britisches Problem ist, zeigt uns seit Jahren die Tatsache, dass auch in den deutschsprachigen Ländern immer häufiger das Wort »Lügenpresse« zu hören und zu lesen ist. Einer 2020 durchgeführten österreichischen Umfrage zufolge hält eine »*Mehrheit der Bevölkerung […] den Begriff ›Lügenpresse‹ für österreichische Medien ›im Großen und Ganzen‹ für berechtigt. Das geht aus einer vom Meinungsforschungsinstitut Unique Research für die aktuelle profil-Ausgabe durchgeführten Umfrage hervor. 28 % der Befragten geben an, der Ausdruck sei ›eher‹ schon berechtigt, für 17 % trifft der umstrittene Begriff ›absolut‹ zu.*«[392]

In Österreich scheint die Hypnose weder bei den Zuschauern und Lesern noch bei einigen Journalisten besonders gut zu greifen, wie folgender Beitrag von Tanja Holz in *Medianet* zeigt (auf diesen Beitrag wurde ich durch *Reporter ohne Grenzen* aufmerksam): »**Die Presselage in Österreich ist besorgniserregend. Medien werden unter Druck gesetzt, Medienschaffende bedroht, verklagt oder gar abgesetzt, wenn sie sich nicht beugen.** *Einen negativen Einfluss nehmen diese Vorfälle auf die Rangliste der Pressefreiheit von Reporter ohne Grenzen, wo Österreich heuer auf Platz 17 landete. Das ist zwar einen Platz besser als im letzten Jahr, dennoch sei es für Rubina Möhring, Präsidentin von Reporter ohne Grenzen Österreich, kein Grund zu jubeln. ›Insgesamt hat sich die Lage der Informationsfreiheit verschlechtert, zumal auch in Europa. Auf diese Weise sind wir zwar einen Platz hochgerutscht, sieht man sich aber die einzelnen Punkte der Bewertung an, gibt es eine negative Entwicklung‹, bedauert Möhring die Ergebnisse. […]* **Dass Medien von**

Regierungsseite enorm unter Druck gesetzt werden, ist gang und gäbe und ein offenes Geheimnis. [...] ›Der Versuch von Politikerinnen und Politikern, Einfluss auf die Medien zu nehmen, schafft kein gutes Bild für die Freiheit der Information und sollte eigentlich in einer liberalen Demokratie auch nicht sein‹, kritisiert Möhring.«[393] (Hervorhebungen durch die Autorin) Der Inseratenskandal, der u. a. die österreichische Regierungskrise auslöste, hat dies eindeutig bestätigt.

Das Problem aber ist, dass es nicht nur die Politiker sind, die Einfluss nehmen wollen. Milliardäre tun das auch (siehe Brexit) – sie machen es sich allerdings einfacher, indem sie die Zeitung(en) oder Medien, die sie unter ihrer Kontrolle haben wollen, kurzerhand aufkaufen.

In den USA ist dieser Trend unübersehbar: Die Tech-Milliardäre investieren ihr Geld in Medien. So hat z. B. Jeff Bezos vor Jahren für 250 Millionen Dollar überraschenderweise die *Washington Post* übernommen,[394] und das *Time Magazine* ist seit 2018 unter den Fittichen von Marc Benioff, einem Pionier des Cloud Computing. Zum Club der Tech-Milliardäre mit einem Faible für Medien gehört auch Laurene Powell Jobs, die Witwe von Apple-Gründer Steve Jobs: Sie sicherte sich den Mehrheitsanteil an der qualitativ höchst anspruchsvollen Zeitschrift *The Atlantic*. Und der Biotech-Mogul Patrick Soon-Shiong gab Hunderte von Millionen aus, um sich die *Los Angeles Times* und noch weitere US-Zeitungen zu sichern.[395]

Milliardäre können die Gesellschaft formen, indem sie Einfluss auf die Medien nehmen. Ob sie dies direkt tun, wird verschwiegen; man kann sich allerdings die Frage stellen: Warum sonst würde Warren Buffett, einer der reichsten Männer der Welt, über 30 Tageszeitungen in den USA aufkaufen?[396]

Die Nummer eins auf der Medien-Wunschliste der Milliardäre ist die renommierte *New York Times* – sie steht allerdings aktuell nicht zum Verkauf: Seit 120 Jahren sitzt die Sulzberger-Familie fest im Sattel und führt diese mit den meisten Pulitzer-Preisen ausgezeichnete Zeitung. Medienmogul Rupert Murdoch würde sie allzu gerne besitzen, musste sich aber mit dem *Wall Street Journal* begnügen.

Doch selbst eine für ihre Seriosität, Ausgewogenheit und solide journalistische Recherchearbeit derart berühmte Zeitung wie die *New York Times* kann sich gewissen Einflüssen nicht entziehen und macht gezielt Politik. Bereits 2006 wies Riccardo Puglisi (außerordentlicher Professor für Ökonomie an der Universität Pavia) in einer Studie nach, dass diese Zeitung doch nicht so objektiv ist und die Wähler politisch subtil beeinflussen will. Er beschreibt ausführlich den von den Medien schon jahrelang praktizierten Einfluss auf die Bevölkerung: »*Es besteht die weit verbreitete Auffassung, dass die Massenmedien im politischen und Wahlprozess eine entscheidende Rolle spielen[1]. Dies ist der Fall, weil die Massenmedien in ihrer Eigenschaft als Nachrichtenlieferanten den Lesern und Zuschauern Informationen liefern über die aktuelle Situation, die Leistungen der amtierenden Politiker und das Verhalten der Kandidaten im Wahlkampf. In diesem Paper werden erstmals Belege für die redaktionellen Entscheidungen der New York Times vorgelegt anhand einer großen Stichprobe von Artikeln, die zwischen 1946 und 1997 veröffentlicht wurden. Nach dem Agenda-Setting-Ansatz* [Thematisierungstheorie] *können Massenmedien die Agenda der Öffentlichkeit beeinflussen, indem sie* [ihre Berichterstattung] *auf die Themen ausrichten, über die sie ausführlicher zu berichten beabsichtigen. Wie von Cohen [1963] anschaulich beschrieben, ist die Presse* [...] *vielleicht nicht immer erfolgreich darin, den Menschen zu sagen, was sie denken sollen, aber sie ist erstaunlich erfolgreich darin, ihren Lesern zu sagen, worüber sie nachdenken sollen. Die Welt sieht für verschiedene Menschen anders aus – je nach der Landkarte, die die Autoren, Redakteure und Herausgeber* der von ihnen gelesenen Zeitung für sie zeichnen. Diese Fähigkeit, die Tagesordnung zu bestimmen, könnte sich auf die Wahlen auswirken, und zwar in der Hinsicht, dass die Bürger im Durchschnitt glauben, eine bestimmte Partei oder ein Kandidat sei besser in der Lage, Probleme im Zusammenhang mit einem bestimmten Thema zu lösen, und dass sie für diese Partei stimmen würden, wenn sich dieses Thema als das wichtigste herausstellt. Dies ist die Issue-Ownership-Hypothese, wie sie von Petrocik [1996] beschrieben wurde.«[397]

Abschließend beschreibt Prof. Puglisi die Ergebnisse seiner Studie über die Berichterstattung der *New York Times*: »*Ich stelle fest, dass die New York Times während der Präsidentschaftswahlkämpfe mehr Gewicht auf Themen legt, für die sich die demokratische Partei stark macht (Bürgerrechte, Gesundheitswesen, Arbeit und Soziales)*, [und dies gerade dann,] *wenn der amtierende Präsident ein Republikaner ist.* **Dies stimmt mit der Hypothese überein, dass die New York Times eine demokratische Parteilichkeit mit einigen ›Watchdog‹-Aspekten aufweist, indem sie – während eines Präsidentschaftswahlkampfs – Themen, bei denen der (republikanische) Amtsinhaber schwach ist, mehr Gewicht verleiht.**«[398] (Hervorhebung durch die Autorin)

Richtigerweise unterstreicht der italienische Wissenschaftler auch, dass sich die *New York Times* in den letzten Jahren eher ausgewogen und weniger offen pro-demokratisch zeigte.

Wichtig zu wissen ist nur, dass Medien, und insbesondere die Leitmedien, jeweils ihre eigene Agenda haben – auch wenn sie zumeist so subtil ist, dass wir es kaum bemerken.

Um die geopolitische Berichterstattung der westlichen Medien und ihr Agenda-Setting besser zu verstehen, soll hier aus einer wichtigen Studie von Sean Aday, außerordentlicher Professor an der Washington University, zitiert werden. Sie wurde 2018 aktualisiert und erschien in *The Oxford Handbook of Political Communication*:

»Im Laufe der Jahre haben Forscher im Bereich der Massenkommunikation immer wieder festgestellt, dass **die Mainstream-Medien dazu neigen, die vorherrschenden soziokulturellen Normen und Werte zu verstärken und den berichteten Themen einen Status zu verleihen (und somit das, worüber nicht berichtet wird, als ›Nicht-Ereignis‹ zu degradieren)** *[…].*

Diese Schlussfolgerungen treffen, wenn überhaupt, noch mehr zu, wenn es um Medien und auswärtige Angelegenheiten geht, und insbesondere, wenn es um Kriegsberichterstattung geht. […] **Anders ausgedrückt: Im Bereich der Außenpolitik ist es weit weniger wahrscheinlich, dass die Presse ihre Funktion als Vierte Gewalt angemessen erfüllt, als in der Innenpolitik.«**[399] (Hervorhebungen durch die Autorin)

Aber auch auf dem Gebiet der Innenpolitik befinden sich wie oben angedeutet Presse und Medien als Vierte Gewalt im Staat aktuell in einem komatösen Zustand[400] – man schaue nur hinüber nach Großbritannien, wo das Buch von Peter Oborne über die Lügen von Boris Johnson von gewissen britischen Zeitungen und Zeitschriften totgeschwiegen wurde (siehe Kapitel 5 »Politik und Hypnose«).

Aber bleiben wir bei der US-Berichterstattung über die Außenpolitik und lesen weiter, was Aday in seiner Studie festgestellt hat: *»Die vielleicht wichtigste und grundlegende politische Kommunikationstheorie der zeitgenössischen Forschung zur Medienberichterstattung über die Außenpolitik ist die Indexing-Hypothese von Bennett, welche besagt,* **dass die Medienberichterstattung über auswärtige Angelegenheiten, insbesondere über außenpolitische Krisen (z. B. Krieg), tendenziell an das Meinungsspektrum und die Prioritäten der Eliten ›indexiert‹ [gekoppelt] ist.** *[…]*

Indexierung stützt sich insbesondere auf die übereinstimmende Feststellung […], **dass der Journalismus quellengesteuert ist und** *die Medien dazu neigen, den Rahmen und die Agenda der Eliten* *(insbesondere Mandatsträger) zu übernehmen; diese Dynamik wurde auch in den Medien anderer Länder als den Vereinigten Staaten festgestellt [...].*

Alternative Ansätze – insbesondere solche, die der Diplomatie den Vorzug geben, werden von Kriegsgegnern vertreten oder stellen die vorherrschenden kulturellen und politischen Normen infrage (z. B. die Thesen des Kalten Krieges in der Nachkriegszeit oder die Terrorismusbekämpfung nach dem 11. September 2001) – kommen in den politischen Debatten und der Medienberichterstattung zu kurz (S. 317).«[401]

Dies schreibt immerhin ein Wissenschaftler, nicht irgendein Aluhutträger.

Die bisherigen Beispiele hatten mit Außenpolitik und Krieg zu tun, aber gerade was die Leitmedien anbelangt, gilt die Tatsache, dass »*Medien dazu neigen, den Rahmen und die Agenda der Eliten [...] zu übernehmen*«[402] für fast alle Bereiche der Berichterstattung und insbesondere auch für die Innenpolitik. In einem Beitrag von Uwe Krüger in *Blätter für deutsche und internationale Politik* mit dem Titel: »*Wie Alphajournalisten die politische Debatte bestimmen*« erfährt man Folgendes: »*Das Verhältnis zwischen Journalisten und ihren Quellen ist eine Symbiose, bestimmt vom Tauschgeschäft ›Information gegen Publizität‹: Der Journalist bekommt Informationen und verschafft im Gegenzug seiner Quelle (oder deren Anliegen) Öffentlichkeit. Doch dieses Tauschgeschäft muss erst einmal zustande kommen – und Entscheider aus Politik und Wirtschaft geben Hintergrundwissen, Exklusivinformationen oder Interviews am ehesten jenen Journalisten, mit denen sie auf einer Wellenlänge liegen und von denen sie keine ernsthafte Gefahr für die eigene Position befürchten müssen. Wer vom Habitus her kompatibel mit den oberen Schichten ist, hat daher größere Chancen auf eine Karri-*

ere im Journalismus – vor allem in solchen Medien, die den Anspruch haben, das Geschehen im Entscheidermilieu aktuell und detailliert abzubilden, und daher auf Quellen in den höheren Etagen angewiesen sind. Prestige-Medien wie die ›Süddeutsche Zeitung‹, die ›Frankfurter Allgemeine Zeitung‹, ›Die Welt‹, ›Der Spiegel‹ und ›Die Zeit‹ verstehen sich auch als Plattformen des Elitendiskurses, als Orte, wo Politiker, Wirtschaftsführer oder Kulturschaffende mit Statements, Interviews oder Gastbeiträgen die öffentliche Debatte zu beeinflussen versuchen. **Wer hier arbeitet, dem hilft Fundamentalopposition nicht weiter, für den ist eher ein funktionierendes, gut gepflegtes Netzwerk zu Akteuren und Insidern nützlich.** [...] Die Interessen der Regierten zu vertreten und gleichzeitig nahe an die Regierenden heranzukommen, das ist ein klassischer Zielkonflikt. Beides kann nicht gleichzeitig maximiert werden.«[403] (Hervorhebung durch die Autorin)

Im Klartext: Es ist sehr schwierig geworden, als die Vierte Gewalt (ein Begriff, der im 19. Jahrhundert in England entstand[404]), also als die Kontrollinstanz zu fungieren, die uns Hollywood in den letzten Jahrzehnten als Bild des Journalismus vermittelt hat, indem es einige weltweit bekannte investigative Fälle mit wunderbaren Schauspielern auf die Leinwand brachte – man denke an Filme wie »Die Unbestechlichen« mit Dustin Hoffman und Robert Redford oder an »Spotlight«, in dem uns ein Journalistenteam des *Boston Globe* den unerschütterlichen Willen aufzeigt, die Wahrheit aufzudecken, auch wenn sie sich dabei den Mächtigen entgegenstellen müssen.

Ähnliches wurde auch in Deutschland produziert, so z.B. »Die Vierte Gewalt« (NDR), in dem Benno Fürmann »*den letzten aufrechten Journalisten im Berliner Politik- und Mediensumpf*« spielt, wie *Die Zeit* 2016 berichtete.[405]

»Aufrecht« kann man aber nur sein, wenn man den Journalismus wirklich ernst nimmt – wie z.B. der oben zitierte Uwe Krüger,

Mitarbeiter am Institut für Kommunikations- und Medienwissenschaft der Universität Leipzig, dessen Dissertation (2013) folgenden vielsagenden Titel trägt: »*Meinungsmacht. Der Einfluss von Eliten auf Leitmedien und Alpha-Journalisten – eine kritische Netzwerkanalyse*«. Auch hier – und ich wiederhole mich absichtlich – handelt es sich nicht um einen Aluhutträger, sondern um einen durchaus ernst zu nehmenden Wissenschaftler. Krügers Dissertation schlug ein wie eine Bombe, als *Die Anstalt (ZDF)* am 29. April 2014 ca. zwei Millionen Zuschauern einige darin aufgedeckte Verbindungen zu transatlantischen Organisationen vor Augen führte. In der 2. Auflage seiner Dissertationsarbeit schreibt Uwe Krüger dazu*: »In Phase 2, nach der Anstalt, stieg der Erregungspegel stark an: Josef Joffe und Jochen Bittner von der Zeit gingen gerichtlich gegen die Anstalt vor (und verloren am Ende vor dem Bundesgerichtshof), […].*[406] (Hervorhebung durch die Autorin)

In einer Rezension von Krügers wissenschaftlicher Arbeit auf dem Portal für Politikwissenschaft fand der Volkswirt und Politologe Nils Hesse klare Worte, denen man nur zustimmen kann: »*Die Ergebnisse* [von Krügers Studie] *deuten darauf hin, dass nicht nur einzelne Journalisten, sondern die Leitmedien als Ganzes zumindest im untersuchten Themenfeld dazu neigen, Elitendiskurse lediglich abzubilden und abweichende Argumente zu ignorieren oder zu delegitimieren. Dieser beobachtete fragwürdige Umgang mit der Meinungsmacht ist zu selten Gegenstand methodisch fundierter, wissenschaftlicher Analysen. Umso bemerkenswerter ist diese Arbeit. Sie ist ein wichtiger Beitrag zu einer offenen und sachlichen Diskussion über die Unabhängigkeit in deutschen Redaktionen jenseits von Verschwörungstheorien (HESSE 2013).*«[407] (Hervorhebungen durch die Autorin)

Auch hier werden ähnliche Verhaltensmuster festgestellt wie in der weiter oben zitierten amerikanischen Studie von Sean Aday, außerordentlicher Professor an der Washington University.

Es sind aber nicht nur Wissenschaftler, die sich kritisch mit den Medien auseinandersetzen – selbst aus den eigenen Reihen kommt Kritik auf. Nach 35-jähriger Tätigkeit in diesem Metier bringt z. B. Wolfgang Münchau, deutscher Wirtschaftsjournalist (u. a. *Der Spiegel, Financial Times*) die Leitmedien-Krise 2021 anschaulich auf den Punkt: »*Die Leute sind immer noch bereit, für hochwertige politische oder finanzielle Informationen Geld zu bezahlen. Oder für Analysen, die herkömmliche Ansichten in Frage stellen, im Gegensatz zu anonymen, von Ausschüssen verfassten Zeitungsleitartikeln. Das würde ich den Zeitungsredakteuren und -verlegern raten zu tun:*

> *Hören Sie auf, Scoops zu belohnen. Belohnen Sie Informationen.*
> *Nehmen Sie keine Journalistenpreise mehr an. Sie setzen die falschen Anreize.*
> *Hören Sie auf, sich an Orten wie Davos unter die Reichen und Berühmten zu mischen.*
> *Machen Sie Ihre Arbeit.*

Und das wäre erst der Anfang einer sehr langen To-do-Liste. Einige wenige werden dies tun. Die meisten werden es nicht tun. Die alte Garde ist immer noch dabei, sich zu verdoppeln. Es gibt mehr Journalistenpreise als je zuvor. Die Fake-Scoop-Kultur hält an. Das Diana-Interview hat die Öffentlichkeit sicherlich interessiert, aber es war nicht im öffentlichen Interesse. Das gilt für einen Großteil des modernen Journalismus.«[408] (Hervorhebungen durch die Autorin)

Berichterstattung während der Pandemie

Trotz der Probleme des Leitmedien-Journalismus hat die Mehrheit der Bevölkerung gerade in der Corona-Zeit Vertrauen in die Medien (und dies europaweit).[409] Aber war und ist dieses Vertrauen auch gerechtfertigt?

2021, also nach einem Jahr Corona-Pandemie, konnte man jedenfalls in Erfahrung bringen, dass die Zahlen der belegten Intensivbetten in Deutschland vermutlich falsch angegeben worden waren (siehe Kapitel 5 »Politik und Hypnose«) – und einige Monate nach der Zulassung von *Remdesivir* (das in der Tagesschau seinerzeit als das **einzige** Medikament gegen Covid angepriesen worden war) wurde bekannt, dass dieses Mittel **nichts** nützt. Als Wissenschaftsjournalist hätte man das übrigens auch schon herausfinden können, **bevor** die WHO dies offiziell verkündete. (In meinem Buch *Die Wahrheit über COVID-19* habe ich das detailliert beschrieben.)

In beiden Fällen wurden unser Denken und unsere Emotionen aufgrund »falscher« Informationen in eine falsche Richtung gelenkt.

Eines der größten Probleme im Journalismus heute ist, wie bereits mehrmals erwähnt, dass »*Medien dazu neigen, den Rahmen und die Agenda der Eliten [...] zu übernehmen.*«[410] Diese Tatsache, die seit Jahrzehnten zu beobachten ist, trat insbesondere während der Corona-Zeit zutage, denn den Zuschauern und Lesern wurden nur die von offizieller, das heißt politischer und behördlicher Seite anerkannten medizinischen Meinungen und Studien präsentiert, während über anderslautende, ebenfalls wissenschaftlich fundierte Meinungen und Studien (selbst peer-reviewten aus renommierten Fachzeitschriften) kaum oder nur negativ berichtet wurde. Die Berichterstattung über *Remdesivir* und seine angeblich guten Erfolge bei Covid ließ jegliche Kritik vermissen, obwohl es von Anfang an peer-reviewte Studien[411] und Fachmeinungen gab, die im Vorfeld eindeutig das belegten, was die WHO ein halbes Jahr später anhand eigener Studien bekanntgab: dass *Remdesivir* bei Covid nicht funktioniert (und das viele Geld dafür quasi zum Fenster hinausgeworfen war). Trotzdem wurden kritische Studien und Meinungen beharrlich außen vor gelassen und nur über die von Dr. Fauci propagierten angeblichen Erfolge dieses Medikaments berichtet. Jeder Journalist, der sich auch nur ein wenig in Medizin auskennt und seinen Beruf ernst nimmt, hätte die Probleme erkennen können und darüber berichten müssen, aber dies geschah nicht; es wurde nur das übernommen, was von offizieller Seite »abgesegnet« worden war.

Die Frage ist: Warum? Weil das Gesundheitsministerium dieses *Remdesivir* immer wieder propagierte und unbedingt einsetzen wollte,[412] weil man es sich mit den Mächtigen nicht verscherzen wollte und brav berichtete, was Jens Spahn verkündete?

Oder wurden die medizinisch fundierten Kritiken völlig außen vor gelassen, weil *Remdesivir* in den USA bzw. später in Europa eine Not- bzw. eine bedingte Zulassung erhalten hatte, also offiziell abgesegnet worden war, und trotz der bekannten Unzulänglichkeiten der jeweiligen Behörden (FDA und EMA) keine Zweifel aufkommen sollten?

Allerdings sollte jeder auf Medizin spezialisierte Journalist eines wissen: Behördliche Zulassungen bedeuten nicht unbedingt, dass das Medikament tatsächlich hilft. Deshalb sollte man sich auch andere Quellen (medizinische Studien, z. B. im *Lancet*[413] etc.) anschauen und darüber berichten. Denn gerade was *Remdesivir* anbelangte, sind die Zulassungen, wie Mitarbeiter von *Science* herausgefunden haben, auf besondere Art erfolgt: Bei der FDA wurden keine Meinungen von externen Fachexperten eingeholt, und die EU hat den Preis von *Remdesivir* **eine Woche** vor der Veröffentlichung der negativen Studiendaten der WHO festgelegt (die aber zumindest dem Pharmaunternehmen *Gilead* bekannt waren): »*Dies wirft ein sehr, sehr schlechtes Licht auf die FDA, und die Beziehungen zwischen Gilead und der EU machen es noch schlimmer*«[414] – so Eric Topol, ein Kardiologe am Scripps Institute, der sich gegen die FDA-Zulassung von *Remdesivir* ausgesprochen hatte.

All diese arzneimittelbehördlichen Unzulänglichkeiten waren keine Neuigkeit für Journalisten, die alle fachlichen Kritikpunkte bereits davor einsehen konnten und darüber, wie gesagt, rechtzeitig hätten berichten können.

Wie eingangs in diesem Kapitel betont, sollten die Maßstäbe eines guten Journalismus – Gründlichkeit und Wahrhaftigkeit – nicht verletzt werden.[415] Aber wie viele der heutigen Journalisten betreiben noch echte Recherchearbeit? Eine Studie der Universität Zürich über die Qualität der Berichterstattung während der Corona-Pandemie in der Schweiz zeigt dazu Folgendes auf: »*Gerade in der sensiblen Phase vor dem Lockdown erweisen sie* [die Medien] *sich jedoch als relativ unkritisch und ordnen mög-liche Entwicklungen zu wenig ein. Auch zeigt sich – mit Ausnahmen – ein problematischer Umgang mit Zahlen und Statistiken, die insgesamt betrachtet (zu) wenig eingeordnet werden. Es wird längst nicht immer begründet, was die Zahlen aussagen und warum sie verwendet werden. […] Lediglich 5,6 % aller Beiträge zielen primär darauf ab, in Hintergrundbeiträgen journalistische Recherchen ins Zentrum zu stellen, Einordnungen vorzunehmen und Hintergründe zu vermitteln.*«[416] (Hervorhebung durch die Autorin)

Im Klartext: Nur eine sehr geringe Zahl (5,6 Prozent) der Covid-Beiträge in der Schweiz waren aufgrund journalistischer Recherchearbeit entstanden (und dies in einem Land, in dem es noch einen sehr guten Journalismus gibt): Mehr als 94 Prozent der Beiträge waren nur Wiederholungen, in denen mit anderen Worten das wiedergekäut wurde, was Behörden oder Presseagenturen bekannt gegeben hatten. Im Großen und Ganzen trifft dies auch für andere europäische Länder zu.

Im November 2020 hat die *Bayerische Staatszeitung (BSZ)* über diese Problematik ein Interview mit dem Kommunikationsprofessor Dr. Michael Meyen (LMU München) veröffentlicht und summiert es eingangs mit »*Medienwissenschaftler Michael Meyen über einseitige Berichterstattung, ausgedünnte Redaktionen und andere Probleme in Pandemiezeiten.*«

Das interessante Interview, hier nur teilweise wiedergegeben, führte David Lohmann:

»*BSZ: Ihr Kollege Stephan Ruß-Mohl schrieb in einem viel beachteten Essay in der Süddeutschen Zeitung, insbesondere Leitmedien hätten mit ihrem ›Corona-Overkill‹ für ›Angst und Schrecken‹ gesorgt.*

Meyen: Es war gut, diesen Text an so zentraler Stelle zu lesen. Wir wissen, dass Zahlen im Kampf um Aufmerksamkeit helfen. Jeder vierte Corona-Beitrag dreht sich um Zahlen. Ich sehe das ja an mir selbst: Morgens will ich wissen, wie viele positive PCR-Tests das RKI meldet. Das Problem: In den Nachrichten werden daraus oft ›Infizierte‹ oder ›Corona-Fälle‹. Und: Wir hören ständig absolute Zahlen, ohne jede Einordnung. Wie viele Tests gab es? Wer wurde getestet? Wie viele Menschen mit einem positiven Test werden tatsächlich krank? Viele wissen nicht, dass jeden Tag in Deutschland 2500 Menschen sterben oder jedes Jahr 20 000 an Krankenhauskeimen. Journalismus sollte das einordnen, um keine Angst zu schüren und keinen unnötigen Handlungsdruck zu erzeugen.

BSZ: Vielleicht fehlt den Kolleginnen und Kollegen dafür auch einfach die Zeit. Das Thema Corona ist komplex, und gerade die Wissenschaftsressorts wurden in den letzten Jahren häufig ausgedünnt.

Meyen: Die Erfahrungen, die wir jetzt machen, sollten definitiv ein Anlass sein, über Journalismus nachzudenken. Wie wollen wir ihn haben und was wollen wir uns das kosten lassen? Viele Probleme entstehen, weil es in den Redaktionen an Ressourcen mangelt. In vielen großen Verlagen drohen Entlassungen, in öffentlich-rechtli-

chen Anstalten arbeiten feste Freie, die nicht wissen, ob sie morgen noch im Dienstplan stehen, und freie Printjournalisten leben oft an der Armutsgrenze. Da ist es schwer, öffentlich an offiziellen Quellen zu zweifeln. Gleichzeitig rüstet die Politik im Bereich PR auf. Wie soll der Journalismus so seiner Aufgabe als vierte Gewalt nachkommen? […]*

BSZ: Virologe Christian Drosten und SPD-Politiker Karl Lauterbach sind omnipräsente Gesichter der Corona-Krise. Virologe Hendrik Streeck und verschiedene Ärzteverbände waren gegen einen Lockdown – über sie wurde nur wenig berichtet.

Meyen: Journalismus muss alle Perspektiven liefern, damit wir uns selbst eine Meinung bilden können. Jeder kann sehen, dass das im Moment nicht passiert. Natürlich: Es gibt immer wieder Perlen, gerade im Regionaljournalismus. Auch das Video, das Heribert Prantl diese Woche zu den ›Grenzen des Erträglichen‹ und zu dem ›Überbietungswettbewerb‹ für die SZ gemacht hat, ist wichtig in Sachen Pluralismus. Das sind aber Ausnahmen. In der Regel werden Gegenstimmen in den Leitmedien ausgeblendet oder abgewertet.«[417] (Hervorhebungen durch die Autorin)

Aber diese Art von Journalismus kann das Denken der Menschen zutiefst prägen und lenken (also sie *de facto* hypnotisieren). Hier ein kurzer Exkurs dazu: Gerade in Corona-Zeiten ist es erschreckend, mitzuerleben, wie die Medien die Stimmung aufgeheizt haben – wie Geimpfte gegen Ungeimpfte regelrecht aufgehetzt werden, wie sehr Ungeimpfte als Schuldige abgestempelt werden, als Asoziale, die sich keinen Deut um das Wohl der Gesellschaft kümmern, ganz zu schweigen von der allseits eingeforderten Solidarität. Hier haben die Medien ganze Arbeit geleistet, denn in Italien ist es z. B. so weit gekommen, dass manche Geimpfte bereits seltsame Wünsche hegen: Wenn in einer Notaufnahme zwei Menschen eingeliefert werden – der eine ein ungeimpfter Covid-Patient, der andere beispielsweise ein verunfallter Motorradfahrer –, dann mögen die Ärzte das einzig freie Intensivbett doch bitte dem Motorradfahrer geben, und der Ungeimpfte solle sehen, wo er bleibt. So jedenfalls wurde es mir kürzlich von einer Gymnasiallehrerin berichtet, und als ich versuchte, vernünftige Gründe vorzubringen, warum dies eine absolut inakzeptable Haltung ist, zitierte sie aus einer langen Liste Medienberichte, und dies mit einer Arroganz (wie sie für echte Ignoranz so typisch ist), die an Aggressivität grenzte. Während sie sprach und die von den italienischen Leitmedien ständig hypnotisch wiederholten, teilweise falschen Tatsachen als Wahrheit verkündete, dachte ich mir nur, wie erfolgreich die Medien die Menschen in den Bann ihrer hypnotisierenden lückenhaften Berichte gezogen und in eine bestimmte Stimmung versetzt hatten. Denn es ist schlicht falsch, dass wir einzig und allein mit der Impfung aus der Covid-Krise herauskommen können.[418] Dies lässt sich schon daran erkennen, dass die Impfung ständig wiederholt werden muss, weil wir sonst mit den Varianten nicht fertigwerden. An der medizinischen Front sind aber bereits heute genügend gute Leitlinien und Therapien entwickelt worden, um das Leben von Covid-Erkrankten zu retten.[419] [420]

Es ist auch schlicht falsch, zu behaupten, dass die Ungeimpften zum Problem werden, weil sie andere anstecken können; bekanntlich können sich auch Geimpfte mit neuen Virus-Varianten infizieren und andere anstecken – und da sich sehr viele Geimpfte in Sicherheit wiegen und immun wähnen, befolgen sie die AHA-Regeln sehr oft weniger als die Ungeimpften, wodurch auch Letztere potenziell gefährdet sind (wohl mit geringerer Wahrscheinlichkeit, aber eine Infektion ist nun einmal von keiner Seite ausgeschlossen).

Dies ist nicht nur eine empirische Feststellung, denn selbst die US-Gesundheitsbehörde *CDC (Center of Disease Control and Prevention)* war der Ansicht, Geimpfte bräuchten keine Maske mehr – bis überraschend Durchbruchinfektionen mit der Delta-Variante auftraten. Im August 2021 ließ die CDC dann verlauten, dass Geimpfte in geschlossenen Räumen **doch** eine Maske tragen sollten, um sich selbst vor der Delta-Variante zu schützen »*und (um) zu verhindern, dass sie möglicherweise auf andere übertragen wird*«.[421]

Die WHO hatte bereits im Juni 2021 darauf verwiesen, dass Geimpfte eine Maske tragen sollten.[422] Aber die erwähnte Gymnasiallehrerin gab all die von den italienischen Leitmedien propagierten Halbwahrheiten mit extremer und verbissener Sicherheit von sich, denn das waren ja »offizielle« Informationen, die sie im Fernsehen vernommen und in den bekanntesten Tageszeitungen gelesen hatte. Und genau aus diesem Grund wollte sie Ungeimpften eine Intensivbehandlung vorenthalten – weil sie »nicht richtig handeln«, so wie es von oben gepredigt wird. **Man kann Hypnotisierte auch so hypnotisieren, dass sie zur Gefahr werden.** Nicht anders in Deutschland, wo sich selbst einige Medien der Hetze gegen Ungeimpfte schuldig machen, wie einem Kommentar der *Berliner Zeitung* zu entnehmen ist: »*Hey, ihr Impfunwilligen: Macht euren Mist alleine! Berlin will die Corona-Schutzmaßnahmen verschärfen. Impfunwillige hätten das Nachsehen. Ihnen droht der Ausschluss. Vollkommen zu Recht!*«[423]

Dieser Kommentar sollte, so *Rubikon*, »*im journalistischen, rechtsstaatlichen und demokratischen Sinne als erbärmlich wahrgenommen werden […]. Nicht erst seit Beginn der Pandemie, aber seit der Pandemie in einem Ausmaß, das seinesgleichen sucht, legen so manche Journalisten ein Verständnis von Demokratie, Pluralismus und Meinungsfreiheit an den Tag, das besser in einer Diktatur aufgehoben wäre. Getreu dem Motto: Willst du nicht mein Bruder sein, dann schlag ich dir den Schädel ein. Aber sorry: So funktioniert Demokratie gewiss nicht.*«[424]

Im Journalismus geht es leider selten um Wahrheit, sondern eher um die Vermittlung eines von einer Elite vorgegebenen Wirklichkeitsentwurfs. Aus vielerlei Gründen bringen die wenigsten

Journalisten den Mut auf, anhand ihrer Recherchearbeit gegen die Mächtigen anzutreten und deren Quellen fundiert in Zweifel zu ziehen, denn dabei könnten sie Gefahr laufen, marginalisiert bzw. gemobbt zu werden, eine Karriereblockade oder sogar einen Jobverlust zu erleiden.

Dies wurde von Ole Skambraks (*ARD*-Journalist) Anfang Oktober 2021 sehr eindrucksvoll in einem offenen Brief dargelegt, der vom *Multipolar Magazin* veröffentlicht wurde:

»Ich kann nicht mehr schweigen. Ich kann nicht mehr wortlos hinnehmen, was seit nunmehr anderthalb Jahren bei meinem Arbeitgeber, dem öffentlich-rechtlichen Rundfunk, passiert. In den Statuten und Medienstaatsverträgen sind Dinge wie ›Ausgewogenheit‹, ›gesellschaftlicher Zusammenhalt‹ und ›Diversität‹ in der Berichterstattung verankert. Praktiziert wird das genaue Gegenteil. Einen wahrhaftigen Diskurs und Austausch, in dem sich alle Teile der Gesellschaft wiederfinden, gibt es nicht. […] Anstelle eines offenen Meinungsaustausches wurde ein ›wissenschaftlicher Konsens‹ proklamiert, den es zu verteidigen gilt. Wer diesen anzweifelt und eine multidimensionale Perspektive auf die Pandemie einfordert, erntet Empörung und Häme.

Dieses Muster funktioniert auch innerhalb der Redaktionen. […] Das Ergebnis von anderthalb Jahren Corona ist eine Spaltung der Gesellschaft, die ihresgleichen sucht. Der öffentlich-rechtliche Rundfunk hat daran großen Anteil. […] Dabei ist nicht aufschlussreich, was alles im öffentlich-rechtlichen Rundfunk diskutiert wird, sondern was unerwähnt bleibt […] Schon sehr früh galt die Gleichung, dass Kritik am Coronakurs der Regierung dem rechten Spektrum angehört. Welche Redakteurin wagt es da noch, einen Gedanken in diese Richtung zu äußern?«[425]

In diesem Brief listet Ole Skambraks noch offene Fragen zu Corona auf, die ich hier teilweise wiedergebe:*»Warum steht im neuen Infektionsschutzgesetz, dass das Grundrecht der körperlichen Unver-*

sehrtheit und die Unverletzlichkeit der Wohnung fortan eingeschränkt werden kann – auch unabhängig von einer epidemischen Lage? […] Warum wurde das den Medien bekannte, interne Papier aus dem Bundesinnenministerium nicht in Gänze veröffentlicht – und in der Öffentlichkeit diskutiert, in dem gefordert wurde, dass Behörden eine ›Schockwirkung‹ erzielen müssten, um Auswirkungen der Corona-Pandemie auf die menschliche Gesellschaft zu verdeutlichen? […] Warum steht in einem Gutachten, erstellt für das Bundesgesundheitsministerium, dass die Auslastung der Krankenhäuser im Jahr 2020 durch Covid-19-Patienten nur 2 % betragen hat?

Warum sind Zahlungen von 4 Millionen Euro eingegangen auf einem Familienkonto der EU-Gesundheitskommissarin Stella Kyriakides, die verantwortlich war für das Abschließen der ersten EU-Impfstoffverträge mit den Pharmakonzernen? (3)

Warum werden Menschen mit schweren Impfnebenwirkungen nicht im gleichen Maß porträtiert wie 2020 Menschen mit schweren Covid-19-Verläufen? (4)

Warum stört niemanden die unsaubere Zählweise bei ›Impfdurchbrüchen‹? (5)

Warum melden die Niederlande deutlich mehr Nebenwirkungen der Covid-19-Impfstoffe als andere Länder?

Warum hat sich die Wirksamkeitsbeschreibung der Covid-19-Impfstoffe auf der Seite des Paul-Ehrlich-Instituts in den letzten Wochen dreimal geändert? ›COVID-19-Impfstoffe schützen vor Infektionen mit dem SARS-CoV-2 Virus.‹ (15. August 2021) ›COVID-19-Impfstoffe schützen vor einem schweren Verlauf einer Infektion mit dem SARS-CoV-2 Virus.‹ (7. September 2021) ›COVID-19-Impfstoffe sind indiziert zur aktiven Immunisierung zur Vorbeugung der durch das SARS-CoV-2-Virus verursachten COVID-19-Erkrankung.‹ (27. September 2021) (6).«[426]

Ein mutiger Journalist versucht aufzuklären, aber wie steht es mit einigen seiner Kollegen?

Die schwarzen Schafe

Wie sehr der Journalismus ins Wanken geraten ist, zeigt uns auch die Tatsache, dass weltweit immer wieder journalistische Skandalfälle à la Claas Relotius *(Der Spiegel)* vorkommen und glatt erfundene Berichte lange Zeit unbemerkt bleiben.

Claas Relotius war ein hoch angesehener Journalist, bis sich herausstellte, dass er Recherchearbeit vermied und stattdessen Tatsachen, Menschen und Interviews schlicht erfand. Dies geschah erst, als sich ein Mitarbeiter des *Spiegels* zu einem seiner Berichte einige Fragen stellte. Zuerst ging man davon aus, Relotius hätte nur diese eine Reportage verfälscht; später kam jedoch heraus, dass vermutlich fast alles, was er geschrieben hatte, mit fingierten Details gespickt war. *»Relotius hatte für den SPIEGEL und auch für andere Medien Texte geschrieben, die fehlerhaft waren und die zum Teil erfundene Szenen, Gespräche und Ereignisse enthielten. Er war als Journalist mit Preisen überhäuft worden und genoss hohes Ansehen. Der SPIEGEL machte den Betrugsfall selbst öffentlich.«*[427]

Der *Spiegel* hat nicht nur den Fall als solchen öffentlich gemacht, sondern auch den Abschlussbericht der Aufklärungskommission 2019 veröffentlicht. Darin steht u.a.: *»Wir haben uns von Relotius **einwickeln lassen** und in einem Ausmaß Fehler gemacht, das gemessen an den Maßstäben dieses Hauses **unwürdig** ist. Und: Wir sind, als erste Zweifel aufkamen, viel zu langsam in die Gänge gekommen und haben Relotius' immer neuen Lügen zu lange geglaubt. In seiner Verdichtung zeichnet der Bericht da ein verheerendes Bild. […] Im hinteren Teil […] werden exemplarisch einige Beispiele genannt, in denen nicht betrogen, aber unsauber gearbeitet wurde: indem Geschichten durch eine **sehr großzügige Auslegung von Abläufen oder Fakten** eine künstliche Dramaturgie eingepflanzt wurde. Dergleichen war bis zuletzt auch in anderen Redaktionen durchaus üblich, macht die Masche aber nicht legiti-*

mer – und wird bei uns nicht länger toleriert.«[428] (Hervorhebungen durch die Autorin)

In dem o. g. Abschlussbericht sind einige von Relotius' Fantasiegeschichten beschrieben und wie die Redakteure und Mitarbeiter darauf reagierten. Am interessantesten fand ich den erfundenen Bericht über die Todesstrafe in den USA und die Reaktion einer Leserin darauf, zeigt uns das doch, wie leicht wir uns verblenden und hypnotisieren lassen, also wie einfach wir in unserem Denken manipuliert werden können, zumal wenn eine Information aus einem **wichtigen Nachrichtenmagazin wie dem** *Spiegel* **stammt, also einem Leitmedium:** *»Selbst Menschen mit Fachkenntnis ließen sich von ihm täuschen. So schreibt eine Leserin, es sei Relotius gelungen, ihre fundierte Kritik an seiner Geschichte über die Todesstrafe in den USA zu zerstreuen. Nach seiner Geschichte ›Die letzte Zeugin‹ (SPIEGEL 10/2018) schreibt die Leserin Relotius am 17. 7. 2018 eine E-Mail, in der sie den Verdacht äußert, es könne sich um eine erfundene Geschichte handeln. Sie fügt eine kommentierte Version seines Textes mit markierten zweifelhaften Stellen an. Relotius habe sofort geantwortet, schreibt sie später: ›[…] So muss ich im Grunde in der Summe feststellen: Es ist ihm gelungen, meine anfänglichen Bedenken, es handele sich um eine erfundene Geschichte, zu zerstreuen. Ich bin blauäugig genug gewesen, Claas Relotius auf den Leim zu gehen. Auch ohne Aufklärung aller Details habe ich ihm geglaubt. Weil er glaubwürdig wirkte,* **weil er für den SPIEGEL** *schrieb […]‹«*[429] (Hervorhebung durch die Autorin)

Dies ist ein eindeutiger Fall von Hypnose: ein erfundener Bericht über die Todesstrafe, der von einer auf diesem Fachgebiet kompetenten Leserin angezweifelt, am Ende von ihr jedoch als wahr empfunden wird, und zwar hauptsächlich, weil Relotius »*für den Spiegel schrieb*«! Anscheinend wollen wir, also das Volk, daran festhalten, dass die Leitmedien die Quelle der Wahrheit sind, und lassen uns von dieser unseren inneren Einstellung bereitwillig lenken und zur Hypnose verführen (Vertrauen ist ja, wie im ersten Kapitel beschrieben, die Basis der Hypnose).

Claas Relotius ist leider nicht der einzige Fall dieser Art. Auch in Italien fabulierten Journalisten »Tatsachen«, wurden hier aber strafrechtlich verfolgt. So wie im Fall des bekannten Fernsehmitarbeiters Domenico De Pasquale (Künstlername: Mingo). Er und seine Frau waren für *Striscia la Notizia* tätig, eine Sendung des Berlusconi-Senders Canale 5, der u. a. Unregelmäßigkeiten und Betrugsfälle aufdeckt. Zahlreiche Videoberichte über Betrügereien, die diese beiden Mitarbeiter brachten, waren aber von der ersten bis zur letzten Minute erfunden – selbst die Menschen, die in ihren Videos vorkamen, waren zuvor gecastet worden. Es handelte sich also um reinste Schauspielerei. Die Sache flog auf, und die beiden wurden nicht nur entlassen, sondern wegen Betruges angezeigt und Ende 2020 erstinstanzlich zu einem Jahr und zwei Monaten Haft verurteilt.[430]

Ein weiteres Beispiel: Tom Kummer, Schweizer Journalist und Autor, flog vor 20 Jahren auf, als man entdeckte, dass seine schillernden Beiträge allesamt Fakes waren. *»Er hatte sie alle im Interview, ob Brad Pitt, Kim Basinger oder Sharon Stone. Bei Tom Kummer erzählten sie nicht die üblichen Belanglosigkeiten, sondern ließen hinter die Promi-Fassaden blicken. Sharon Stone sprach über lesbische Fantasien, Brad Pitt über die innere Leere und Bergsteigen als Therapie. Boxer Mike Tyson mutierte bei Tom Kummer sogar zum Intellektuellen: Kämpfen bedeute ihm so viel wie ›Einstein das Denken oder für Hemingway die Wörter‹. Die Auftraggeber standen Schlange – vom ›Spiegel‹ bis zum Magazin der ›Süddeutschen Zeitung‹. Doch die Interviews, die der Schweizer in den 90er-Jahren verkaufte, waren eigentlich nur ›Selbstgespräche‹ – **und frei erfunden.**«*[431] (Hervorhebung durch die Autorin)

Die Dreistigkeit einiger Journalisten ist wirklich bewundernswert, wie z. B. auch im Fall des Amerikaners Christopher Newton, der in seinen Berichten nicht nur Menschen, sondern selbst Institutionen und Behörden erfand. Besonders prickelnd ist die Tatsache, dass er für die *Associated Press (A.P.)* arbeitete, eine der renommiertesten Presseagenturen weltweit. Die *New York Times* schrieb 2002 dazu: »*Der Reporter Christopher Newton wurde am 16. September entlassen, acht Tage nach der Veröffentlichung eines Artikels über Strafrechtsstatistiken, in dem zwei Personen zitiert wurden – ›Ralph Myers‹ von der Stanford University und ›Bruce Fenmore vom Institute for Crime and Punishment in Chicago‹ – die nirgendwo auffindbar waren. Die A.P.-Redakteure fanden auch keine Spur des genannten Instituts.*

Die Nachrichtenagentur zitierte 40 seiner Artikel mit den dubiosen Verweisen, einschließlich des Artikels vom 8. September, der zur Untersuchung führte. Die Artikel von Herrn Newton, der zum Zeitpunkt seiner Entlassung für die juristische Berichterstattung zuständig war, behandelten Themen wie Bildung, bürgerliche Freiheiten und Stammzellen. In den Artikeln wurden Einrichtungen wie die ›Education Alliance‹, ›Voice for the Disabled‹ und die ›Malen Clinic in New York‹ genannt. Die A.P.-Redakteure fanden von keiner dieser Einrichtungen eine Spur.«[432]

Die hier Erwähnten waren nur einige der aufgeflogenen schwarzen Schafe, aber die Dreistigkeit solcher Journalisten ist nur möglich, weil kaum kontrolliert und recherchiert wird. Auch hier spielt wieder das Vertrauen eine fundamentale Rolle: Die Redakteure gehen davon aus, dass der Kollege schon mehr oder minder richtig berichten wird; hypnotisiert vom Vertrauen in seine Fähigkeiten, geben sie erfundene Berichte zur Veröffentlichung frei, bis es irgendwann doch zum Eklat kommt (kann man jedenfalls nur hoffen). In der Zwischenzeit haben aber die Leser oder die Zuschauer all diese glatten Fakes, die in den »vertrauenswürdigen« Leitmedien bzw. von weltbekannten Presseagenturen veröffentlicht wurden, für bare Münze gehalten und in ihre Gedankenwelt aufgenommen, um sich ein Bild von der Realität zu machen – das dieser aber aufgrund der erfundenen Fakten nicht entspricht.

Talkshows und …

Die echten Probleme des Journalismus aber sind nicht die schwarze Presse-Schafe, sondern die Art und Weise, wie dieses Metier seit Jahrzehnten von der Mehrheit der Journalisten betrieben wird. Denken wir beispielsweise an die Talkshows von *ARD* und *ZDF* und wie diese in der Regel »genormt« sind in der Hinsicht, dass sie genau das repräsentieren, was oben bereits angedeutet wurde – sie geben der Elite des Landes Raum, sich zur Schau zu stellen: Ihre Vorstellungen werden in den Politshows vorgetragen, während Mindermeinungen, so fundiert sie auch sein mögen, so gut wie kaum zur Sprache kommen.[433] **Auch so lässt sich die das Weltbild der Zuschauer beeinflussen.**

Einer Studie (2020) des linksliberalen Thinktank *Das Progressive Zentrum* zufolge mangelt es bei den öffentlich-rechtlichen Polit-talks an Vielfalt. Es wurden mehr als 1200 Sendungen untersucht, und das Ergebnis bestätigt die Befürchtungen: Fast 65 Prozent der Gäste stammen aus Politik und Medien, auch sind die Positionen der Unternehmerseite mit über 80 Prozent an Vertreterinnen und Vertretern von Firmen, Branchen- und Arbeitgeberverbänden stark überrepräsentiert, während nur 8 Prozent »*aus* [der] *Perspektive der Beschäftigten oder für Verbraucher- und Konsumentenorganisationen*« kommen.[434] Auch »*Gewerkschaften und Verbraucherschutz sind selten präsent*«.[435]

Somit ist evident, dass bereits die Wahl der Gäste darüber entscheidet, welche Informationen vermittelt oder nicht vermittelt werden. Sehr selten sind solche Politshows wirklich informativ. Es ist ein Verwirrspiel, in dem der jeweils einer Partei zugehörige Gast in kurzen Wortgefechten mit seinem Gegenüber seine Meinung kurz äußern oder Kritik an dem jeweils vorher Gesagten üben darf, aber dabei werden kaum Fakten genannt. Es ist eben eine Show; die Sendung soll unterhalten. Beim Zuschauer jedoch entsteht meist Verwirrung im Chaos der verschiedenen Meinungsäußerungen. Welches Ziel wird dadurch erreicht? Im Endeffekt ist es so, dass die Zuschauer dem nichtssagenden Austausch hypnotisch zuhören, zum Schluss aber keine neuen Erkenntnisse gewonnen haben. In einer Kritik des *Tagesspiegels* aus dem Jahr 2016 zu einer Talkshow von Anne Will über die Rente wurde dies ganz gut verdeutlicht: »*Der Zuschauer wurde schon hier ins Ungewisse seiner eigenen Zukunft geführt, es sollte nicht die einzige Verirrung und Verwirrung dieser Talkshow bleiben. […] für die Amateure im Publikum und damit für die Mehrheit der Zuschauer war diese vom ›Hölzchen-aufs-Stöckchen‹-Debatte (ein Will-Wort) bestimmt Zeitverschwendung. Wenn Wahrheit und Wirklichkeit konkret sind, dann war der Talk unkonkret, unkonzentriert, knapp vor überflüssig.*«[436] (Hervorhebungen durch die Autorin)

In diesen oft nichtssagenden Wortgefechten bleibt man (Politiker, Journalisten, namhafte Unternehmer) meistens unter sich. Die in den letzten zwei Jahren oft und wiederholt gesehenen Wissenschaftler wurden aufgrund der Covid-Thematik eingeladen; sollte sich die Pandemie eines Tages verziehen, werden auch sie kaum wieder zu Wort kommen.

Polit-Talkshows sind somit eine weitere Demonstration der Tatsache, dass Journalismus oft die Agenda der Elite übernimmt. Würde man öfters auch Menschen aus anderen Bereichen einladen, etwa Gewerkschaftler, Vertreter von NGOs etc., gäbe es eine viel größere Vielfalt, die den Zuschauern andere Einblicke und Argumente bieten könnte.

Ich bezweifle, ob es unter den Journalisten viele gibt, die selbst bemerken, dass sie das Instrument einer solchen Manipulation sind. Einige tun das sicherlich, machen das Spiel aber wohl einfach mit. Andere dagegen nicht, wie z. B. die bekannte jüdische US-Journalistin und Autorin Bari Weiss, die ihrem Frust in ihrem Kündigungsschreiben freien Lauf ließ, als sie 2020 die *New York Times* verließ: »[...] *in der Presse, aber vielleicht besonders bei dieser Zeitung, hat sich ein neuer Konsens herausgebildet:* **dass die Wahrheit kein kollektiver Entdeckungsprozess ist, sondern eine Orthodoxie, die bereits einigen wenigen Erleuchteten bekannt ist, deren Aufgabe es ist, alle anderen zu informieren.**

Twitter steht nicht im Impressum der New York Times, aber Twitter ist zu ihrem alles entscheidenden Redakteur geworden. In dem Maße, wie die Ethik und die Sitten dieser Plattform zu denen der Zeitung geworden sind, ist die Zeitung selbst immer mehr zu einer Art Performanceraum geworden. Storys werden so ausgewählt und erzählt, dass sie die kleinste Zielgruppe zufriedenstellen anstatt einer neugierigen Öffentlichkeit die Möglichkeit zu geben, über die Welt zu lesen, um dann ihre eigenen Schlüsse zu ziehen. Mir wurde immer beigebracht, dass Journalisten die Aufgabe haben, den ersten Rohentwurf der Geschichte zu schreiben. **Jetzt ist die Geschichte selbst eine weitere flüchtige Sache, die so zugeschnitten wird, dass sie den Bedürfnissen eines vorher festgelegten Narrativs entspricht.**

Meinungskommentare, die noch vor zwei Jahren problemlos veröffentlicht worden wären, würden einen Redakteur oder einen Autor heute in ernste Schwierigkeiten bringen, wenn nicht sogar zur Entlassung führen. Wird es als wahrscheinlich angesehen, dass ein Beitrag intern oder in den sozialen Medien zu Gegenreaktionen führt, vermeidet der Redakteur oder Autor, ihn zu veröffentlichen. Wenn sie [oder er] sich stark genug fühlt, ihn vorzuschlagen, wird sie schnell auf sicheres Terrain gelenkt. Und wenn es ihr hin und wieder gelingt, einen Beitrag zu veröffentlichen, der nicht explizit für

links-progressive Anliegen wirbt, dann nur, nachdem jede Zeile sorg-
fältig zurechtgeknetet, verhandelt und mit Vorbehalten versehen
wurde. […]

Während Zeitungen wie die Times und andere einst großartige
journalistische Einrichtungen ihre Standards verraten und ihre
Prinzipien aus den Augen verlieren, *hungern die Amerikaner im-*
mer noch nach Nachrichten, die korrekt sind; nach Meinungen, die
lebendig sind und nach einer Debatte, die aufrichtig ist. Ich höre je-
den Tag von diesen Menschen.«[437] (Hervorhebungen durch die Autorin)

Dieser Hunger nach journalistischer Wahrheit ist inzwischen in
vielen Ländern zu spüren, auch in Europa – aber wie soll man
wahre Informationen vermitteln, wenn z. B. die Redakteure einer
bekannten Fernsehanstalt so weit gehen, sich der möglichen Kritik
auf der Facebook-Seite des Senders im Voraus zu beugen und Tatsachen lieber zu unterdrücken, um »Ärger« zu vermeiden? Nun,
eine befreundete Freelance-Journalistin stellte ihrer Redaktion vor
einigen Jahren einen Dokumentarfilm vor. In diesem Film wurden
u. a. ein Dreisternerestaurant und einige seiner Rezepte vorgestellt. Dabei ging es um Fisch und ein paar wenige Gramm Krill als
Zutat. Die verantwortliche Redakteurin meinte, dass die Journalistin diese letzte Zugabe aus dem Filmmanuskript streichen solle.
Meine Kollegin war freie Mitarbeiterin und somit auf den Verkauf
des Dokumentarfilms angewiesen. Trotzdem knickte sie nicht ein
und fragte nach dem Warum. Daraufhin sagte ihr die Redakteurin:
»Ja, was meinst du denn, wie die Reaktionen auf Facebook seien
werden? Da werden uns nach der Ausstrahlung des Films garantiert
sofort die Umweltschützer anprangern und sagen, dass wir Restau-
rants vorstellen, die den Blauwalen ihre Nahrung wegnehmen!« Ver-
blüfft konterte meine Kollegin: *»Aber das ist doch absurd – es sind*
doch nur wenige Gramm Krill pro Teller, und jedes Mal, wenn ein

Blauwal sein Maul öffnet, frisst er gute 400 bis 500 Kilo davon!«[438]
Die Redakteurin war jedoch nicht davon abzubringen und brüllte
meine Freundin an: »*Du, meine Chefin schaut sich den ganzen Tag
auf Facebook die Reaktionen auf unsere Sendungen an … ich will
echt keinen Anruf von ihr bekommen!*« Meine Kollegin gab also
nach und strich die Information über Krill aus dem Manuskript
heraus. Es ist nicht anzunehmen, dass diese **lückenhafte** Information über ein Kochrezept im Leben der Zuschauer jemals eine große Rolle spielte und spielen wird – aber was, wenn auch politische
oder gesundheitsrelevante Informationen lückenhaft sind?

Meine Kollegin fragte sich nämlich richtigerweise, ob diese
Vorgehensweise wohl auch in den politischen Redaktionen der betreffenden Fernsehanstalt anzutreffen war bzw. in welchem Maße
sich die Redakteure (wie oben im Fall der *New York Times* – siehe
Kündigungsbrief von Bari Weiss) bereits im Vorfeld die Kommentare auf Twitter und Facebook ausmalen und ihre Informationen
so zurechtstutzen oder gleich ganz weglassen, um »möglichen
Hasstiraden« aus dem Weg zu gehen?

Also vorauseilender Gehorsam aufgrund von Angst – Angst,
dass Kommentare oder Protestäußerungen auf Facebook und
Twitter eine Kritik bzw. einen Vorwurf seitens des Chefredakteurs
auslösen könnten. Ist solcherart fehlende Courage mit der Arbeit
eines Journalisten vereinbar?

Wie Twitter und Facebook die Medien beeinflussen

Was werden wohl Journalisten, die in undemokratischen Ländern
ihre Freiheit und ihr Leben um der Wahrheit willen riskieren[439]
von ihren Kollegen in anderen Ländern denken, die sich aus Angst
vor der Kritik ihrer Vorgesetzten in vorauseilender Anpassung
dem Diktat möglicher Meinungen auf Facebook und Twitter beugen und lückenhafte Berichte schreiben?

Twitter und Co. sind offenbar zu tonangebenden »sozialpolitischen« Plattformen herangewachsen, die ganz eindeutig Macht ausüben (in den USA hat es diesbezüglich sogar eine Kongressanhörung gegeben[440]).

Auf der Website der *Nieman Foundation for Journalism* der Harvard University wurde aufgrund einer Studie über Twitter der Juniorprofessoren Logan Molyneux und Shannon McGregor 2021 Folgendes festgestellt: »*Twitter ist für Nachrichten besonders zentral geworden. Es wurde viel über die Plattformisierung, geschwächte Medienorganisationen und mangelnde Regulierung gesagt, und all diese Faktoren spielen eine Rolle, was Twitters bedeutende Position im Nachrichtensystem betrifft. Unsere neueste Studie zeigt jedoch, dass Journalisten selbst einen Teil ihrer Macht über die Darstellung aktueller Ereignisse an Twitter übertragen haben, indem sie die Art und Weise, wie Tweets in Nachrichtenberichten präsentiert werden, zur Normalität erheben. Journalisten neigen dazu, Tweets als Inhalte – austauschbare Nachrichtenbausteine – darzustellen, und nicht als Quellen, deren Ideen und Botschaften genau zu überprüfen und zu verifizieren sind. Dadurch wird dem Publikum immer wieder vermittelt, dass Informationen auf Twitter legitim und maßgebend sind, was Twitter Macht verleiht. […]*

Journalistische Standards legen nahe, dass Quellen hinterfragt werden müssen. Dieser Umgang mit Quellen wird diktiert durch die journalistischen Werte der Verifizierung und Unabhängigkeit, welche für die demokratische Aufgabe der Presse unerlässlich sind. Inhalte werden hingegen einfach wiedergegeben, was es den Journalisten ermöglicht, die Verantwortung für die Inhaltskontrolle an den ursprünglichen Herausgeber abzugeben. […]

Dieser Punkt spiegelt eine seit Langem bestehende Kritik am Journalismus, insbesondere am politischen Journalismus, wider. Wenn Journalisten eine Originalquelle zitieren, können sie be-

haupten, sie wären objektiv, indem sie diese Quelle genau zitieren, ob mit oder ohne Überprüfung des Inhaltes der Nachricht. [...]

Diese Verlagerung der Autorität von Journalisten auf Twitter hat tiefgreifende Auswirkungen auf den Journalismus und seine Rolle in der Gesellschaft. Die Plattformen haben bereits die Kontrolle über Verbreitung, Monetarisierung und Publikumsmessung in einem solchen Ausmaß übernommen, **dass journalistische Unabhängigkeit und Genauigkeit aufgrund der Abhängigkeit des Journalismus von dieser Infrastruktur gefährdet sind. Wenn Twitter darüber hinaus die journalistische Tendenz verstärkt, Aussagen ungeprüft weiterzugeben, ist dies für die Informationsökologie deutlich von Nachteil.**

Darüber hinaus würde ein übergroßer Einfluss von Twitter auf Quellen- und Inhaltsentscheidungen einen weiteren langjährigen Kritikpunkt am Journalismus verstärken, nämlich dass er zu sehr auf bestimmte Stimmen fixiert ist. **Der Journalismus hat sich traditionell auf offizielle Quellen verlassen, was zu einer Überrepräsentation mächtiger weißer Männer führte und damit ein verzerrtes Bild der Welt erzeugte.** *Obwohl die Nutzung von Twitter das Potenzial dazu hat, räumt sie nicht mit diesen traditionellen Quellen auf (es macht die Dinge in mancher Hinsicht sogar noch schlimmer). [...]*

Durch den Einfluss darauf, wer sprechen darf und ob das Gesagte vor der Verbreitung hinterfragt wird, verändert dieser Wandel in der journalistischen Praxis den öffentlichen Diskurs auf eine Weise, die Twitter zugutekommt, nicht dem Journalismus, nicht der Öffentlichkeit – und nicht der Demokratie.«[441] (Hervorhebungen durch die Autorin)

Ungeprüfte Quellen und Twitter-Äußerungen von Politikern, plus eine Dosis an vorauseilendem Gehorsam – was bleibt da in den Berichten von den journalistischen Wertmaßstäben »Gründlich-

keit und Wahrhaftigkeit« übrig? Und was von der hier so hoch gepriesenen Freiheit des Journalismus? Die Antwort möge sich der
Leser selbst bilden.

Falsche Informationen werden uns demnach dank der sozialen
Medien tagtäglich begleiten, sei es, weil Fehlinformationen im
Netz verbreitet werden, sei es, weil richtige Informationen von sozialen Medien wie Facebook als Fakes abgestempelt werden.[442]
(Mit diesem Thema habe ich mich auch in meinem Covid-Buch
ausführlich befasst.) Doch wer überprüft eigentlich die Faktenchecker?

Unter dem Titel »*Auch Faktenprüfer produzieren Fake News*«
schreibt (2020) die *NZZ*: »*Nun ist es grundsätzlich begrüßenswert,
wenn Social-Media-Konzerne gegen Unwahrheiten und Fake-News
vorgehen oder irreführende Informationen entfernen. Doch einmal
abgesehen von der Tatsache, dass diese Warnhinweise im Ton zuweilen etwas belehrend klingen (›Bevor du diesen Inhalt teilst, solltest du
wissen, dass er von Correctiv angezweifelt wird‹), stellt sich die Frage,
wie transparent und nachvollziehbar diese Prüfprozesse sind. […] Es
gibt bei solchen Auslegungen kein ›richtig‹ oder ›falsch‹, weshalb es
immer auf die Argumentation eines Gedankengangs ankommt. Was
aber, wenn die Faktenchecker irren und ihre Statements selbst erra-
tisch sind? Wer checkt eigentlich die Faktenchecker? […] Das Prüf-
siegel kommt mit einem Absolutheitsanspruch daher, als würde Facebook letztinstanzlich über Fakten richten. […] Und wer bestimmt die
Wahrheit? Facebook? Die Faktenchecker? Die Öffentlichkeit? Das
sind nicht nur Fragen aus dem Einführungsseminar zur Erkenntnis-
theorie, sondern Fragen von höchst praktischer Relevanz. Denn ein
Facebook-Post, der als ›falsch‹ markiert wird, wird im Newsfeed
herabgesetzt – und kaum wahrgenommen. […] Der Publizist
Roland Tichy hat gegen diese Praxis geklagt und in einem Prozess
gegen das Recherchebüro Correctiv vor dem Oberlandesgericht*

*Karlsruhe gesiegt. Das Magazin ›Tichys Einblick‹ hatte unter der Überschrift ›500 Wissenschaftler erklären: Es gibt keinen Klimanotfall‹ einen Artikel über einen offenen Brief an den Uno-Generalsekretär António Manuel de Oliveira Guterres veröffentlicht. Nachdem der Beitrag auf Facebook geteilt worden war, griffen die Faktenprüfer von Correctiv ein – und versahen den Post mit folgendem Hinweis: ›Nein: Es sind nicht 500 Wissenschaftler: Behauptungen teils falsch.‹ Die Faktenchecker bezweifelten den fachlichen Hintergrund der Unterzeichner. Der Gegenstand ihrer Prüfung war jedoch nicht der Artikel von ›Tichys Einblick‹, sondern der offene Brief, auf den sich das Portal bezogen hatte. Und genau das ist missverständlich, urteilten die Richter. Die Kennzeichnung erwecke den Eindruck, ›dass ausschließlich oder zumindest vorrangig Tatsachenbehauptungen (›Facts‹) infrage stünden‹, wo es doch insgesamt um eine wertende Stellungnahme gehe. [...] Natürlich verfolgen Faktenchecks den noblen Zweck, Unwahrheiten und Lügen zu entlarven. Doch indem man ein vorselektiertes Nachrichtentableau mit einem Beipackzettel (›Fehlinformation‹) serviert, bevormundet man die Nutzer – und sägt damit am Fundament einer vernunftgeleiteten Debatte. **Dem Einzelnen wird schon gar nicht mehr zugetraut, zu beurteilen, was wahr und falsch ist.**

Das Problem der Faktenchecks besteht darin, dass die Tatsachenprüfung häufig eine Meinungsäußerung darstellt, die im Gewand der Faktizität die Geltung einer ›richtigen‹ Meinung beansprucht. So tragen die Faktenchecks am Ende selbst zu einer Politisierung von Fakten bei, die sie eigentlich vermeiden wollen.«[443] (Hervorhebungen durch die Autorin)

Wie problematisch der sogenannte Faktencheck ist, lässt sich daran erkennen, dass während der Covid-Krise selbst seriöse wissenschaftliche Studien zu dieser Krankheit als Fakes markiert wurden.[444]

Wem sollen wir nun glauben? Und die Lage wird zunehmend komplizierter, denn seit Jahren wird propagiert, dass Künstliche Intelligenz (KI) Fakes noch viel besser als Menschen von Nicht-Fakes unterscheiden könne. Sollten wir demnach einfach nur selbstlernenden Algorithmen die Macht übergeben, über Wahrheit oder Unwahrheit zu urteilen? Ob diese KI auch in der Lage sein wird, die von anderen Algorithmen gefakten Videos, Bilder, Stimmen[445] etc. zu erkennen, ist allerdings fraglich.

Unsere Kinder und Enkel werden vermutlich in einer Welt leben, die nur solche Informationen öffentlich zulässt und zugänglich macht, die von KI abgesegnet werden. Teilweise ist das bereits heute so, denn die Algorithmen der Suchmaschinen (wie z. B. Google) sind inzwischen so entwickelt und verbessert worden, dass sie an erster Stelle die von offiziellen Stellen befürworteten Informationen präsentieren[446] und anderslautende Informationen zum selben Thema erst nach mehreren Seiten erscheinen lassen, die dann vermutlich kaum mehr einer liest, denn: »*Es ist wahrscheinlicher, dass Menschen auf Links klicken, die in der Liste der Suchergebnisse weiter oben stehen*«[447] – wie wohl jeder von uns aus Erfahrung weiß.

Wie bereits in Kapitel 5 »Politik und Hypnose« dargelegt, kommt es allerdings auch vor, dass gerade Informationen von offizieller Seite bewusst erlogen sind und Wahrheiten zurückgehalten oder nur teilweise vermittelt werden. Somit können die das offizielle Narrativ bedienenden Informationen nicht unbedingt den Anspruch erheben, wahr zu sein. Da die meisten von uns sich jedoch mit diesen Informationen begnügen, wird es einer bestimmten Gruppe von Menschen (der vorhin beschriebenen Wirtschafts-, Politiker- und Medienelite) ermöglicht und erlaubt, uns in die von ihnen gewollte Richtung zu lenken. Damit handelt diese Gruppe genau wie die Werbung, wobei es bei letzterer vielen von uns durchaus bewusst ist, dass sie mit hypnotisierenden Techniken arbeitet.

Ein Großteil der Gesellschaft vertraut den Politikern und den Medien (insbesondere den Leitmedien) und merkt dabei nicht, dass sich auch diese hypnotisierender Techniken bedienen. In der Corona-Krise wurde die ständige Wiederholung als Hypnosetechnik *ad absurdum* geführt und somit evident (auch wenn der Kommunikationswissenschaftler Stephan Ruß-Mohl dies nicht als Hypnose, sondern als »Overkill« an Berichterstattung bezeichnet hat).[448]

Der Soziologe Marcus Klöckner befasst sich seit vielen Jahren mit Medien und Journalismus und »*[Er] beschreibt, was wir alle wissen und doch immer wieder zu vergessen scheinen: Medien und Politik sind kein Spiegel der Realität, sondern eine geschlossene Gesellschaft, die sich hinter hohen Mauern vom Rest der Bevölkerung abgrenzt und die Deutungshoheit über das Weltgeschehen für sich in Anspruch nimmt.*«[449] (Hervorhebung durch die Autorin)

Wir sehen also, dass sich Soziologen, Ausnahmejournalisten (wie z. B. Bari Weiss) und die in diesem Kapitel zitierten Wissenschaftler allesamt darin einig sind, dass uns die »Realität« so vermittelt wird, wie sie von der wirtschaftlichen, politischen und auch teilweise journalistischen Elite gesehen wird und erwünscht ist. Alles andere (selbst fundierte und peer-reviewte wissenschaftliche Studien), was nicht in dieses zu erschaffende Bild passt, wird entweder unterschlagen oder solcherart kritisiert oder gar diffamiert, dass man es (zumal oft als Laie) geradezu verwerfen **muss**.

Unser Denken speist sich aus den Informationen, die wir erhalten – sei es in der Schule, an der Universität, durch die Leitmedien und inzwischen auch durch die sozialen Medien.

Wenn man uns wesentliche Informationen vorenthält (die uns zu einer besseren oder wahrheitsgetreueren Abbildung der Realität verhelfen würden) und Wahrheiten als Fakes markiert, Berichte aus erfundenen Tatsachen bastelt oder uns glatte Lügen serviert, nimmt man uns die Möglichkeit, frei zu denken, und es entsteht ein hypnotisches Bild der Realität, die es so nicht gibt. Dies bedeutet aber auch, dass wir aus diesem Grund (mit einem falschen Abbild der Realität im Kopf) weder frei reden (da wir uns über Erlogenes austauschen) noch frei wählen (wir wählen Lügner). Nur: Wirklich frei denken, reden und wählen sind Kernaspekte der Demokratie.

De facto aber wird unser Denken anhand der in diesem Kapitel dargelegten und wissenschaftlich belegbaren Prozesse hypnotisch auf Kurs gebracht. Wir dürfen zwar frei denken – aber innerhalb der Grenzen, die von den Eliten für uns erdacht und von den meisten Medien übernommen wurden.[450]

KAPITEL 7
Hypnosetechniken der Werbung

Die meisten von uns nicken bejahend, wenn man darüber spricht, dass Werbung eine unterschwellige, aber unwiderstehliche Sogwirkung ausübt – lässt sich doch jeder von uns immer wieder dazu verleiten, ein unnötiges Produkt zu kaufen, nur weil ein Plakat, ein Hochglanzmagazin oder ein Werbespot es raffiniert beworben hat. Obwohl sich also viele von uns über die »hypnotisierende« Wirkung von Werbung im Klaren sind, wissen die meisten nur wenig darüber, wie sie unser Gehirn, sozusagen unsere Software, beeinflusst.

Das verführbare Gehirn

Einer Studie der University of Pennsylvania zufolge wirkt ein TV-Werbespot für **E-Zigaretten** (tabaklose, akkubetriebene Geräte) auf Normalraucher ebenso stark wie auf Ex-Raucher: Die meisten verspüren bei diesen Bildern den unwiderstehlichen Drang, nach einer Zigarette zu greifen.

Dr. Teresa Thompson von der University of Dayton kommentierte diese Forschungsresultate im *Science Daily: »Diese Ergebnisse sind besonders relevant für die laufenden gesundheitspolitischen Diskussionen [...] Die in dieser Studie untersuchten Zusammenhänge zwischen Tabakrauchen und der Darstellung von E-Zigaretten in* den Medien machen deutlich, *dass die Darstellung von Handlungen, die nur wie Rauchen aussehen, Auswirkungen auf Zuschauer hat, die rauchen oder früher geraucht haben.*«[451] (Hervorhebung durch die Autorin)

Also nicht einmal das eigentlich beworbene Produkt selbst, sondern bereits die damit verbundenen Bewegungen, die an das Rauchen erinnern, können in uns ein starkes Bedürfnis auslösen.

Und wie steht es mit der Werbung im Internet? Da wollen wir nur mal rasch ins E-Mail-Postfach schauen – und rechts poppt Werbung auf mit bunten Bildern von Kleidern oder Schuhen (… oder von Autos und technischen Spielereien). Zuerst irritiert, klickt man dann trotzdem drauf … und schnell ist eine halbe Stunde verflogen, in der man sich die neuesten Trends angeguckt und vielleicht das eine oder andere bestellt hat: Die Werbeindustrie hat wieder zugeschlagen und erfolgreich unsere Aufmerksamkeit gekapert.

Tim Wu, ein bekannter US-Rechtswissenschaftler, hat in seinem Buch *The Attention Merchants*[452] den Begriff des »Aufmerksamkeits-Händlers« geprägt, womit er die Werbefachleute meint, die den Zugang zu unserem Kopf verkaufen: *»Die Lotionen und Tränke unserer Zeit versprechen unweigerlich Jugendlichkeit, Gesundheit oder Gewichtsabnahme dank exotischer Inhaltsstoffe wie Antioxidanzien und Aminosäuren, Wunderfrüchten wie Granatapfel und Acaíbeere, extrahierten Ketonen oder Biofaktoren. Es gibt kaum ein Shampoo oder eine Lotion, die aufgrund der Essenz der Kokosnuss, der Rosmarinextrakte oder eines anderen Botanicals kein außergewöhnliches Ergebnis verspricht. […]. Bei all unserem säkularen Rationalismus und technologischen Fortschritt bleibt die potenzielle Hingabe an den Charme des magischen Denkens eingebettet in die menschliche Psyche und wartet nur darauf, dass der Werbetreibende sie weckt.*«[453] (Hervorhebung durch die Autorin)

Bereits diese Worte sollten uns verstehen lassen, dass Werbung (Magie) *de facto* oft mit Hypnose gleichzusetzen ist.

Werbung und Übergewicht

In den USA, aber auch in Europa geben Aktivisten und NGOs der Lebensmittelindustrie und ihrer bedenkenlosen Werbung für hochkalorische Nahrungsmittel und Getränke die Schuld an der Übergewichtspandemie im Westen.

Schon vor mehr als zehn Jahren haben Wissenschaftler der Yale University diesbezüglich Beunruhigendes festgestellt: *»Kinder konsumierten 45 % mehr, wenn sie der Lebensmittelwerbung ausgesetzt waren. Erwachsene verzehrten, wenn sie der Werbung für Snacks ausgesetzt waren, mehr gesunde wie auch ungesunde Snacks als unter anderen Bedingungen. In beiden Experimenten steigerte die Lebensmittelwerbung den Verzehr von Produkten, die nicht per Werbung präsentiert wurden, und diese Effekte standen nicht im Zusammenhang mit geäußertem Hunger oder anderen bewussten Einflüssen. Schlussfolgerung: **Diese Experimente zeigen die Macht der Lebensmittelwerbung, die in der Lage ist, den Grund für automatisches Essverhalten zu legen und damit einen weitaus höheren Einfluss auszuüben als Markenpräferenz.**«*[454] (Hervorhebung durch die Autorin)

Professor John A. Bargh, einer der Ko-Autoren dieser Studie, befasst sich seit Jahrzehnten mit diesem Thema und konstatierte bereits 2002: *»Die Verbraucherforschung hat zwei wichtige Entwicklungen in der Forschung zur sozialen Kognition weitgehend vernachlässigt: Die wachsende Erkenntnis, dass ein Großteil der sozialen Entscheidungsbildung und Verhaltensweisen **unbewusst** oder nicht willentlich **erfolgt**«.*[455] (Hervorhebung durch die Autorin)

Kinder im Visier von Marketing

Die Werbebranche macht sich die Erkenntnisse der Neurowissenschaften seit Langem zunutze. Eines davon ist die »Neuroplastizität«; sie besagt, dass unser Gehirn durch alles, was wir sehen, hören, lesen und mitmachen, geformt wird – insbesondere in jungen Jahren, wenn der Mensch lernt, sich in der Welt zurechtzufinden.[456] Die Werbebranche hat diese Erkenntnis sofort umgesetzt und im letzten Jahrzehnt ihr Augenmerk gezielt auf die Kinder und Jugendlichen gerichtet, die ja die Kunden von morgen sind. Sie können sehr leicht an bestimmte Produkte und Marken gebunden werden, wie die Sendung *Quarks* auf ihrer Website darlegt: *»Um Werbeaussagen als solche zu verstehen, müssen Kinder erst einmal unterscheiden lernen: Was ist Kindersendung, was ist kommerzielle Werbung? Das klingt banal, überfordert jedoch die kognitiven Fähigkeiten eines Kleinkindes. Vierjährige verstehen nicht, dass Werbung Werbung ist, selbst wenn im Fernsehen der Hinweis ›Und jetzt kommt die Werbung‹ eingespielt wird. [...] Schwieriger wird es, wenn Produkte als Lebensgefühl verkauft oder mittels Produktplatzierungen in sozialen Medien beworben werden. Derart subtile Werbebotschaften durchschauen Kinder erst ab einem Alter von etwa zehn oder elf Jahren.«*[457]

Wie anfällig gerade Kinder für Werbung sind und – derart getrieben – ihrerseits (unbewusst) wieder zu Treibern des Konsums werden, zeigt auch die Tatsache, dass die Marketingstrategen bewusst die kindliche Verhaltensweise »Quengelei« mit einbeziehen, das heißt, sie wissen, dass Eltern von ihren Kindern mit Geschrei, Weinen etc. geradezu **gezwungen** werden, ihre Konsumwünsche zu erfüllen: *»Dieses Phänomen wird im Marketing als ›Quengelkraft‹ (Pester Power) bezeichnet und erlaubt es insbesondere kleinen Kindern bis etwa fünf Jahren, ihre Konsumwünsche gegenüber Erwachsenen durchzusetzen. Je nach Widerstandskraft der Eltern landen dann statt frischem Obst oder Gemüse zum Beispiel mit*

Zucker versetzte und somit ungesunde Fruchtzubereitungen im Einkaufswagen. Kindermarketing gilt als eine der führenden Ursachen für Übergewicht und Adipositas.«[458] (Hervorhebung durch die Autorin)

Kinder verfallen nun einmal leichter dem Bann der Werbung, wie eine Studie (2019) des Dartmouth-Hitchcock Medical Center zeigt, wonach die Jüngsten eine neue Marke von (zumeist kalorienreichen und stark gezuckerten) Zerealien, Snacks oder Müsli auf dem Tisch haben wollen, sobald sie die (speziell für Kinder gestaltete) Werbung dafür sehen. Das Problem: »*Die Essgewohnheiten von Kindern entwickeln sich in den Vorschuljahren, und Kinder, die im Alter von fünf Jahren übergewichtig sind, bleiben es wahrscheinlich bis ins Jugend- und Erwachsenenalter. Leider ernähren sich viele Kleinkinder minderwertig und verzehren zu wenig Obst und Gemüse und zu viel Zucker, Salz und Fett«,* wie in *Science Daily* zu lesen ist.[459]

Und obwohl die Lebensmittelindustrie und die Politik seit Jahren von Wissenschaftlern, NGOs und Krankenkassen und selbst von der WHO darauf hingewiesen und aufgefordert werden, die Werbung für ungesundes Essen einzuschränken bzw. zu verbieten, geschieht nur sehr wenig.

In Australien z. B. hat eine Studie der dortigen Heart-Foundation in Zusammenarbeit mit der Universität von Adelaide 2018 erneut festgestellt, dass just in der Zeit, in der Kinder meistens vor dem Fernseher sitzen, besonders gehäuft Werbung für ungesundes Essen (Junkfood) läuft.[460]

Da sich die Marketingstrategen den Gegebenheiten stets anpassen, hat sich werbemäßig in den letzten Jahren einiges geändert. Die Lebensmittelindustrie hat rasch darauf reagiert, dass immer mehr Kinder und Jugendliche mit Tablet und Smartphone unterwegs sind, und setzt nun gezielt auf Influencer und Influencerinnen: »*Ein foodwatch-Report deckt auf, wie die Lebensmittelindustrie über bekannte Social-Media-Stars Zuckerbomben und fettige Snacks gezielt an Kinder vermarktet. […] Lebensmittelkonzerne wie McDonald's und Coca-Cola, aber auch deutsche Familienunternehmen wie Coppenrath & Wiese und Haribo haben das Potenzial erkannt: Sie beauftragen die Internet-Stars, auf YouTube, Instagram und Tiktok für zuckrige Getränke, fettige Snacks und Süßwaren Werbung zu machen. Die Werbung landet an der elterlichen Kontrolle vorbei direkt auf den Handys der Kinder. Die Industrie fördert mit dieser perfiden Marketingstrategie Fehlernährung und Fettleibigkeit bei Kindern und Jugendlichen.[…] Influencer sind für Kinder und Jugendliche heutzutage die größten Idole und zugleich die besten Freunde, genießen hohe Glaubwürdigkeit und haben einen großen Einfluss auf deren Kaufentscheidungen. Eine Studie der Marktforschungsagentur M-Science kommt etwa zu dem Ergebnis, dass sich 11- bis 15-Jährige ihren Online-Stars »bedingungslos hingeben« und deren Aussagen »vollstes Vertrauen« entgegenbringen. Lebensmittelunternehmen machen sich diesen Einfluss zunutze und beauftragen die Social-Media-Stars, Werbung für ihre ungesunden Lebensmittel zu machen.*«[461] (Hervorhebungen durch die Autorin)

Wenn Kinder sich **Influencern bedingungslos hingeben** und ihnen **vollstes Vertrauen entgegenbringen, sind die Grundbedingungen einer Hypnose durch Social-Media-Stars erfüllt** (siehe auch Kapitel 1 »Am Anfang war das Wort«). Die Lebensmittelindustrie macht sich diese Form der Hypnose zunutze und verlockt Kinder auch auf diesem Weg dazu, ihre bunten überzuckerten (oder übersalzenen) Produkte zu kaufen.

Vor ein paar Tagen beobachtete ich in einem Supermarkt in München eine wohlbeleibte Oma mit ihren drei übergewichtigen Enkeln, die nur mit Mühe einen Einkaufswagen durch den Supermarkt schob und auf Drängeln der Kinder mit Cola- und Fanta-Flaschen, riesigen Chipstüten und Süßigkeitenriegeln vollpackte.

Es war ein trauriger Anblick, denn nach wissenschaftlichen Erkenntnissen macht gerade diese ungesunde Esskultur aus den Kindern von heute die Kranken von morgen – und zwar ziemlich schnell, denn Diabetes Typ 2 wird immer häufiger auch bei deutschen Kindern und Jugendlichen festgestellt.[462]

»Die Adipositas ist die häufigste chronische Erkrankung im Kindes- und Jugendalter geworden. Insbesondere das Ausmaß an Übergewicht bei den betroffenen Kindern und Jugendlichen ist massiv angestiegen. Da ein Typ-2-Diabetes mellitus als Folge der Adipositas (krankhaftes Übergewicht, Fettleibigkeit) im Erwachsenenalter sehr häufig auftritt, ist mit einer hohen Zahl zusätzlich an Diabetes erkrankter Jugendlicher mit Typ-2-Diabetes auch in Deutschland zu rechnen. **In den USA sind bereits, je nach geografischer Lokalisation, bis zu 45 % der Diabetesmanifestationen im Kindes- und Jugendalter dem Typ-2-Diabetes zuzurechnen.***«*[463]

Merken die so von sich selbst überzeugten Influencer und Influencerinnen überhaupt, was sie ihrer treuen Gefolgschaft, den Kindern und Jugendlichen, antun, wenn sie ihnen Junkfood mit launigen Worten als superlecker und begehrenswert vorführen … und auf diese Weise ihr Bankkonto füllen?

Und was tut der Deutsche Werberat, also das »Gremium zur Eigen[!]kontrolle der Werbeindustrie«, in Bezug auf diese neuen Formen der Werbung?

Nichts, wie *foodwatch* 2021 aufzeigt: *»Die Verbraucherorganisation [foodwatch] hatte dem Deutschen Werberat mehrere besonders dreiste Fälle gemeldet, in denen Unternehmen wie Coca-Cola, McDonald's und Coppenrath & Wiese ungesunde Lebensmittel über bekannte Internet-Stars an Kinder bewerben. Der Werberat lehnte alle Beschwerden ab. Die Werbung richte sich angeblich nicht an*

Kinder – daher müsse das Gremium nicht aktiv werden. foodwatch bezeichnet diese Darstellung als absurd, vor allem angesichts der sehr jungen Zielgruppe der Influencerinnen Viktoria und Sarina.«[464]

2017 hatte Professor Wolfgang Ahrens, einer der führenden Wissenschaftler der europäischen Studie *iFamily,* vor der massiven Werbung im Fernsehen für ungesundes Essen für Kinder gewarnt: *»Ein weiterer wichtiger Bereich, in dem die Politik eingreifen muss, ist das Problem der Massenvermarktung von Junkfood für Kinder. Der derzeitige Einfluss des Werbefernsehens macht es selbst den gesundheitsbewusstesten Eltern schwer, den Konsum dieser Lebensmittel bei ihren Kindern einzuschränken, sodass Maßnahmen ergriffen werden müssen, um gesunde Entscheidungen zu unterstützen.«*[465]

Vor wenigen Jahren gab es das Problem der massiven Beeinflussung des Essverhaltens von Kindern durch die Fernsehwerbung – heute findet die hypnotisierende Werbung auf Instagram, YouTube und Facebook statt und wird darüber hinaus mit fast gleichaltrigen Vertrauenspersonen verknüpft – der sichere Weg in die jugendlichen Gehirne.

Was tut die Regierung?

Wie bereits angedeutet, wird in Deutschland gegen diese ungesunde Entwicklung nur sehr wenig unternommen, und die Kritik an Julia Klöckner, 2018 bis 2021 Ministerin für Ernährung und Landwirtschaft, ist mehr als berechtigt, denn *»Klöckner hat sich offen gezeigt für Werbebeschränkungen bei ungesundem Essen, doch setzt bisher auf freiwillige Selbstverpflichtung der Konzerne statt auf Verbote«.*[466]

Die *Zeit* hat ihre Art und Weise, mit diesen gravierenden Problemen umzugehen, in einem Kommentar mit dem Titel *»Die Bundeszuckerministerin kneift«* sehr gut auf den Punkt gebracht: *»Die Einzigen, die kein Interesse an einer ausgewogenen Ernährung von Kindern haben, sind jene, die mit ungesunden Lebensmitteln Geld* *verdienen. Firmen wie Coca Cola, Haribo oder McDonald's ist es egal, dass viele ihrer Produkte auf Dauer der Gesundheit ihrer Kundinnen und Kunden schaden. So funktioniert eben der Markt, die kalte Gleichgültigkeit des Kapitals.* **Genau deswegen darf man jenen Profiteuren einer übergewichtigen und überzuckerten Gesellschaft nicht ungeregelt das Feld überlassen, wenn es um Ernährungsgewohnheiten von Minderjährigen geht.«**[467] (Hervorhebung durch die Autorin)

Doch genau das tut die Ministerin, indem sie es der Selbstregulierung der Industrie überlässt (ähnlich übrigens wie jedes EU-Land). In dem Kommentar der *Zeit* ist weiter zu lesen: »*Klöckner war es als Ernährungsministerin offenbar wichtiger,* **als Vertrauensperson der Industrie wahrgenommen zu werden, statt als Anwältin der Bevölkerung.**«[468] (Hervorhebung durch die Autorin)

Ich frage mich, wie Frau Klöckner dies alles irgendwann ihren Töchtern erklären wird, denn durch ihr Nichthandeln sind Kinder hilflos der Werbung ausgesetzt und konsumieren weiterhin Junkfood, das sie potenziell krank macht.

In Großbritannien, wo Kinder laut einer Studie die Namen von alkoholischen Getränken bereits besser kennen als die von Eiscremes[469], wurde im Juni 2021 ein Gesetz verabschiedet, das die Bewerbung von Junkfood im Fernsehen und auf den sozialen Plattformen einschränkt und insbesondere die Werbung für Lebensmittel und Getränke mit hohem Salz-, Zucker- und Fettgehalt verbietet. Das Gesetz soll Ende 2022 in Kraft treten, wurde aber von mehreren Organisationen kritisiert, da es zu viele Ausnahmen enthält und, so die Kritiker, *de facto* kaum eine Wirkung haben wird.[470]

Dies zeigt uns einmal mehr, dass Regierungen gegen Lobbys nicht ankommen wollen, obwohl sie die legislative und exekutive Macht besitzen, die ausufernden Interessen der Unternehmen zu unterbinden und im Interesse der Gesundheit der Bevölkerung zu handeln.

Fazit: Die Industrie darf ihre erwiesenermaßen krank machenden Nahrungsprodukte weiterhin produzieren und bewerben trotz der Tatsache, dass selbst die WHO seit Jahren fordert, »*insbesondere Kinder nicht mehr länger der Versuchung krank machender Lebensmittel, die zu viel Fett, Zucker und Salz enthalten, auszusetzen. Bereits im Jahr 2010 unterzeichneten 192 WHO-Mitgliedsstaaten – darunter auch Österreich – eine Resolution, weltweit die Werbung für Essen und Getränke einzudämmen, die zu hohe Anteile an gesättigten Fettsäuren, Transfetten, Zucker und Salz enthielten.*«[471]

Aber weder in Österreich noch in Deutschland wurde (und wird) diese Resolution in die Tat umgesetzt – und diesbezügliche Aufforderungen einer gesetzlichen Krankenkasse wie der AOK, die zusammen mit Kinderärzten und Wissenschaftlern ein Verbot von Kindermarketing für Snacks, Süßes und Fast Food fordert, verhallen ungehört.[472]

Die Frage, die bei alldem aufkommt, ist: **Werden wir eigentlich von der Politik oder von der Industrie regiert?**

Nun, selbst eine undemokratische Regierung wie die chinesische ist nicht in der Lage, sich gegen Industriegiganten wie *Coca Cola* zur Wehr zu setzen: Wie eine Studie der Harvard University 2019 aufzeigte, hat sich *Coca Cola* in China mithilfe des *International Life Sciences Institute* (ILSI – übrigens massiv von *Coca Cola* finanziert) auf politischer Ebene durchgesetzt mit der Empfehlung, die auch in China grassierende Übergewichtsproblematik schlicht mit mehr Sport zu bekämpfen. Die Pfründe aus diesem riesigen Getränkemarkt bleiben dem Unternehmen somit unangetastet erhalten.[473]

Werbehypnose – wissenschaftlich betrachtet

Laut einem gut recherchierten Artikel des *Spiegel* von 2012[474] weiß die Industrie sehr genau, wie sie gezielt auf die Gesetzgebung einwirken kann. Obwohl wir das »irgendwie« wissen – warum kaufen wir dann weiterhin ungesunde Lebensmittel, überteuerte Smartphones oder unnötige und umweltschädliche Produkte (Stichwort Wegwerfmode[475])?

Verdienen wir eigentlich das zweite »sapiens« (lat. vernünftig) hinter dem Namen unserer Spezies – oder sind wir einfach besonders anfällig für die gezielten hypnotische Manipulationen der Werbeindustrie?

Wie schon im ersten Kapitel erwähnt, spielen das Wort und die Stimme, aber auch hypnotisierende Bilder (z. B. rotierende Spiralen, Strudel oder Wirbel) in der Werbung eine große Rolle.[476] Selbst bekannte Firmen wie *Verizon*[477] und *Apple*[478] bedienen sich unverblümt solcher hypnotisierenden Bilder, die den Betrachter förmlich einsaugen. Man schämt sich also nicht, hypnotisierende Bilder für Werbezwecke einzusetzen und somit freimütig zu demonstrieren, **dass Werbung de facto Hypnose ist.**

Bereits 1992 hatte die *Association for Consumer Research* (Verein für Konsumentenforschung, USA) in einer Studie Folgendes erkannt: »*Hypnotische Phänomene, insbesondere Suggestionen und ähnliche Wachzustandsphänomene im Alltag, zeigen signifikante Parallelen zu den Auswirkungen persuasiver Marketingkommunikation. […]* **Die Untersuchung des Grades der Parallelisierung und sogar eine mögliche Gleichwertigkeit zwischen den beiden Methoden zur Erzeugung persuasiver Suggestion bleiben jedoch künftigen Forschungen vorbehalten.** *Die wichtigste allgemeine Implikation dieser Arbeit ist, dass Verbraucherforscher die Literatur über Hypnose und verwandte Suggestionsverfahren untersuchen sollten, um Phänomene zu erkennen, die zur Erklärung der* **Verbraucherkommunikations- und überzeugungsprozesse** *beitragen könnten.*«[479]

Das war vor ca. 30 Jahren, und seitdem hat man das Feld den Marketingstrategen überlassen, deren Werbung im Laufe der

Zeit immer aggressiver geworden ist und offen hypnotische Techniken anwendet, wie oben am Beispiel von *Apple* und *Verizon* gezeigt.

Selbst an den Fakultäten, an denen Marketingstrategie unterrichtet wird, scheut man sich nicht, **Hypnose als Mittel vorzuschlagen, um Konsumenten zu überzeugen.** So wurde z.B. 2013 an der italienischen Universität Lecce eine Forschungsarbeit veröffentlicht über **die Notwendigkeit, Hypnose verstärkt im Marketing anzuwenden:** *»Diese Studie beschreibt, wie die Methoden der persuasiven Kommunikation die Mechanismen hypnotischer Phänomene nachahmen und* **inwiefern hypnotische und persuasive Marketingkommunikation ein wirkungsvolles Instrument sein kann, um Ideen oder Vorstellungen zu Produkten und Marken zu vermitteln.** *Es wird ein Modell der persuasiven Kommunikation von Erickson, Rossi und Rossi (1976) vorgeschlagen, das auf der Mikrodynamik der hypnotischen Suggestion basiert.«*[480] (Hervorhebungen durch die Autorin)

Und wie schafft man es, den Verbraucher dorthin zu bekommen, wo man ihn haben will? Indem man, wie die Forscher der o. g. Studie darlegen, folgende Hypnose-Techniken anwendet: *»Depotenzierung* [Schwächung] *des bewussten Denkens und Beurteilens und* ›*Einpflanzung*‹ *der hypnotischen Suggestion«.*[481]

Millennials – besonders werbeanfällig

Verantwortlich für diese Abschwächung unseres Denk- und Beurteilungsvermögens sind aber nicht nur jene, die von solchen hypnotisierenden Techniken bedenkenlos Gebrauch machen – auch wir selbst sind dafür mitverantwortlich: Die meisten von uns sind nämlich durchaus bereit, sich von der Werbung hypnotisieren zu lassen, weil wir ihren Botschaften gutgläubig vertrauen … oder ihnen allzu gerne verfallen.

Die *Nielsen Company*, ein bekanntes Marktforschungsunternehmen mit Sitz in London, postete 2015 einen Bericht über das »Globale Vertrauen in die Werbung« – auf dem Titelblatt ein attraktives Foto von einem sympathischen farbigen Mann mit glücklichem Lächeln.

Eine Zusammenfassung der Ergebnisse dieser globalen Umfrage:

> *»Markenwebsites sind das zweitwichtigste Werbeformat, nach Empfehlungen von Freunden und Familie.*

> *Zwei Drittel vertrauen online geposteten Verbrauchermeinungen – das drittwichtigste Format.*

> *Die Verbreitung von Online-Werbeformaten hat das Vertrauen in traditionelle bezahlte Werbekanäle nicht beeinträchtigt.*

> *Etwa sechs von zehn Befragten geben an, dass sie Werbung im TV (63 %), in Zeitungen (60 %) und in Zeitschriften (58 %) vertrauen.*

> *Millennials zeigen das höchste Vertrauen in 18 von 19 Werbeformaten/-kanälen, einschließlich Fernsehen, Zeitungen und Zeitschriften.«*[482]

Millennials sind von Kindesbeinen an mit Werbung bombardiert worden und nehmen sie vertrauensvoll beim Wort (und Bild). Wie mehrmals auch in den anderen Kapiteln dieses Buches aufgezeigt, ist die Hypnotisierbarkeit des Menschen hauptsächlich darauf zurückzuführen, **dass wir vertrauen** und uns nicht vorstellen wollen, dass dieses Vertrauen missbraucht wird. Vielleicht, weil wir mit einer gewissen Arroganz davon ausgehen, gegen Manipulation immun zu sein?

Aber selbst wenn wir davon überzeugt sind, für Manipulationen, Persuasionen, Suggestionen und Hypnose nicht anfällig zu sein, lehren uns seit Jahrzehnten gerade die Werbung, die Neurowissenschaften und die Wirtschaftswissenschaften, dass das für die meisten von uns – und insbesondere für Kinder und Jugendliche – nicht zutrifft.

Beispiele für gelenkte Perzeption

Sogar die Wahrnehmung von Geschmack und Qualität unserer Speisen lässt sich leicht manipulieren, wie eine interessante Studie von Prof. Helmut Quack (Universität Düsseldorf) 2020 belegt: »*In einem Experiment sollte etwa herausgefunden werden, ob sich Personen von einem Mindesthaltbarkeitsdatum in ihrer Geschmacksbewertung beeinflussen lassen – anhand von Naturjoghurts, von denen einer vermeintlich abgelaufen war. Auf das Datum wurde nur auf einem kleinen Schild hingewiesen. Was die Tester nicht wussten: Beide Produkte waren identisch, die Mindesthaltbarkeit nicht abgelaufen. Das Wissen um die Mindesthaltbarkeit sorgte allerdings für deutliche Unterschiede in der Bewertung: Offensichtlich löst die Vorstellung, ein ›abgelaufenes‹ Produkt könnte nicht mehr genießbar sein, im Gehirn vielfältige Reaktionen aus und beeinflusst die Geschmackswahrnehmung. [...] Einer Probandin wurde sogar übel.*«[483]

Wie bereitwillig sich unser Gehirn auf Suggestionen einlässt, konnte auch in einem anderen Experiment aufgezeigt werden. Hier wurden den Probanden zwei **identische** Salamiwürste verabreicht mit dem Hinweis, dass die eine von einem Metzger und die andere von einem Discounter stammte. Alle befanden die Salami vom Metzger für besser, obwohl es sich ja um dieselbe Salami handelte. Dieser suggestive Effekt ist bekannt als Attributdominanz: »*Von Attributdominanz wird im Gegensatz zum Halo-Effekt gesprochen, wenn der Konsument oder der Vorgesetzte von einer Eigenschaft des Produktes oder des Mitarbeiters auf die Gesamtqualität des Produktes oder die Gesamtpersönlichkeit des Mitarbeiters schließt. Der einzige relevante Eindruck dient dabei als Schlüsselinformation zur Beurteilung der Gesamtheit. Als Schlüsselinformation* *bei einem Produkt wird häufig der Markenname oder ein Testurteil, bei einem Mitarbeiter die Kleidung oder das Auftreten zur Beurteilung herangezogen.«*[484]

Kurzer Exkurs: Attributdominanz kommt besonders der »Elite« zugute, denn wir neigen dazu, »denen da oben« so ziemlich alles durchgehen zu lassen, da sie die absoluteste aller Attributdominanzen besitzen, nämlich die des sogenannten Alphatiers: Sie haben Geld, Macht und Erfolg und befinden sich somit an der Spitze der *de facto* sehr wohl noch existierenden gesellschaftlichen Hierarchiepyramide – und dieses Attribut ist so bezwingend, dass es alle ihre anderen Merkmale in den Schatten stellt.

Wir lassen uns also sehr wohl und sogar gerne manipulieren: Wer es sich leisten kann, kauft bevorzugt die Schuhe einer bestimmten oder gerade im Trend liegenden Marke und verfällt somit den damit verbundenen hypnotischen Vorstellungen und Merkmalen, die uns ständig und nachdrücklich vermittelt werden. Auch in diesem Fall ist es genau die permanente Wiederholung der auf Emotionen oder Qualität abhebenden Wörter, Bilder und Ideen, die uns diese Produkte als Vorzeigeobjekte und somit als erstrebens- und wünschenswert erscheinen lassen.

So ist zum Beispiel der Besitz einer Gucci-Tasche (die i. A. nur von reichen und somit »hochstehenden« Personen getragen wird) für junge Mädchen sehr wichtig. Dieses Bedürfnis hat paradoxerweise dazu geführt, dass sich aus gut situierten Familien stammende Schülerinnen prostituierten, um sich eine solche hyperteure Tasche leisten zu können – wie 2013 in Rom geschehen. Man erfuhr darüber nur, weil die Staatsanwaltschaft einen großen Prostitutionsring mit Minderjährigen aufgedeckt hatte, in dem unter anderem Politiker-Ehegatten, FAO-Angestellte, Manager und Banker verkehrten. Die Beweggründe, die die Mädchen damals dazu gebracht hatten, ihre Körper zu verkaufen, haben in den letzten Jahren nichts an ihrer Aktualität verloren, andernfalls hätte der erfolgreiche Streamingdienst *Netflix* 2018 daraus wohl keine Serie gedreht.[485]

Die Frage, die wir uns hier stellen müssen (oder sollten), ist: Was für ein Weltbild vermittelt die hypnotisierende Werbung, wenn sie junge Mädchen aus gutem Hause dazu bringt, ihre Würde und ihre Selbstachtung außer Acht zu lassen und ihren Körper als Ware anzubieten, nur um an Geld für sündhaft teure Klamotten, Taschen oder Schuhe zu kommen, die sie dann in der Schule stolz ihren Freundinnen vorzeigen können (wie die in den o. g. Skandal involvierten Minderjährigen zugaben).

Die Entleerung der Werte wird durch die von der Werbung suggerierten Vorstellungen, Bilder und Modelle kompensiert, denen man unhinterfragt wie hypnotisiert folgt … und kauft und kauft und kauft …

Die Zukunft des Marketings

Die Frage, wie sich die Werbung künftig weiterentwickeln wird, bewegt zurzeit zahlreiche Marketingstrategen und Forscher, insbesondere aufgrund der Verschiebungen, die es wegen Corona in diesem Bereich global gegeben hat. Online- und Handywerbung werden zunehmend an Relevanz gewinnen, während die klassische TV- und Zeitschriftenwerbung an Boden verliert[486] und zunehmend durch Werbung bei den Streamingdiensten[487] ersetzt wird.

Zweiter kurzer Exkurs: Bereits heute verlieren sich viele Jugendliche im Binge-Watching, das heißt, sie liegen das ganze Wochenende über auf dem Sofa und schauen sich hintereinander stundenlang sämtliche Episoden mehrerer Fernsehserien an.

In den USA (deren neueste Kultur- und Modeerscheinungen wir nach einer gewissen Zeit wie immer unkritisch übernehmen) wurde dieses neue süchtig machende Phänomen bereits vor Jahren untersucht. In seiner Doktorarbeit (University of Syracuse) kommt Stephen M. Warren 2016 zu folgendem Schluss: »*Es ist also durchaus möglich, dass es sich beim Fernsehen nicht um eine Sucht, sondern um eine Abnahme der Zeitmanagement-Kompetenz handelt. Die Menschen treffen schlechtere Entscheidungen, weil sie über weniger Gehirnleistung für kritisches Denken und Verhaltenskontrolle verfügen. [...] Insofern ähnelt* **Binge-Watching** *möglicherweise* **eher einer Hypnose** *als einer Sucht, wie Sigman (2005) nahelegt.* **Fernsehen verringert die Aktivität des Frontallappens, das kritische Denken und die Aufmerksamkeit für die reale Welt** *(Sigman, 2005).*«[488]

Auch die Techniker Krankenkasse hat sich mit dem Problem des Binge-Watchings auseinandergesetzt und verweist auf ihrer Website auf Studien, die den negativen Einfluss solcher Serienmarathons auf unsere Gesundheit eindeutig belegen: Das »*Gedächtnis leidet unter dem Dauerkonsum*«, man wird »*anfälliger für Angstzustände und Depressionen*«, man bewegt sich weniger, isst mehr Junkfood, und auch der normale Schlafrhythmus wird gestört.[489] Nur Hypnotisierte können zulassen, dass ihr Geist und Körper auf diese Weise Schaden erleidet.

Schon heute ist ein Großteil der Millennials bereit, der Werbung unkritisch Vertrauen zu schenken (siehe die oben von der *Nielson Company* zitierten Daten). Was wird passieren, wenn in Zukunft immer mehr Menschen aus Eskapismus-Gründen »komaglotzen« und dabei zunehmend in den Sog der Werbung gezogen werden? **Bereits hypnotisiert durch die Filmserien, könnten sie für die Verheißungen der begleitenden Werbung umso empfänglicher sein.** Das erklärt, warum sich die Marketingbranche bereits heute auf die Möglichkeiten freut, die ihnen die Streamingdienste eröffnen werden.[490]

KAPITEL 8

Künstliche Intelligenz – wie sieht unsere Zukunft aus?

Wir müssen wirklich hypnotisiert sein, wenn wir glauben, dass wir durch Künstliche Intelligenz (KI; engl. AI) unser Leben zwar um ein Vielfaches erleichtern können, für diese Erleichterung aber keinen Preis zahlen müssen!

Schon jetzt ist erkennbar, dass diese sich rasant entwickelnde Technologie uns Menschen sehr viel kosten wird. Stephen Hawking, einer der scharfsinnigsten Physiker des 20. und 21. Jahrhunderts, kam schon vor Jahren zu der Schlussfolgerung, dass KI den Untergang des Menschen als dominierende Spezies der Welt bedeuten könnte. In einem Interview mit der *BBC* (2014) sagte er: »*Die Entwicklung einer vollständigen Künstlichen Intelligenz könnte das Ende der menschlichen Rasse bedeuten.*« Hawking war der Auffassung, »*dass die Bestrebungen, denkende Maschinen zu entwickeln, eine Bedrohung für unsere Existenz darstellen*«.[491]

Die mit Künstlicher Intelligenz verbundenen Gefahren schienen ihm richtigerweise erheblich größer zu sein als die Vorteile, die man daraus gewinnen könnte: »*Wenn wir nicht lernen, uns auf die potenziellen Risiken vorzubereiten und sie zu vermeiden, könnte KI das schlimmste Ereignis in der Geschichte unserer Zivilisation sein. Sie bringt Gefahren mit sich, etwa mächtige autonome Waffen oder neue Wege für die wenigen, die vielen zu unterdrücken. Sie könnte unsere Wirtschaft massiv beeinträchtigen.*«[492] (Hervorhebung durch die Autorin)

Lag Hawking falsch? Hat er die Künstliche Intelligenz unnötig dramatisiert? Wohl kaum, wie in diesem Kapitel dargelegt wird. 2015 unterzeichnete Hawking gemeinsam mit Elon Musk, zahlreichen weiteren Wissenschaftlern und etlichen renommierten KI-Forschern (!) einen offenen Brief mit dem Appell an die KI-Forschung, keine Künstliche Intelligenz zu schaffen, die nicht mehr von uns Menschen kontrollierbar sei.[493]

Diese Warnung verhallte leider ungehört, denn wie Wissenschaftler des Max-Planck-Instituts kürzlich feststellten, gibt es inzwischen Formen Künstlicher Intelligenz, die sich unserer Kontrolle entziehen.[494]

Es ist also eingetreten, wovor unsere größten Wissenschaftler gewarnt hatten: Künstliche Maschinen sind heute schon imstande, unsere Fähigkeiten auf zahlreichen Gebieten zu übertreffen und sich außerdem selbst so weiterzuentwickeln, dass sie unserer Kontrolle entgleiten – mit Folgen, die man sich lieber nicht ausmalen möchte. Trotzdem wird weiterhin mit Volldampf an neuen Algorithmen und innovativen KI-Modellen geforscht.

Die KI ist schon so weit in unser Leben eingedrungen, dass man ihr bereits »menschliche Rechte« zugestehen möchte. So vertrat ein australischer Richter in einer Entscheidung (Juli 2021) die Auffassung, dass Roboter, die etwas »erfinden« (und das tun sie auf mathematischem Gebiet ständig), als »Erfinder« anzuerkennen seien und ihnen somit genau wie Menschen der **Erfinderschutz** zustehen solle.[495]

Hieraus lässt sich ersehen, dass Künstliche Intelligenzen unseren Alltag künftig einschneidend verändern werden – im Positiven wie im Negativen.

Die guten Seiten der Künstlichen Intelligenz

Die Vorteile von Algorithmen-basierten Maschinen, die immer weiter lernen und ihre Fähigkeiten selbst optimieren können, haben sich in den letzten Jahren auf vielen Gebieten gezeigt. Heute kann ein professioneller Übersetzer nur darüber staunen, dass einige selbstlernende Programme in weniger als drei Sekunden eine Übersetzung schaffen, für die ein Mensch bis zu einer Stunde bräuchte.[496]

Auch haben sich selbstlernende Schreibprogramme inzwischen so perfektioniert, dass von Menschen geschriebene Texte kaum mehr von denen zu unterscheiden sind, die zu 100 % von einem »Roboter-Autor« erstellt wurden.[497] Was dies alles bedeutet und wer dahinter steckt, kann man in einem Spiegel-Newsletter von 2020 mit dem Titel *Die eloquenteste KI der Welt* nachlesen.[498]

Die Künstliche Intelligenz expandiert jedenfalls und hat sogar schon in der **Kunstszene** Einzug gehalten. Bekannte britische und US-amerikanische Bildhauer (die übrigens anonym bleiben wollen) arbeiten seit Jahren mit Unterstützung von Algorithmen. Das geht so: Die Künstler haben eine Idee und zeichnen diese auf Papier (so wie früher Michelangelo). Danach fassen sie aber keine Meißel mehr an, sondern schicken ihre Idee via E-Mail an *Robotor,* ein italienisches Tech-Unternehmen in Carrara (die Stadt des Marmors). Dieses Unternehmen hat Bildhauer-Roboter kreiert, die anhand der einprogrammierten Informationen aus einem Marmorblock eine Statue herausmeißeln, die der Vorstellung eines Bildhauers irgendwo auf der Welt entspricht. Nach ca. zehn Tagen hat ein Roboter die Skulptur fertiggestellt, und sie wird dem Auftraggeber zugeschickt.

KI erspart dem Bildhauer also viel schweißtreibende Handarbeit, aber hätte Michelangelo so eine Statue als »Kunst« bezeichnet – er, der dreieinhalb Jahre benötigte, um aus einem Carrara-Marmorblock Stück für Stück seinen David herauszumeißeln?[499]

Roboter in Robe

Manchen Juristen schwant bereits eine Zukunft vor, in der Roboter anstelle von Richtern die Urteile fällen werden. So weit ist es zwar (noch) nicht, aber ansatzweise wird Künstliche Intelligenz in der **Juristerei** bereits angewendet. »*Das Recht berührt jeden Winkel der Geschäftswelt. Praktisch alles, was Unternehmen tun – Verkäufe, Käufe, Partnerschaften, Fusionen, Umstrukturierungen –, erfolgt über rechtlich durchsetzbare Verträge. Ohne ein gut entwickeltes Recht des geistigen Eigentums würde die Innovation zum Stillstand kommen. Ob wir uns dessen bewusst sind oder nicht, jeder von uns arbeitet tagtäglich vor dem Hintergrund unseres Rechtssystems und der impliziten Möglichkeit eines Rechtsstreits. Mit einem Gesamtvolumen von fast 1 Billion Dollar ist der Markt für juristische Dienstleistungen einer der größten der Welt*«[500] – so stand es im Dezember 2019 im *Forbes*-Magazin. Angesichts eines solchen Umsatzpotenzials machten sich viele KI-Experten daran, Programme auf diesem Gebiet zu entwickeln, von denen manche schon imstande sind, **Verträge zu analysieren.** Der Einsatz von KI in der Juristerei wird auch in Deutschland als *Legal Tech* bezeichnet, und es ist bekannt, dass die »*Analyse von Verträgen und Fällen sowie das Heraussuchen von Literatur und Urteilen Aufgaben [sind], die von Legal Tech übernommen werden können*«[501] – was einem Anwalt, aber auch einem Richter viel Zeit erspart.

Besonders interessant ist auch das Programm der kanadischen Firma *Blue J Legal,* das anhand der vorhandenen Daten mit 90-prozentiger Sicherheit **Prozessausgänge voraussagen** kann. Geschäftsführer Benjamin Alarie im *Forbes*-Magazin: »*In den nächsten zehn Jahren werden diese algorithmischen Technologien der natürliche Ausgangspunkt für die Rechtsberatung sein.*«[502]

Einige Länder sind auf diesem Gebiet schon besonders weit vorangeschritten: Seit 2019 wird in Estland bei Fällen mit einem Streitwert von unter 7000 Euro die juristische Entscheidungsfähigkeit eines **Roboter-Richters** getestet, denn der von der Regierung beauftragte IT-Experte Ott Velsberg will »*das menschliche Element eliminieren*« (siehe *Harvard International Review).*[503]

Der Aufstieg von KI verläuft rasend schnell. In British Columbia wurde eine lernfähige Software entwickelt, die in der juristischen Mediation bereits zum Einsatz kommt. So konnten sich in einem Fall (Streitwert: knapp über 2000 Euro) die Anwälte monatelang auf keinen Kompromiss einigen, bis einer von ihnen eine **KI-Mediation** vorschlug. Das Programm wurde mit den Forderungen beider Parteien gefüttert, und siehe da, innerhalb einer Stunde fand der KI-Mediator einen Kompromiss, der alle zufriedenstellte.[504] Auch hier zeigt sich, wie unsere Arbeitswelt revolutioniert wird. Nach einer Prognose von McKinsey wird KI in den nächsten Jahren über 20 Prozent der Anwälte den Job kosten.[505]

Nobelpreis für Medizin an einen Roboter?!

Das Gebiet, in dem die Künstliche Intelligenz besonders positive Leistungen erbringt, ist die Medizin. Laut mehrerer Forschungsergebnisse ist KI z. B. in der Lage, bessere Diagnosen zu erstellen als Ärzte.

Eine 2020 in *Nature* veröffentlichte Studie über Brustkrebs belegt, dass KI nicht nur **Mammografiebilder** korrekt zu interpretieren vermag, sondern auch die Fehlerquote der Radiologen reduziert, wodurch es zu weniger falsch-positiven bzw. falsch-negativen Diagnosen kommt.[506] Künstliche Intelligenz kann Ärzten also nicht nur unterstützend zur Seite stehen, sondern auch die menschliche Fehlerquote reduzieren. Dies gilt insbesondere für bildgebende Verfahren, denn auch bei **Aufnahmen von Lungenkrebs** scheint KI die medizinischen Fähigkeiten selbst der besten Ärzte zu übertreffen, so eine Studie der Feinberg School of Medicine in Chicago: Algorithmen-gesteuerte Computer vermochten in CT-Bildern von Patienten die ersten winzigen Stadien von Lungenkrebs zu entdecken, als diese für die Ärzte schlicht (noch) nicht erkennbar waren. Hier erweist sich KI sicherlich als eine begrüßenswerte Errungenschaft, denn fast 70 Prozent der Lungenkrebsdiagnosen werden von Ärzten erst dann gestellt, wenn der Krebs bereits spätere Stadien erreicht hat, also bereits größer und dann natürlich oft schwieriger zu behandeln ist. Da in einem Drittel der Fälle das menschliche Auge die allerersten Spuren eines Lungenkrebses nicht zu erkennen vermag, ist die Unterstützung durch KI für die **Erkennung** dieser Krankheit von ausschlaggebender Bedeutung.[507][508]

In der allgemeinen Diagnostik (bei nicht-bildgebenden Verfahren) spielt die Künstliche Intelligenz, durch neue Algorithmen hochgradig verbessert, ebenfalls eine zunehmend wichtige Rolle und liefert bereits sehr positive Ergebnisse.[509]

Künstliche Intelligenz in der Medizin – dafür stehen insbesondere **chirurgische** Roboter, also Maschinen mit einem oder mehreren Armen, die **Operationen** durchführen können. Im April 2021 berichtete die *New York Times* über die neuesten Erfolge auf diesem Gebiet: *»Bei einigen chirurgischen Eingriffen können Roboter die menschliche Präzision bereits übertreffen, z. B. beim Setzen eines Stifts in einen Knochen (eine besonders riskante Aufgabe bei Knie- und Hüftprothesen). Es besteht die Hoffnung, dass automatisierte Roboter auch bei anderen Aufgaben, z. B. bei chirurgischen Einschnitten oder Nähten, eine höhere Präzision erreichen und somit die Risiken reduzieren, die mit überlasteten Chirurgen einhergehen.«*[510]

Auch in der **Altenpflege** werden wir immer mehr Roboter sehen, die unser notorisch mangelndes Pflegepersonal ersetzen – die Japaner machen es uns vor. Der *Guardian* brachte im Juni 2021 einen sehr detaillierten Bericht zu diesem Thema: *»Willkommen in der Pflege der 2020er-Jahre: In reichen Gesellschaften liefern Computer die Entscheidungsgrundlage für die Pflege älterer Menschen, angetrieben durch einen Mangel an Pflegekräften, eine alternde Bevölkerung und Familien, die ihre alten Angehörigen länger in ihrem eigenen Zuhause behalten wollen.«*[511]

Wie immer kann eine solche Technologie Vorteile wie Nachteile haben: Einerseits kann sie das Pflegepersonal unterstützen und ihm so die Möglichkeit geben, mehr Zeit mit dem Patienten zu verbringen. *»Aber während die Technologie in Bezug auf die Sicherheit für ältere Menschen und eine Entlastung für Pflegekräfte potenziell Vorteile bringt, machen sich einige auch Sorgen über ihre potenziellen Gefahren. Sie werfen Fragen zur Genauigkeit der Systeme auf, aber auch zur Privatsphäre, zur Einwilligung und zu der Welt, die wir uns für unsere älteren Menschen wünschen.«*[512]

Bedenken über die möglichen Nachteile bestimmter KI-Anwendungen im Medizinbereich werden jedenfalls immer lauter, selbst seitens jener Experten, die KI grundsätzlich befürworten.

Die Brookings Institution in Washington D. C., eine der angesehensten Denkfabriken der USA, hat sich vor einigen Jahren mit den Risiken der Künstlichen Intelligenz im Gesundheitswesen befasst und die unterschiedlichen Aspekte dieser Gefahren beleuchtet: *»KI-Fehler unterscheiden sich potenziell aus mindestens zweierlei Gründen. Erstens reagieren Patienten und Anbieter auf gesundheitliche Schädigungen, die durch Softwarefehler verursacht wurden, möglicherweise anders als auf menschliche Fehler. Zweitens, wenn KI-Systeme weitverbreitet zum Einsatz kommen, könnte ein grundlegendes Problem [Schwachstelle] in einem KI-System zu Schädigungen bei Tausenden von Patienten führen – im Gegensatz zu der begrenzten Anzahl von Patienten, die durch den Fehler eines einzelnen Arztes zu Schaden kommen.«* […]

Selbst wenn KI-Systeme aus präzisen, repräsentativen Daten ler-
nen, kann es trotzdem Probleme geben, wenn diese Daten fundamen-
tale Verzerrungen und Ungleichheiten im Gesundheitssystem wider-
spiegeln. Zum Beispiel erhalten afroamerikanische Patienten im
Durchschnitt eine geringere Schmerzbehandlung als weiße Patien-
ten[8]; ein KI-System, das seine Informationen aus den Datensätzen
des Gesundheitssystems erhält, könnte [somit] lernen, afroamerika-
nischen Patienten eine geringere Dosis an Schmerzmitteln vorzu-
schlagen, obwohl diese Entscheidung einer systemischen Voreinge-
nommenheit und nicht der biologischen Realität entspricht. [...]

Längerfristige Risiken betreffen Verschiebungen im Medizinbe-
ruf. Einige medizinische Fachbereiche wie z. B. die Radiologie wer-
den sich wahrscheinlich stark verändern, da ein Großteil der Arbeit
*automatisierbar wird. **Einige Wissenschaftler sind besorgt, dass der***
weitverbreitete Einsatz von KI im Laufe der Zeit zu einem Rück-
gang des menschlichen Wissens und der menschlichen Fähigkeiten
führen wird, sodass die Anbieter die Fähigkeit verlieren, KI-Fehler
zu erkennen und zu korrigieren und das medizinische Wissen wei-
terzuentwickeln.«[513] (Hervorhebung durch die Autorin)

Wie rasant die Entwicklung der KI in der Medizin fortschreitet,
lässt sich auch daran erkennen, dass das britische und als sehr se-
riös eingestufte Wirtschaftsmagazin *The Economist* 2021 in einer
seiner Juli-Ausgaben von der Möglichkeit spricht, dass wir uns in
ein paar Jahrzehnten womöglich die Frage stellen werden, ob der
Nobelpreis für Medizin an einen Roboter verliehen werden soll[514]
– angesichts der Tatsache, dass Algorithmen die Intelligenz des
Menschen bereits jetzt zu übertrumpfen scheinen. Und das gilt
nicht nur für die Medizin.

Autonomes Fahren

Nehmen wir beispielsweise die Kfz-Branche. Die Zukunftsvision von **selbstfahrenden Autos** ist verlockend: Wir müssen uns nicht mehr mit Gaspedal, Bremse und Lenker abgeben, sondern können wie in einem Zugabteil ganz entspannt online arbeiten, ein gutes Buch lesen oder uns einen Film anschauen. Die Frage ist jedoch: Wird diese Technik sicher sein, oder steuern wir auch in diesem Fall wie Lemminge einem Abgrund entgegen, der sich schon jetzt abzeichnet?

Zurzeit (Stand Juni 2021) laufen in den USA über 30 Verfahren gegen Tesla. Sie betreffen Autounfälle, von denen ein Drittel einen tödlichen Ausgang hatte. Einige dieser Crashes, so die NHTSA (US-Behörde für Straßen- und Fahrzeugsicherheit) stehen mit der Funktion des Autopiloten in Zusammenhang: »*Die US-Regulierungsbehörden haben 30 Untersuchungen zu Tesla-Unfällen mit 10 Todesopfern seit 2016 eingeleitet, bei denen der Verdacht bestand, dass ein modernes Fahrerassistenzsystem im Einsatz war. […] Von den 30 Tesla-Unfällen schloss die National Highway Traffic Safety Administration (NHTSA) den Einsatz des Autopiloten von Tesla in drei Fällen aus und veröffentlichte Berichte über zwei der Autounfälle. Auf eine Bitte um Stellungnahme hat Tesla nicht sofort reagiert.*

[…] Der Autopilot, der einige Fahraufgaben übernimmt, war in mindestens drei Tesla-Fahrzeugen in Betrieb, die in den USA seit 2016 in tödliche Unfälle verwickelt waren, so die Ermittler.«[515]

In unserem hypnotischen Fortschrittswahn sind wir zwar einerseits großartige Visionäre, stecken aber andererseits den Kopf in den Sand, wenn Risiken evident werden. So kam es z. B. in den USA zu einem Unfall, weil das selbstfahrende Auto einen Lkw fälschlicherweise als ein Verkehrsschild interpretierte und dementsprechend nicht gebremst hatte (siehe *Leschs Kosmos [ZDF]*, Folge: »*K. o. durch KI?*«).[516]

Das große **Problem sind die Sensoren** – sie sollen immer alles präzise erkennen, genauso gut oder besser als unsere Augen, und das bei jeder Wetterlage. So ausgereift ist die Technik jedoch noch nicht. Letztes Jahr rammte ein US-Bürger mit seinem auf **Autopilot** geschalteten Tesla gegen zwei geparkte Autos (ausgerechnet einen Polizeiwagen und einen Notfallwagen), weil die Sensoren die parkenden Wagen schlicht nicht richtig erkannt hatten. Einziger Verletzter war der geschockte Tesla-Fahrer.[517]

Bei Pkws besteht zusätzlich das Problem des maschinellen Lernens durch Algorithmen. Wie das wissenschaftliche Nachrichtennetzwerk *The Conversation* aufzeigt, gibt es nämlich noch keine Normen darüber, mit welchen Daten ein Fahrzeug gefüttert werden sollte bzw. wie es das Erlernte testen und validieren kann: »*Sobald ein autonomes Auto auf der Straße ist, wird es weiter lernen. Es wird neue Straßen befahren, Objekte erkennen, denen es in seinem Training noch nicht begegnet ist, und es wird Software-Updates erhalten.*

Wie können wir sicherstellen, dass das System weiterhin genauso sicher ist wie seine vorherige Version? Wir müssen nachweisen können, dass jedes neue Lernen sicher ist und dass das System zuvor sichere Verhaltensweisen nicht vergisst – etwas, worauf sich die Industrie noch einigen muss. […] So unangenehm es für Unternehmer wie Musk auch sein mag, der Weg zur Zulassung von autonomen Fahrzeugen führt über eine langwierige Zusammenarbeit im Hinblick auf diese schwierigen Probleme rund um Sicherheit, Gewährleistung, Regulierung und Akzeptanz.«[518]

Die Probleme werden besonders heikel, wenn man bedenkt, wie einfach es ist; ein **Auto** zu **hacken** und dem Fahrer wie dem Autopiloten die Kontrolle zu entziehen. Charles Alfred Miller ist ein bekannter und hochspezialisierter Computerfachmann, der jahrelang für die *NSA* und für *Uber* tätig war. 2015 konnte er zusammen mit Chris Valasek, einem ausgewiesenen Experten auf dem Gebiet der neuen Technologien, ein Experiment durchführen, das ich nachfolgend in Auszügen übersetzt wiedergebe, wie es in *Wired* beschrieben wurde.

Der Journalist Andy Greenberg hatte sich bereit erklärt, bei diesem Experiment mitzumachen, und bemerkte schon bald, dass sich sein Chrysler Jeep anders als üblich verhielt: »*Ich fuhr mit 70 Meilen pro Stunde am Rande der Innenstadt von St. Louis, als das Hacking zu greifen begann. Obwohl ich das Armaturenbrett nicht berührt hatte, begannen die Belüftungsdüsen des Jeep Cherokee, auf maximaler Stufe kalte Luft auszublasen und mir durch das im Sitz integrierte Klimasystem den verschwitzten Rücken zu kühlen. Als Nächstes schaltete sich das Radio auf den lokalen Hip-Hop-Sender um und begann, in voller Lautstärke* [den Rapper-Song] *Skee-lo zu schmettern. Ich drehte den Abstimmknopf nach links und drückte auf den Ein/Aus-Knopf, aber ohne Erfolg. Dann sprangen die Scheibenwischer an, und das Wischwasser verschmierte die Windschutzscheibe. Während ich versuchte, mit all dem fertigzuwerden, erschien auf dem digitalen Display des Autos ein Bild der beiden Hacker, die diese ganzen Tricks ausgelöst hatten: Charlie Miller und Chris Valasek, beide in ihren üblichen Trainingsanzügen. Eine nette Geste, dachte ich.* [...]

Um besser zu simulieren, wie es sich anfühlt, ein Fahrzeug zu fahren, das von einer unsichtbaren virtuellen Macht gekapert wird, hatten sich Miller und Valasek geweigert, mir im Voraus zu sagen, welche Art von Angriffen sie von Millers Laptop in seinem Haus zehn Meilen westlich planten. Sie hatten mir nur versichert, dass sie nichts Lebensbedrohliches tun würden, und gesagt, ich solle den Jeep auf den Highway fahren. ›Denk dran, Andy‹, hatte Miller durch den Lautsprecher meines iPhones verkündet, kurz bevor ich auf die Interstate 64 fuhr, ›egal, was passiert, keine Panik.‹ [...] *Während die beiden Hacker aus der Ferne an der Klimaanlage, dem Radio und* den Scheibenwischern herumspielten, gratulierte ich mir im Geiste zu meinem Mut. Und dann schalteten sie das Getriebe ab.

Auf einen Schlag funktionierte mein Gaspedal nicht mehr. Während ich hektisch auf das Pedal drückte und beobachtete, wie die Drehzahlen stiegen, verlor der Jeep die Hälfte seiner Geschwindigkeit und wurde stetig langsamer, bis er schließlich nur noch kroch. Dies geschah gerade dann, als ich eine lange Überführung erreichte, die keinen Seitenstreifen als Ausweichmöglichkeit bot. Das Experiment machte keinen Spaß mehr. [...] Ich folgte Millers Rat: Ich geriet nicht in Panik. Allerdings ließ ich jeden Anschein von Tapferkeit fallen, grapschte mit klammer Hand nach meinem iPhone und flehte die beiden an, Schluss zu machen.«[519]

Damit hatten die beiden bekannten Hacker anschaulich demonstriert, welche Gefahren diese neue Autotechnologie birgt. Im Grunde genommen, kann jeder, der sich ein wenig mit IT und KI auskennt, solche Streiche aushecken und in die Tat umsetzen. Problematisch wird dies, wenn Menschen Lücken in Softwaresystemen ausfindig machen können und dabei »Böses« im Schilde führen.

Aber warum ist es überhaupt so einfach, aus der Ferne komplett die Steuerung über ein Auto zu übernehmen und dem Fahrer jegliche Kontrolle zu entziehen? Andy Greenberg bringt es auf den Punkt: »All das ist nur möglich, weil Chrysler, wie praktisch alle Autohersteller, sein Bestes tut, um das moderne Automobil in ein Smartphone zu verwandeln.«[520]

Moderne Pkws sind Computer auf vier Rädern und als solche leicht angreifbar. Die Autoindustrie ist den »guten« Hackern sehr dankbar, denn diese weisen ihre Ingenieure auf gravierende Schwachstellen in den Sicherheitssystemen hin, sodass sie, wie bei Chrysler geschehen, sofort an Lösungen arbeiten können. Trotzdem – jede Software, jede Form der KI kann irgendwo eine Lücke haben, die es weniger wohlgesinnten Hackern erlaubt, das System zu knacken und die Kontrolle zu übernehmen.

Wollen wir uns wirklich in ein Auto setzen, das von einem Moment auf den nächsten nicht mehr den eingegebenen Daten folgt, sondern den Befehlen eines Hackers gehorcht, der in irgendeinem fernen Winkel der Welt an einem Laptop sitzt? Wie anfällig ist diese unsere schöne neue KI-Welt?

Algorithmischer Aktienhandel

Seit über einem Jahrzehnt werden Aktien, insbesondere in den USA und in Europa, mithilfe von Computern und Algorithmen gehandelt, auch bekannt als **automatisierter** oder **algorithmischer Handel**. Auf *aktienrebell.de* kann man Folgendes darüber erfahren: »*Auch zu Unternehmen, Aktien und den Finanzmärkten fallen viele Daten an. Nicht nur Zahlen, sondern auch andere Daten, die verwertet werden können. […] Bei Algorithmen denken wir zuerst an Hochfrequenzhandel: Ein Wertpapier wird in ein paar Millisekunden gekauft, 7 Sekunden gehalten und direkt weiterverkauft. […]. Der Anteil des Marktvolumens, der in den USA aktuell von Algorithmen gehandelt wird, liegt laut Glantz & Kissel bei ca. 85 %. Dabei gibt es unterschiedliche Definitionen, was ein Algorithmus ist: Auch ein Orderzusatz wie ›Kaufe die Aktie, wenn sie unter 80 € fällt‹ wird vom Algorithmus ausgeführt. Genauso ein ETF-Sparplanauftrag. Es gibt also eine gewisse Unschärfe beim Messen des Algorithmus-Volumens an den Finanzmärkten, klar ist aber: Der Anteil ist erstaunlich groß.*«[521] (Hervorhebung durch die Autorin)

Künstliche Intelligenz konkurriert seit Langem mit den Brokern, von denen viele besorgt sind, dass dieser automatisierte Einsatz ihre Arbeit allmählich überflüssig macht, denn viele Fonds investieren zunehmend mithilfe von KI.[522]

Auch die Finanz- und Investitionsbranche setzt also immer mehr auf Künstliche Intelligenz – zum Nachteil derjenigen, die in diesem Bereich tätig sind.

Lopez de Prado, Professor an der Cornell University, sprach 2019 vor dem US-Kongress über die Probleme, die im Finanzsektor aufgrund des Einsatzes von KI zu erwarten sind: »*Maschinenlernen im Finanzbereich schafft eine Reihe von Herausforderungen für die 6,14 Millionen Menschen, die in der Finanz- und Versicherungsbranche beschäftigt sind und von denen viele ihren Job verlieren werden – nicht unbedingt, weil sie durch Maschinen ersetzt werden, sondern weil sie nicht für die Arbeit mit Algorithmen ausgebildet sind.*«[523]

Große Investitionsbanken wie Goldman Sachs stellen inzwischen eher junge Leute ein, die einen Abschluss in Mathematik, IT oder Datenanalyse haben,[524] als solche mit einem Doktortitel in Wirtschaft. Die »echten« Broker und Trader, die Jagdhunde des Handelns, wie wir sie aus dem Kino oder aus den Nachrichten kennen, sind nicht mehr gefragt: »*Wenn Sie sich heute auf dem Börsenparkett umschauen, werden Sie nur ein leises Summen hören und die flackernden Lichter der Bloomberg-Terminals und Computerbildschirme sehen. […] Berichte über den Aktienmarkt in den Fernsehnachrichten zeigen in der Regel ein quirliges Marktgeschehen mit offenem Ausruf auf dem Parkett der New Yorker Börse. Aber es ist ein Potemkinsches Dorf: **Die Kameras sind auf einen kleinen Bereich gerichtet, in dem ein paar menschliche Trader und Hilfskräfte zusammengepfercht sind. In Wirklichkeit ist das Parkett der New Yorker Börse menschenleer und** [der Handel] läuft hauptsächlich über Technologie, welche die Transaktionen elektronisch abwickelt.*«[525] (Hervorhebung durch die Autorin)

Die Medien vermitteln uns also eine Realität, die es so schon lange nicht mehr gibt – aber vor unserem geistigen Auge sehen wir immer noch den von schreienden Männern dominierten Handelssaal der Wall Street und können uns kaum vorstellen, dass unsere Investitionen heutzutage zum größten Teil von Robotern verwaltet werden.[526]

Wie 2018 in einem Beitrag von Prof. Joachim Wuermeling auf der Webseite der Bundesbank zu lesen, kann sich diese innovative Technologie allerdings nachteilig auf jene auswirken, die in Aktien investieren: »*Verbraucher sollten aufpassen: Sie bleiben die Risikoträger. Was diese Entwicklung so bedeutsam macht, ist die Tatsache, dass sie nicht nur auf der Ebene von systemischen Institutionen, Märkten und Börsen stattfindet. Mit Robo-Advisors* [Algorithmen-basierte Systeme, die automatische Empfehlungen zur Vermögensanlage geben und diese auch umsetzen können] *kann KI z. B. die täglichen Finanzentscheidungen der Kunden und letztlich ihren persönlichen Wohlstand direkt beeinflussen und steuern. Die Gesellschaft hat gerade erst begonnen, die wirtschaftlichen, ethischen und sozialen Implikationen von KI zu verstehen.*

Während die Interaktion mit dem Kunden durch Mobile-Banking, Chatbots oder virtuelle Servicemitarbeiter bequemer wird, können die Banken mehr über die Gewohnheiten ihrer Kunden herausfinden und ihnen maßgeschneiderte Finanzierungen anbieten.

Verbraucher können von KI bewertet werden, wenn sie eine Hypothek beantragen. Die Zusammenführung von Datenpunkten aus internen Transaktionen, sozialen Netzwerken und anderen Quellen liefert ein aussagekräftigeres Bild von den Kreditnehmern der Banken. Ablehnungen könnten allerdings schwer nachzuvollziehen sein, und noch schwieriger könnte es werden, eine von Algorithmen getroffene Entscheidung anzufechten.

Das einwandfreie Funktionieren der Anwendungen ist nicht selbstverständlich. Simple Schwachstellen, Cyberattacken und kriminelles Verhalten machen die Systeme extrem angreifbar. Die Verbraucher sollten Vorsicht walten lassen. Sie müssen geschützt werden. Möglicherweise sind Gesetzesänderungen erforderlich, um neuartige Bedrohungen abzudecken. Verantwortung und Haftung bei Fehlfunktionen von Maschinen müssen geklärt werden.«[527] (Hervorhebungen durch die Autorin)

Zu den neuen Bedrohungen, die Prof. Wuermeling hier anführt, zählen also auch Cyberattacken, und in der Tat wurden in den USA bereits mehrere hochkarätige Finanzinstitutionen von solchen Angriffen heimgesucht, »*darunter unter anderem die Kreditauskunftei Equifax Inc. (EFX), der Bankriese JPMorgan Chase & Co. (JPM) und die US-Börsenaufsichtsbehörde SEC (U.S. Securities and Exchange Commission). Die Bedrohung wird auf höchster US-Regierungsebene so ernst genommen, dass man die Organisation für Forschungsprojekte der US-Streitkräfte DARPA (Defense Advanced Research Projects Agency) mit der Identifizierung von Schwachstellen im Finanzsystem beauftragte.*«[528]

Die geschäftsführenden Vorstandsmitglieder der größten US-Banken sind sich einig, dass die momentan stärkste Bedrohung für die Finanzwelt von Cyberangriffen ausgeht.[529] Bereits 2016 wurden bei solchen Angriffen wichtige Daten gestohlen – vermutlich um mit dem somit erlangten »Insiderwissen« illegale Aktiengeschäfte zu tätigen, die sich zuungunsten von Verbrauchern und Investoren auswirken.[530]

Anfang 2020 wurden bekanntlich auch in Deutschland mehrere Banken Opfer einer Cyberattacke[531] – so legten Hacker Anfang Juli 2021 vorübergehend das Online-Banking der Sparda-Bank sowie der Volksbanken lahm.[532]

Die Bedrohung aus dem virtuellen Raum ist also real und nicht mehr nur Stoff spannender TV-Serien.

Drohnen – Lebensretter oder Minimörder aus der Luft?

Drohnen lassen sich als Helfer in der Not einsetzen: Sie können z. B. einen Defibrillator schnell und unkompliziert an einen Ort des Geschehens bringen und einen **Menschen retten**, der einen Herzinfarkt erlitten hat: »*In einer randomisierten US-Studie hat die* moderne Technik die Notfallrettung jedenfalls beschleunigen können. Wissenschaftler aus Deutschland sind überzeugt, dass die DeficorpDrohne auch hierzulande Sinn macht.«[533]

Schon heute sind Drohnen in der Lage, Notfallmedikamente zügiger zu transportieren als Autos, sodass Patienten rascher geholfen oder sogar ihr Leben gerettet werden kann.

Die Bergwacht Bayern setzt auf diese fliegenden Kleinroboter, um Vermisste oder Verunglückte in den Bergen zu finden.[534] Auch der Österreichische Bergrettungsdienst[535] und die Rettungsdienste der Schweiz haben Drohnen heute erfolgreich im Einsatz: »*In Davos wurden sie vom Institut für Schnee- und Lawinenforschung (SLF) bereits als Beobachtungsinstrumente integriert, die eine optimale Simulation von Naturgefahren am Computer erlauben. Drohnen bilden hier das erste Element in der Präventionskette. Mittlerweile haben sie ihren Nutzen auch in der Bergrettung unter Beweis gestellt: Suche nach vermissten Personen; Erforschung von gefährlichem oder schwer zugänglichem Gelände; Gesamtübersicht bei außerordentlichen Ereignissen; Dokumentationshilfe. Fortan verstärken sie auch die Helikopterflotten sowie die menschlichen Ressourcen, die für Alpinisten, Skifahrer und Wanderer in Not bereitstehen.*«[536]

Wie immer kann jede menschliche Errungenschaft zum Guten oder zum Bösen genutzt werden. Das banalste Beispiel hierfür ist das Messer: Damit können wir einen Apfel mundgerecht zerteilen oder jemanden töten. Auch Drohnen sind ein zweischneidiges Schwert. Das Militär, insbesondere in den USA, setzt alles daran, Künstliche Intelligenz und Roboter so auszustatten, dass sie das **Töten erlernen und präzise ausführen** können. Mit Drohnen ist ihnen das, wie wir wissen, bereits gelungen.

Während der Genfer UN-Abrüstungskonferenz 2017 hatte ein Gremium von Experten und Landesvertretern erstmals auf formeller Ebene über ein notwendiges Verbot von Kampfrobotern beraten. Zeitgleich haben Kritiker autonomer Waffen in Genf einen von Elon Musk mitfinanzierten Kurzfilm vorgestellt, der dem Publikum mit einem Horrorszenario drastisch vor Augen führte, welch verheerende Folgen solche Roboterwaffen haben, falls sie außer Kontrolle geraten. Vor dieser Videovorführung präsentierte ein *Apple*-Vertreter eine etwa 3 cm große Minidrohne, um zu veranschaulichen, dass die Sorgen berechtigt sind und dass es sich in dem Film nicht um irgendwelche Science-Fiction-Storys handelt. Dieser Drohnen-Winzling ist eine neuartige Tötungswaffe ganz spezieller Art: »*Das Gerät [...] kann dank Gesichtserkennung und künstlicher Intelligenz selbstständig und gezielt einen Menschen töten, indem es auf der Stirn des Zieles eine kleine Sprengladung zündet.*«[537] (Hervorhebung durch die Autorin)

Autonome Kriegsroboter

In einem lesenswerten Artikel des *Guardian* (2020) mit dem Titel »*Machines set loose to slaughter›: the dangerous rise of military AI*« (dt.: »›Maschinen losgeschickt zum Abschlachten‹: Der gefährliche Aufstieg der militärischen KI«) schreibt Prof. Frank Pasquale, international führender KI-Experte an der Brooklyn Law School: »*Die US-Luftwaffe hat eine Zukunft vorausgesagt, in der SWAT-Teams* [Special Weapons and Tactics] *mechanische, mit Videokameras ausgestattete Roboter-Insekten losschicken, die während einer Geiselnahme ›in ein Gebäude kriechen‹. Eines dieser ›Mikrosystem-Teams‹ hat bereits den Octoroach* [engl. roach = Kakerlake] *herausgebracht, einen ›extrem kleinen Roboter mit einer Kamera und einem Funksender, der am Boden bis zu 100 Meter zurücklegen kann‹. Er ist nur eine von vielen ›biomimetischen‹, das heißt der Natur nachempfundenen Waffen, die sich am Horizont abzeichnen.*«[538]

Die meisten der bereits entwickelten oder sich in Entwicklung befindlichen Waffen sind naturgemäß geheim – wir wissen also nicht, an welchen Projekten hinter den Mauern der DARPA (Organisation für Forschungsprojekte des US-Militärs) sonst noch gearbeitet wird.

Die internationale Gemeinschaft hat den Einsatz der brutalsten Waffen (wie Nervengas, Landminen etc.) im Krieg immer wieder verboten, aber die Frage ist, ob sich die Staaten tatsächlich daran halten und in Zukunft auf diese verzichten werden, gerade in Bezug auf KI-gesteuerte Tötungsmaschinen.

Dazu Prof. Pasquale: »*Eine Drohne, die feindliche Soldaten allmählich zu Tode erhitzt, wäre ein Verstoß gegen internationale Anti-Folter-Konventionen; Schallwaffen, die das Gehör oder den Gleichgewichtssinn eines Feindes zerstören, sollten ähnlich behandelt werden. Ein Land, das solche Waffen entwickelt und einsetzt, sollte aus der internationalen Gemeinschaft verbannt werden. Abstrakt betrachtet, können wir uns wahrscheinlich darauf einigen, dass auch die Konstrukteure und Benutzer von Killerrobotern geächtet – und härter bestraft – werden sollten. Allein die Vorstellung einer Maschine, die losgeschickt wird, um Menschen abzuschlachten, ist abschreckend. Und doch scheinen einige der größten Armeen der Welt die Entwicklung solcher Waffen Schritt für Schritt voranzutreiben, indem sie einer Logik der Abschreckung folgen: Sie fürchten, von der KI der Rivalen vernichtet zu werden, wenn sie nicht eine ebenso starke Kraft entfesseln können. Der Schlüssel zur Beilegung dieses endlosen Wettrüstens liegt vielleicht weniger in globalen Verträgen als in einem vorsichtigen Umdenken darüber, wofür kriegerische KI eingesetzt werden kann. Da ›der Krieg nach Hause kommt‹, ist der Einsatz militärischer Gewalt in Ländern wie den USA und China eine deutliche Warnung an ihre Bürger: Welche Kontroll- und Zerstörungstechnologien auch immer Sie Ihrer Regierung jetzt erlauben für den Auslandseinsatz zu kaufen – sie könnten in der Zukunft durchaus gegen Sie selbst eingesetzt werden.*«[539] (Hervorhebung durch die Autorin)

Ob wir uns in unserem alltäglichen Hypnosezustand all dessen gewahr werden, ist fraglich. Wer hat zum Beispiel mitbekommen, welchen Wendepunkt der Konflikt um Bergkarabach markierte? Wahrscheinlich kaum jemand. Ein Artikel der *Deutschen Welle* berichtete darüber: »*Ende 2020, während die Welt von der Corona-Pandemie weitgehend vereinnahmt war, weiteten sich die schwelenden Spannungen zwischen Aserbaidschan und Armenien zu einem Krieg aus.*

Es sah aus wie ein regionaler Konflikt aus dem Lehrbuch: Die beiden Länder kämpften um die Region Bergkarabach. Aber für diejenigen, **die aufmerksam waren,** *war dies ein Wendepunkt in der Kriegsführung. ›Der wirklich wichtige Aspekt bei dem Konflikt in Bergkarabach war meines Erachtens der Einsatz von Loitering Munition, sogenannten Kamikaze-Drohnen‹, erläutert Ulrike Franke, Expertin für Drohnenkriegsführung am European Council on Foreign Relations. ›Sobald sie ein Ziel entdeckt haben, fliegen sie in dieses hinein und zerstören es beim Aufprall mit einer an Bord befindlichen Sprengladung. Daher auch der Spitzname Kamikaze-Drohnen. […] Untersuchungen des Center for Strategic and International Studies in Washington, D.C. haben ergeben, dass Aserbaidschans Loitering Munition deutlich überlegen war – mit über 200 Einheiten in vier hoch entwickelten israelischen Designs. Armenien verfügte dagegen nur über ein einziges einheimisches Modell. […] Dies ist nur der Anfang.* **In Zukunft werden KI-gesteuerte Technologien als Schwärme in den militärischen Einsatz kommen – viele Drohnen agieren dann gemeinsam als tödliches Ganzes.***‹«[540] (Hervorhebungen durch die Autorin)

Hier möchte ich einen kurzen Exkurs einschieben: Der Krieg um Bergkarabach war ein besonders eindrucksvolles Beispiel dafür, wie sehr Geld die Seelen der Menschen kannibalisiert hat. Die Kamikaze-Drohnen, mit denen Aserbaidschan den Krieg gegen

Armenien (eine urchristliche Enklave umzingelt von muslimischen Ländern) gewonnen hat, wurden auch von Israel geliefert[541] – ebenso wie die Streubomben[542] (deren Einsatz aufgrund der anhaltenden Bedrohung der Zivilbevölkerung nach wie vor unter starker Kritik steht). Hier drängt sich unweigerlich eine Frage auf: Wie konnten (und können) die Israeli, die ja selbst unter einem fürcherlichen Genozid gelitten haben, tödliche Waffen an die Feinde der Armenier verkaufen, die ebenfalls einem Genozid zum Opfer gefallen sind? Genau dazu hat der bekannte US-armenische Schriftsteller Harut Sassounian einen Kommentar geschrieben, den die *Jerusalem Post* veröffentlichte (Chapeau vor der Leitung dieser Tageszeitung): »*Aserbaidschan erwarb von Israel hoch entwickelte tödliche Waffen im Wert von vielen Milliarden Dollar, im Austausch für den Verkauf von aserbaidschanischem Öl an Israel, das 40 % seines Öls aus Aserbaidschan importiert. Es ist eine Schande, dass Nachkommen des Holocaust Aserbaidschan für eine Handvoll Dollar mit Waffen ausstatten, um Überlebende des armenischen Völkermords zu töten!*«[543]

Dies gilt umso mehr, wenn man Folgendes bedenkt (wie von Arman Tatoyan, Ombudsman für Menschenrechte, zuletzt in Rom hervorgehoben).[544]

1. Dieses kleine Land (Gesamtbevölkerung: unter drei Millionen) ist hoch gefährdet, da zwischen Aserbaidschan und Israel weitere Waffendeals im Umfang von über zwei Milliarden Dollar im Gang sind.

2. Die momentane Waffenruhe täuscht.

3. Obwohl sich der Papst für die Folterungen der armenischen Kriegsgefangenen seitens Aserbaidschan interessiert, scheint diese langsame Auslöschung einer der ältesten christlichen Gemeinschaften sonst kaum jemand zu interessieren.

Überwachung auf vier Beinen

Die Großmächte USA, China und Russland, aber auch kleinere Länder wie Großbritannien oder Israel betrachten die Entwicklung militärischer KI als eine dringende Priorität – während wir Kochsendungen im Fernsehen verfolgen, uns an den Wochenenden mit *Netflix*-Serien trösten, in Fußballspiele eintauchen und so gut wie nichts von diesen militärischen Entwicklungen mitbekommen oder vielmehr nichts davon wissen wollen, was sich in der Welt der Künstlichen Intelligenzen tut bzw. welche Gefahren sie für unsere Zukunft und auch die unserer Kinder bedeuten.

Dabei geht es unter anderem auch um die Schaffung von Robotern, die nicht nur vermeintliche Feinde überwachen sollen. Einige davon üben bereits Kontrolle über uns ganz normale Menschen aus – so z. B. in Singapur, wo Roboter-Hunde der Firma *Boston Dynamics* in Stadtparks Patrouille laufen und Spaziergänger, die sich während der Corona-Zeit zu nahe kommen, per Lautsprecher auffordern, den 1,5-Meter-Abstand einzuhalten.[545]

Werden wir in Zukunft vielleicht von Drohnenschwärmen, Roboter-Hunden oder angsteinflößenden humanoiden Robotern wie Atlas (ebenfalls von *Boston Dynamics*) täglich in die von einer angeblichen Demokratie auferlegten Schranken verwiesen?

Um einen Eindruck davon zu gewinnen, inwieweit diese Mischung aus Zukunftsvision und Science-Fiction bereits Realität geworden ist, kann man sich die von *Boston Dynamics* auf YouTube eingestellten Werbevideos anschauen. Hier werden die Roboter so präsentiert, dass sie überaus niedlich, lustig und überhaupt nicht bedrohlich wirken.[546] Aber ihre Fähigkeiten sollten jeden aufhorchen lassen – ebenso wie die Tatsache, dass sich die US-Regierung nicht gegen die Übernahme von *Boston Dynamics* durch Hyundai gewehrt hat. Das kann eigentlich nur eines bedeuten: Die von der DARPA (Organisation für Forschungsprojekte des US-Militärs) insgeheim in Auftrag gegebenen Roboter sind ver-

mutlich längst besser und präziser als die von *Boston Dynamics* –
nur dass man sie uns noch nicht zeigt. Was all das für die Zukunft
bedeuten kann, mag sich jeder selbst ausmalen.

Auf dem Markt für Roboter ist nicht nur *Boston Dynamics*,
sondern noch eine Vielzahl weiterer Firmen und Forschungsinsti-
tute aktiv. Zu den konkurrenzfähigsten Roboterkonstrukteuren
zählt die chinesische Firma *Tencent*, die einen Roboter-Hund produziert, der – in bekannter chinesischer Manier – bereits leis-
tungsfähiger und billiger ist als der von *Boston Dynamics*.[547]

Autonome Waffen zu Land und zu Meer

Die möglichen Gefahren autonomer Roboter werden uns auf You-
Tube natürlich nicht vorgeführt. Dass und wie solche Roboter für
Kriegszwecke eingesetzt werden könnten, ist unserer Fantasie und
der von Science-Fiction-Autoren überlassen. Momentan wissen nur
amerikanische und chinesische Militärs, welche hoch entwickelten
KI-Apparaturen in ihren Labors zugange sind und wie sie diese zu-
künftig für militärische oder zivile Zwecke einsetzen werden.

Nur manchmal, etwa wenn bestimmte Manöver durchgeführt
werden, dürfen einige Militärs mit ausgewählten Journalisten
sprechen – so zum Beispiel 2019 vor der Küste von Virginia: »*Wäre
im vergangenen Oktober ein Fischkutter an dem Gebiet vorbeigefah-
ren, hätte die Besatzung ein halbes Dutzend etwa 10 m langer [un-
bemannter] Schlauchboote durch die Untiefen flitzen gesehen […]
Die Gashebel der Motoren bewegten sich auf und ab, als würden sie
von Geisterhand gesteuert. […] Der Geheimversuch war Teil eines
Marine-Corps-Projekts namens Sea Mob und sollte demonstrieren,
dass mit modernster Technologie ausgestattete Schiffe bald in der
Lage sein könnten, tödliche Angriffe auszuführen – **ohne eine
menschliche Hand am Ruder.** Das Manöver war erfolgreich: Infor-
mierte Quellen beschrieben es als einen wichtigen Meilenstein in der*

Entwicklung einer neuen Welle von KI-gesteuerten Waffensystemen, die bald ihren Weg auf ein Kampffeld finden werden.«[548] (Hervorhebung durch die Autorin)

Die US-Marine setzt bereits auf Schiffe, die autonom, also ohne menschliche Besatzung, die Meere durchqueren können, wie z. B. die 135 Tonnen schwere »Sea Hunter«, die nach U-Booten Ausschau halten und diese gegebenenfalls angreifen kann: »*In einem Test konnte das Schiff schon die 2500 Meilen von Hawaii nach Kalifornien allein zurücklegen, allerdings ohne Waffen. Inzwischen entwickelt die Armee ein neues System für ihre Panzer, das Ziele intelligent auswählen und eine Waffe auf sie richten kann. Sie entwickelt auch ein Raketensystem, genannt Joint Air-to-Ground Missile (JAGM), das in der Lage ist, Fahrzeuge auszuwählen, um sie **ohne menschlichen Befehl** anzugreifen; im März bat das Pentagon den Kongress um Geld für den Kauf von 1051 JAGMs im Wert von 367,3 Millionen Dollar.*

Und die Air Force arbeitet im Rahmen ihres provokanterweise ›SkyBorg‹ genannten Programms an einer unbemannten Version ihres legendären F-16-Kampfjets, der eines Tages erhebliche Rüstungsmengen in einen computergesteuerten Kampf tragen könnte.«[549] (Hervorhebung durch die Autorin)

Auch bei diesen neuartigen autonomen Waffen geht es (wie immer) um enorm viel Geld (NB: Steuergeld) und um einige wenige Firmen, die sich diesen dicken Kuchen teilen werden.

In den USA ließ die National Security Commission on Artificial Intelligence (Nationale Sicherheitskommission für künstliche Intelligenz) Anfang 2021 Präsident Biden ihre Empfehlungen zukommen. Das Mantra ist bekannt: Wenn die USA mit den technologischen Fortschritten Chinas auf diesem Gebiet mithalten will, muss die jetzige amerikanische Regierung Milliarden an Steuergeldern in autonome Waffen investieren.

Das Gremium wurde von Eric Schmidt geleitet, bis vor wenigen Jahren einer der führenden Köpfe von Google. Weitere Gremienmitglieder waren Eric Horvitz, Direktor des *Microsoft*-Forschungslabors, sowie Andy Jassy, der seit dem 3. Quartal 2021 als Nachfolger von Jeff Bezos das *Amazon*-Imperium leitet.

Von der Aufteilung der Regierungsgelder für autonome Waffen erhoffen sich *Amazon, Google* und *Microsoft* den ganz großen Coup. Dazu der *Spiegel*: »*Der aktuelle Abschlussbericht der Kommission behandelt die Frage, welche Rolle Amerika künftig bei Entwicklung und Einsatz autonomer Waffensysteme spielen soll. Und wenn es nach Schmidt und den anderen Mitgliedern des Gremiums geht, kann es darauf nur eine Antwort geben:* **Die USA müssen ganz, ganz vorn dabei sein, sonst übernimmt China diesen Platz. Einzig Atomwaffen sollten nicht maschinell gesteuert werden – aber sonst sei die breite Förderung entsprechender Technologien extrem wichtig.**«[550] (Hervorhebung durch die Autorin)

Jede Weltmacht möchte hier mitmischen; auch Russland besitzt bereits einen ferngesteuerten Panzer, das heißt einen Kampfroboter, der bereits auf Gelände getestet wurde – zu sehen in einem Videoclip auf *Spiegel-Online*.[551]

»*Im Gegensatz zu ferngesteuerten Drohnen, die jetzt schon in Kriegsgebieten im Einsatz sind, arbeiten autonome Waffen ganz ohne menschliche Steuerung. Einfache Varianten gibt es schon – etwa Selbstschussanlagen, die von allein auslösen, wenn eine Person verbotenes Gebiet betritt. Künftig könnten autonome Waffen aber auch in deutlich komplexeren Kriegssituationen entscheiden, wen sie in welcher Form angreifen.* **Experten sprechen von der dritten großen Revolution der Kriegsführung** – nach der Erfindung von Schießpulver und Atomwaffen.*«[552] (Hervorhebung durch die Autorin)

Selbstevolution der Algorithmen

Die Art, wie in Zukunft Krieg geführt werden soll, aber auch wie KI-Roboter unsere Freiheit einschränken könnten, sind Problematiken, die es dringend anzupacken gilt.

»›Kommen vollautonome Waffen zum Einsatz und geht dabei etwas schief, lässt sich im Nachhinein nicht mal mehr sagen, wer dafür nun verantwortlich ist‹, sagte Mary Wareham von Human Rights Watch [2019]. *Weil die genutzte Software aus ihren Erfahrungen lernt, entzieht sich ihr Verhalten in Teilen selbst der Kontrolle der Entwickler.«*[553]

Schon seit Jahren ist bekannt, dass selbstlernende Systeme oft ein Eigenleben entwickeln und Algorithmen bzw. Ergebnisse hervorbringen, die selbst für die Mathematiker und Ingenieure, die sie erschaffen haben, nicht mehr nachvollziehbar und somit unkontrollierbar sind – wie bereits geschehen.[554]

Als die Google-Tochterfirma *Deepmind* vor etlichen Jahren die Resultate der Schachpartien ihrer Roboter AlphaGo und Alpha-Zero vorstellte, hätte man eigentlich schon damals begreifen können, dass wir vor einer Revolution stehen.

Insbesondere die Leistung von AlphaZero lehrt uns das Fürchten. Dieses selbstlernende System wurde nicht mehr mit unzähligen Schachpartien, sondern lediglich mit den Regeln dieses Spiels gefüttert. Indem er gegen sich selbst spielte, lernte AlphaZero von alleine zu »verstehen«, wie Schachzüge strategisch »wohlüberlegt« ausgeführt werden. **Nach nur neun Stunden beherrschte der Roboter das Spiel meisterhaft,** und 2017 und 2018 gewann er mehrere Partien gegen das seinerzeit beste Schachprogramm der Welt. Die damaligen Aussagen von Schachexperten deuten darauf hin, dass wir es hier mit einer »anderen«, und zwar einer »übermenschlichen« Intelligenz zu tun haben.

Der ehemalige Schachweltmeister Garri Kasparow brachte es auf den Punkt: *»Die Implikationen gehen weit über mein geliebtes*

*Schachbrett hinaus ... Nicht nur, dass diese autodidaktischen Expertenmaschinen unglaublich gute Leistungen erbringen – **wir können tatsächlich von dem neuen Wissen lernen, das sie produzieren.**«*[555] (Hervorhebung durch die Autorin)

Künstliche Intelligenzen sind auch Meister im chinesischen Go, dem schwierigsten Brettspiel überhaupt. Bereits AlphaGo, der Vorläufer von AlphaZero, war in der Lage, besondere Go-Züge neu zu erfinden – z. B. den berühmten Zug Nr. 37, den der geniale Go-Spieler Lee Sedol 2016 wie folgt kommentierte: »*Ich dachte, AlphaGo basiert auf Wahrscheinlichkeitsberechnungen und ist lediglich eine Maschine. Aber als ich diesen Zug gesehen habe, habe ich meine Meinung geändert. **AlphaGo ist eindeutig kreativ.**«*[556] (Hervorhebung durch die Autorin)

Was bedeutet das alles für uns Menschen? Nun, dass jeder Roboter, der auf selbstlernenden Algorithmen basiert, »kreatives Denken« entfalten kann.

Aber wer gibt uns die Sicherheit, dass sich diese algorithmischen Genies nicht irgendwann einmal gegen uns wenden?

Wie bereits wissenschaftlich bewiesen, können wir diese Superintelligenzen jedenfalls nicht hundertprozentig beherrschen.[557] Selbst wenn eine KI mit vollkommen ehrbaren Zielen programmiert wird, lassen sich unbeabsichtigte Folgen womöglich nicht verhindern.

Der hypnotisierende Fortschrittsglaube, der uns dazu verleitet, selbstlernende autonome Roboter zu erschaffen, könnte für den Einzelnen wie für die Gesellschaft und damit für die Demokratie zur Gefahr werden. Aus genau diesem Grund haben sich mehrere NGOs zusammengetan und ein Moratorium für KI-basierte Systeme gefordert.

Anfang 2021 hat die Organisation Human Rights Watch auf ihrer Webseite dazu Folgendes veröffentlicht: »*Das letzte Jahrzehnt*

sah eine alarmierende Verbreitung von künstlicher Intelligenz (›KI‹)
zur Überwachung von Demonstrationen, zur Vorhersage von Ver-
brechen und zur Erstellung von Minderheitenprofilen, und zwar auf
eine Weise, die unsere Menschenrechte ernsthaft bedroht. Die Euro-
päische Kommission hat sich verpflichtet, eine bahnbrechende Regu-
lierung dieser Technologien zu entwickeln, um ›die grundlegenden
Werte und Rechte der EU zu schützen.‹ In einem Brief, der diese
Woche veröffentlicht wurde, schloss sich Human Rights Watch mehr
als sechzig zivilgesellschaftlichen und Bürgerrechts-Gruppen an, um
die Kommission beim Wort zu nehmen und zu einem entschiedenen
Handeln zu drängen, um missbräuchliche Anwendungen von KI zu
verhindern.

Der Brief hebt hervor, wie der zunehmende Einsatz von Gesichts-
erkennung zu weitverbreiteten Datenschutzverletzungen führen
kann. Diese Technologie basiert auf maschinellem Lernen, einer
Form der künstlichen Intelligenz, um aus Standbildern oder Videos
die Identität von Menschen zu erfassen. Wenn sie in Bahnhöfen, Sta-
dien und anderen öffentlichen Räumen eingesetzt werden, sind [die-
se Systeme] in der Lage, die Identitäten und Bewegungen ganzer
Menschenmengen zu verfolgen. Diese noch nie da gewesene Form
der Massenüberwachung könnte unsere Rechte auf Versammlungs-
und Vereinigungsfreiheit erheblich einschränken. […]

Schlecht durchdachte Algorithmen haben Menschen Unterstüt-
zungsleistungen aberkannt und zu unrechtmäßigen Betrugsvorwür-
fen geführt. Letztes Jahr wurde die Regierung von einem niederlän-
dischen Gericht unter Begründung mangelnder Transparenz und
Bedenken hinsichtlich des Datenschutzes angewiesen, die Anwen-
dung eines automatisierten Risikobewertungs-Tools einzustellen,
mit dem sie die Wahrscheinlichkeit von Steuer- oder Sozialleistungs-
betrug vorausbestimmen wollte.

Die Europäische Kommission sagte, dass ›die Art und Weise,
wie wir an KI herangehen, die Welt definieren wird, in der wir le-

ben‹, und plant, ihren Regulierungsvorschlag *im ersten Quartal 2021 zu veröffentlichen.* *Eine klare Ablehnung unverhältnismäßiger Überwachung und ähnlich exzessiver Methoden sozialer Kontrolle wird helfen, Rechte zu schützen und eine dystopische Zukunft abzuwenden.*«[558] (Hervorhebungen durch die Autorin)

Der EU-Regulierungsvorschlag ist inzwischen erschienen,[559] und wie immer, wenn es um juristische Texte geht, muss man zahlreiche Seiten durchwälzen. Sosehr in diesem Vorschlag der Versuch gemacht wird, die EU-Bürger vor möglichen Rechtsverletzungen auch seitens des Staates zu schützen (etwa im Hinblick auf die biometrische Echtzeit-Fernidentifizierung), so sehr ist Skepsis angesagt. Denn der »*Pegasus*«-Skandal hat einmal mehr gezeigt, dass in dieser digitalen Welt jede Schutzmaßnahme umgangen werden kann, indem z. B. ein Handy einfach in eine Wanze umgewandelt wird. Man braucht dazu nur das »richtige« Programm – wie die *Pegasus*-Software der israelischen Firma *NSO*. Eine Liste, die beispielsweise *Amnesty International* zugespielt wurde, enthält über 50 000 Rufnummern, die vermutlich mithilfe von *Pegasus* ausspioniert werden sollten, darunter auch mehrere Rufnummern des französischen Präsidenten Emmanuel Macron.[560] Im September 2021 haben auch »*die Vereinten Nationen ein Moratorium für bestimmte Technologien aus dem Bereich der künstlichen Intelligenz (KI) gefordert*«.[561]

Präventiver Schutz vor KI ist ein Muss

Die Europäische Kommission macht sich Gedanken darüber, welche Rolle die KI in der nahen Zukunft spielen könnte, und hat eine Liste erstellt, in der u. a. die gefährlichsten und risikoreichsten KI-Systeme eingetragen sind:

»Zu den als hochriskant eingestuften KI-Systemen gehören KI-Technologien, die in folgenden Bereichen eingesetzt werden:

> *Kritische Infrastrukturen (z. B. Transportwesen), die das Leben und die Gesundheit der Bürger gefährden könnten;*
> *Ausbildung oder Berufsausbildung, die über den Zugang zu Bildung und den beruflichen Werdegang einer Person entscheiden könnten (z. B. Bewertung von Prüfungen);*
> *Sicherheitskomponenten von Produkten (z. B. KI-Anwendung bei robotergestützter Chirurgie);*
> *Beschäftigung, Arbeitnehmermanagement und Zugang zur Selbstständigkeit (z. B. Software zur Sortierung von Lebensläufen bei Einstellungsverfahren);*
> *Grundlegende private und öffentliche Dienstleistungen (z. B. Kredit-Scorings, die den Bürgern die Möglichkeit entzieht, einen Kredit zu erhalten);*
> *Strafverfolgung, die in die Grundrechte der Bürger eingreifen kann (z. B. Bewertung der Zuverlässigkeit von Beweismitteln);*
> *Migrations-, Asyl- und Grenzkontrollmanagement (z. B. Überprüfung der Echtheit von Reisedokumenten);*
> *Rechtspflege und demokratische Prozesse (z. B. Anwendung des Rechts auf konkrete Sachverhalte).«*[562]

Auf Algorithmen basierende Entscheidungen können nun einmal fehlerhaft sein, was schon in mehr als einem Bereich oftmals dokumentiert wurde. Doch was passiert, wenn sich solche (oder auch analoge) Fehlprogrammierungen bei Massenobservationen unter Drohneneinsatz, bei ferngesteuerten Killerrobotern, autonomen Waffen und angsteinflößenden Roboterhunden bemerkbar machen?

Wir lassen uns hypnotisieren von den vielfältigen Möglichkeiten, die uns die neuen smarten Technologien eröffnen – aber merken wir eigentlich, wo unsere blinde Akzeptanz hinführt? Zu Hause plaudern wir mit der selbstlernenden Siri oder Alexa (die übrigens unsere intimsten Gespräche mithören und aufzeichnen können[563]) und freuen uns über komfortable Türsprechanlagen mit Kameras (mit denen man letztlich aber auch unser Leben und das von anderen ausspionieren kann).

Die von solchen Sprechanlagen aufgenommenen Videos (der bekannteste Hersteller *Ring* wurde 2018 übrigens von **Amazon** aufgekauft) sind bereits eine große Hilfe für die Polizei, z. B. um Einbrechern auf die Spur zu kommen, zumindest in den USA. Dort ist es inzwischen normal, sich an Nachbarn zu wenden, um die von deren Sprechanlagen aufgenommenen Videos als Beweismittel zu verwenden.

Diese »Hilfestellung« kann allerdings leicht ausarten: So forderten die Polizeibehörden in Kalifornien die Einwohner auf, ihre Sprechanlagenvideos zur Identifikation von Personen zur Verfügung zu stellen, die an den *Black Lives Matter*-Demonstrationen teilgenommen hatten.[564]

Dank bedenkenlos heruntergeladener Apps wissen unsere Handys bereits, wie und wann wir schlafen[565] oder wo wir uns gerade aufhalten. Und wir machen das alles mit, reden aber immer noch von unserer gelobten Freiheit. Wo bleibt jedoch diese Freiheit, wenn wir uns wissentlich oder unwissentlich selbst unter Kontrolle begeben bzw. diese schulterzuckend dulden? Und was wird aus unserer Freiheit, wenn Roboter (wie die Patrouillenhunde in Singapur) auch hier unser Verhalten in der Öffentlichkeit zu überwachen beginnen – unter irgendeinem Vorwand?

Wollen wir nicht doch lieber aus der Hypnose aufwachen? Eigentlich wäre das eine Notwendigkeit, denn die Visionen einiger Tech-Giganten, darunter insbesondere die von Elon Musk mit seinem Unternehmen *Neuralink,* sind beunruhigend. Dieses Neurotechnologie-Unternehmen entwickelt Gehirnimplantate, also Gehirnchips, mit denen man verschiedene smarte Objekte steuern kann. Bislang wurden nur Experimente mit Schimpansen durchgeführt, aber das Musk-Unternehmen plant, seine Chips noch im Jahr 2021 auch an Menschen auszuprobieren.[566]

Hirn-Computer-Schnittstellen sind bereits seit Langem Forschungsprojekte mehrerer Universitäten. Zahlreiche Forscher sind fasziniert von den Möglichkeiten, die sich hier eröffnen – insbesondere, um kranken bzw. behinderten Menschen zu helfen, aber auch um weitreichendere Zukunftsvisionen zu realisieren. In einem Internetbericht des *NDR* heißt es: »*Mit solchen Zukunftsvisionen setzt sich auch der Berliner Verein Cyborgs e.V. auseinander. Der Verein versteht sich als kritischer Begleiter der* **Verschmelzung von Mensch und Technik**«[567] – also des Transhumanismus. (Hervorhebung durch die Autorin)

Und eine dieser transhumanistischen Zukunftsvisionen könnte schon bald Wirklichkeit werden, denn im Juli 2021 erhielt die US-Firma *Synchron* die Erlaubnis der FDA, eine erste Studie über die Einpflanzung von Chips in menschliche (!) Gehirne durchzuführen.

Das Besondere an dem von dem New Yorker Start-up-Unternehmen *Synchron* entwickelten Chip: Er ist so klein, dass man ihn durch die Blutbahn ins Gehirn der Patienten transferieren kann. Von einer bestimmten Stelle aus kommuniziert dieser Chip mit einem Transmitter, der in die Brust implantiert wurde. Auf diese Weise kann z. B. ein gelähmter Patient seine Gedanken an bestimmte motorische Bewegungen an einen externen Computer oder an ein Smartphone übertragen – zum Beispiel Schreib- oder Wischbewegungen. Dies versetzt den Patienten in die Lage, E-Mails oder Online-Aufträge zu »schreiben« oder Bilder anzuschauen.[568]

Synchron (das in Konkurrenz zu Elon Musks Firma *Neuralink* steht) schätzt das Marktvolumen (unter Berücksichtigung nur gelähmter Patienten) auf 20 Milliarden Dollar und hat bereits angekündigt, dass es mit seinem nächsten Projekt den **Transfer der gesamten Gehirnaktivität via Chip** anpeilt.

Katrin Kirchert, Gründungsmitglied und Anwältin des oben genannten Berliner Vereins Cyborgs e.V., ist skeptisch. Die Zukunftsvision von menschlichen Cyborgs, also Menschen mit implantierten Chips oder mit Roboterteilen, kann zwar begrüßt werden – aber nur, wenn dies auf Freiwilligkeit basiert, wie einem Artikel des *NDR* zu entnehmen ist: »*Diese Freiwilligkeit muss es aus Kircherts Sicht auch künftig zwingend geben. Sonst sieht sie zum Beispiel die Gefahr, dass Firmen **nur noch** auf **technisch aufgerüstetes Personal mit Implantat** […] setzen könnten: ›Das würde ja bedeuten, dass alle Menschen, die sich weigern oder bei denen das aus medizinischer Sicht nicht geht, Beschäftigte zweiter Klasse werden oder einfach gar nicht mehr eingestellt werden. Das ist etwas, das wir in unserer Gesellschaft gar nicht wollen.‹*«[569] (Hervorhebung durch die Autorin)

Wir mögen es nicht wollen, aber was ist, wenn Regierungen mithilfe der Medien die Gesellschaft so manipulieren, dass zwar kein direkter Zwang herrscht, die angestrebte Maßnahme aber durch die Hintertür durchgesetzt wird, wie aktuell im Falle der Covid-Impfungen anhand des Corona-Impfzertifikats?

Tatsache ist, dass unsere Demokratie und die Freiheitsrechte des Einzelnen bereits jetzt schon gravierend eingeschränkt werden. Diesbezüglich ist beispielsweise die Stellungnahme von Anthony Fauci erhellend, die er als Direktor des *NIAID* (National Institute of Allergy and Infectious Diseases) im Oktober 2021 in Kanada in Bezug auf die Covid-Impfung abgab: »*[…] irgendwann kommt der Zeitpunkt, an dem man das aufgeben muss, was man als sein individuelles Recht ansieht, seine eigene Entscheidung zu treffen.*«[570]

Angesichts einer derartigen Begründung für die weitreichenden Freiheitseinschränkungen, die wir bereits heute erleben, kann Elon Musk, der Befürworter des (angeblich) die Menschheit rettenden Transhumanismus, ungerührt weitermachen. »*Der Grat, auf dem er wandert, um die Menschheit zu retten, ist jedoch ein ganz schmaler. Denn hier ist, vielleicht ungewollt, der Schritt vom*

Transhumanismus zum Posthumanismus und damit die radikale und finale Transformation der Zivilisation als menschlicher Lebensform und der Spezies Mensch in ein Hybrid gedanklich bereits vollzogen. Rationalität wird da nicht mehr vom Menschen, sondern von der Maschine aus gedacht. Ganz so, wie es der britische Philosoph der neoreaktionären Bewegung, Nick Land, propagiert: Der vom Menschen abgekoppelte Algorithmus wäre endgültig das Maß aller Dinge, nicht mehr der Mensch«[571] – so Stefan Oehm in einem Essay des Online-Kulturmagazins *KUNO*.

Einer Studie des Imperial College London zufolge (2021) werden früher als gedacht **problematische Zeiten** auf uns zukommen – und zwar dann, wenn externe und nicht-invasive Computer-Hirn-Schnittstellen (auf EEG-Basis) in großem Stil verkauft werden und global zum Einsatz kommen (… wie teilweise bereits geschehen).[572]

Von Bilderfluten, Alltagsbeschäftigungen und Freizeitspaß abgelenkt, haben vermutlich die wenigsten davon gehört oder gelesen (oder es ist den wenigsten bewusst), dass Wissenschaftler schon vor Jahren **ein Hirnimplantat** entwickelt haben, **das sich von einem Smartphone aus fernkontrollieren lässt**.[573]

Ist das die algokratische, von Algorithmen regierte Zukunft, die wir für unsere Kinder und Kindeskinder wollen? Chips in ihren Gehirnen, um die Außenwelt zu kontrollieren – und gleichzeitig von dieser kontrolliert zu werden?

KAPITEL 9

Kann Spiritualität die Antwort sein?

Angesichts der Fülle an Problemen, mit denen unsere Gesellschaft konfrontiert ist – von den persönlichen Alltagsproblemen eines jeden Einzelnen über die sozialen Wirrnisse bis hin zu jenen, die unseren Planeten an den Rand des Umweltkollapses gebracht haben –, sollte man sich die Frage stellen, ob es nicht doch eine Möglichkeit gibt, das sinnentleerte Hamsterrad unseres Finanz- und Wirtschaftssystems zu verlassen und endlich Lösungen zu finden und umzusetzen, die uns zu einem besseren Leben führen. Eine dieser Lösungen liegt darin, uns wieder eine weitgehend verlorene Lebensdimension zu erschließen, und zwar die spirituelle.

Hierbei geht es nicht um Religion und ihre hypnotisierenden Kulte und Riten, sondern um die Erfahrung und das Empfinden von Spiritualität, also um ein – wie Einstein es nannte – tiefgreifendes Gefühl, welches das menschliche Handeln richtungsweisend mitbestimmt und sinnstiftend ist, denn ein Leben ohne Spiritualität kann sich nur auf Materialismus und Rationalität stützen. Das Problem ist aber (wie in den letzten Jahrzehnten deutlich geworden), dass sich auch diese beiden so gepriesenen Grundelemente des heutigen Lebens von einem hypnotischen Glauben nähren – und zwar von dem Glauben, dass wir mit unserer Vernunft bessere Entscheidungen treffen und das Materialistische dieser Welt leichter in den Griff bekommen können. Dem ist, wie ich ausführen werde, mitnichten so.

In diesem Kapitel geht es auch um eine erweiterte Definition von Vernunft (Ratio), um zu verstehen, ob es tatsächlich nur eine Form von Vernunft gibt oder ob wir nicht besser von unterschiedlichen Formen der Vernunft sprechen sollten – z.B. von praktischer, wirtschaftlicher und theoretischer Vernunft oder von niederer (Vorratio),[574] höherer und spiritueller Ratio. Nur eine höhere bzw. eine spirituelle Vernunft kann uns den Weg zeigen, Gut von der »Banalität des Bösen« zu unterscheiden.

Weiterhin muss beleuchtet werden, ob der gewollte Gegensatz zwischen Spiritualität (oft mit Irrationalität gleichgesetzt) und Wissenschaft (*de facto* gleichbedeutend mit Rationalität) tatsächlich so flächendeckend existiert, wie uns hypnotisch vorgegaukelt wird.

Am Ende geht es darum, zu erkennen, ob uns, wie wissenschaftlich erwiesen, eine uralte Technik dabei helfen könnte, wieder ein würdevolles und glücklicheres Leben zu führen.

Der Unterschied zwischen Religion und Spiritualität

Während Religion von Menschen für Menschen erdacht und verkündet wird und sich dank Riten und Liturgien zum »Opium des Volkes« – also in ein hypnotisierendes Dogma – verwandeln kann, ist Spiritualität etwas ganz anderes. Grundsätzlich entspringt sie einer natürlichen Gefühlserfahrung des Menschen. Albert Einstein beschrieb dies in sehr anschaulicher Weise: »*Meine Religion besteht in demütiger Anbetung eines unendlichen geistigen Wesens höherer Natur, das sich selbst in den kleinen Einzelheiten kundgibt, die wir mit unseren schwachen und unzulänglichen Sinnen wahrnehmen können. Diese tiefe gefühlsmäßige Überzeugung von der*

Existenz einer höheren Denkkraft, die sich im unerforschlichen Weltall manifestiert, bildet den Inhalt meiner Gottesvorstellung.«[575] (Hervorhebung durch die Autorin)

Diese Art spiritueller Empfindung bedarf keiner Lehrer, keiner Lehren und keiner Meister. Spiritualität bedeutet die gefühlte Erfahrung der Existenz einer höheren Lebensdimension, **deren Vorstufen** oft auch in einem natürlichen Gerechtigkeitsempfinden, in Empathie und ethischen Vorstellungen ihren Ausdruck finden können. Denn wir »empfinden« Gerechtigkeit oder Ungerechtigkeit, wir »verspüren« Empathie, wir »fühlen« Ethik (nicht umsonst sagen wir oft, dass sich etwas richtig oder falsch »anfühlt«). Dieses »moralische« Empfinden ist genetisch bedingt, da es auf Erfahrungen der Evolution beruht, und ist auch bei Wölfen, Hunden und natürlich bei den Primaten zu finden.[576] (Hierzu kann ich wärmstens ein Video über Kapuzineraffen des berühmten Primatologen Frans de Waal über den Gerechtigkeitssinn dieser Tiere empfehlen.[577])

Selbst bei unseren nahen Verwandten ist dieses Empfinden von »gerecht« oder »ungerecht« nicht nur auf das eigene Ego beschränkt, das heißt, das Gefühl von »Ungerechtigkeit« oder »Moral« wird nicht nur auf sich selbst bezogen, sondern auch in Bezug auf andere Individuen der eigenen Gruppe empfunden: Wenn Bonobos während eines Experiments bemerken, dass ihre Artgenossen kein Futter abbekommen haben, geben sie ihnen etwas von ihrem ab.[578]

Wir Menschen empfinden zwar Liebe und Mitgefühl, aber auch Hass und Missgunst. Dabei handelt es sich um Gefühle, genau wie bei der echten Spiritualität. (Es gibt nämlich auch eine unechte, die darin besteht, nur so zu tun, als ob man »spirituell« sei – etwa, um sich einer bestimmten Gruppe zugehörig zu fühlen.)

Echt empfundene Spiritualität ist in den meisten Fällen eine lebenstragende Kraft. Sie ist sinnstiftend und eine Art Kompass, denn sie zeigt mit fast zweifelsfreier Präzision, wohin der Lebensweg gehen sollte, und entfernt sich automatisch von den primitiven und oft negativen Gefühlen, die uns nach wie vor genetisch belasten – wie z. B. Habgier, Neid und Machtstreben. Diese machen es Menschen, die uns aus Eigeninteresse in dieser niederen Dimension halten wollen, ziemlich leicht, uns entsprechend zu manipulieren und die Gesellschaft so zu gestalten, dass sie ihren egoistischen Zielen entgegenkommt.

Unsere hypnotisierte und hypnotisierende Zivilgesellschaft muss sich die Frage stellen, ob *Gott* tatsächlich tot ist – **und mit Gott ist hier nicht eine anthropomorphe Gestalt gemeint, sondern eine höhere, universelle Denkkraft, das schöpferische Prinzip, wie Einstein es einst beschrieb.** Vermutlich ist das uns vorgegaukelte glückliche Leben voller materieller Dinge unterschwellig ein zutiefst frustrierendes und unglückliches, weil von jeglichem religiösen Glauben und von den meisten spirituellen Ankern losgelöst (warum sonst flüchten sich so viele in legale wie illegale Drogen?[579]).

Hypnotisiert von einer seit Jahrzehnten propagierten Pseudorationalität, verspüren inzwischen viele von uns, dass uns eine wertvolle Möglichkeit genommen wurde, unser Leben in eine höhere Dimension einzubetten und es nicht nur auf die simple, rein materielle Sinnhaftigkeit des *Survival of the Fittest* (Villa und Rolex) oder auf die biologisch diktierte Reproduktion (Familie gründen und Kinder bekommen) zu reduzieren (so sehr Letzteres der Erhaltung der Spezies dient).

Die innere Leere, die die niedere Vernunft und das Negieren einer höheren Dimension in uns Menschen erzeugt hat, wird auch in unseren alltäglichen Handlungen spürbar – anders ließen sich so manche fragwürdigen Verhaltensweisen der Menschen nicht erklären: Da kauft sich einer Sneakers für 1,5 Millionen Euro[580] (trotz der Tatsache, dass tagtäglich Kinder an Armut sterben); junge Mädchen prostituieren sich, um ihren Schulkameradinnen eine neue Original Gucci-Tasche vorzeigen zu können,[581] und immer mehr schieben sich Kokain in die Nase, um besseren Sex oder einfach nur Spaß zu haben[582] (nebenbei: Früher nahm man Drogen, um mystische, also spirituelle oder bewusstseinserweiternde Erfahrungen zu machen[583]).

Diese Verhaltensweisen entspringen einer Strategie, die uns ständig glauben macht, ethische Prinzipien seien »relativ« und nicht allgemeingültig: Auf diese Weise verwirrt, verlieren die Menschen ihr Gespür für echte Werte. Die Abgründe ihrer verkümmerten Seelen werden uns tagtäglich vor Augen geführt: Das geht vom steigenden Konsum extremer Pornoszenen (gerade bei Minderjährigen)[584] bis zur allgegenwärtigen Ausbreitung der Pädophilie (von diversen Parteien und Verbänden in Europa bis vor wenigen Jahren als »schutzwürdige Expression der sexuellen Freiheit« gerechtfertigt[585]).

Als weitere Beispiele seien hier nur die sichtbar gewordene Korruption der Politiker[586] und die Machtbesessenheit der Ultrareichen erwähnt (die unter dem Deckmantel der Rettung des Planeten so manche Agenda zu ihren Gunsten verfolgen[587]).

Wir alle wissen unterschwellig, dass uns spirituelle Gefühle – oder zumindest ein weitgehend kollektives Empfinden von Ethik und Gerechtigkeit – dazu befähigen würden, eine bessere Gesellschaft zu gestalten als die heutige. Leider aber haben im Namen der Ratio (eigentlich einer Pseudo- oder Vorratio[588]) die meisten von uns der Spiritualität den Rücken gekehrt.

Ich werde später noch aufzuzeigen versuchen, dass und wie uns der Begriff der »Rationalität« bzw. der Begriff der Vernunft seit Langem **hypnotisch** in seinem Bann hält und dass wir unbedingt aus dieser Hypnose erwachen müssen, wenn wir ein aufrichtigeres Miteinander gestalten wollen.

Ein Leben ohne Glauben?

Vor 40 Jahren schrieb Marion Gräfin Dönhoff, eine der angesehensten deutschen Journalistinnen und Mitherausgeberin der *Zeit*: »*Ohne das Wissen um eine höhere Macht ist der Mensch seiner eigenen Arroganz und Maßlosigkeit ausgeliefert. […] Erst die **Negierung alles Metaphysischen** hat die totalitäre Macht des Menschen über den Menschen möglich gemacht und den absoluten Terror zur Realität werden lassen. […] Ohne jene übergeordnete Autorität fehlen ihm die Orientierungsmarken, hält er sich selbst für allmächtig, bis er – dieser Omnipotenz schließlich überdrüssig – nicht einmal mehr an sich selber glaubt.*«[589] (Hervorhebung durch die Autorin)

Einem solchen Wesen bleibt nichts anderes übrig, als die Stimme des eigenen frustrierten und unglücklichen Egos im Rausch legaler oder illegaler Modedrogen oder auch durch obsessiven Konsum wie hypnotisiert zum Schweigen zu bringen. »*Wenn es keinen transzendenten Bezug gibt*«, so Dönhoff weiter, »*dann wird in dieser immer komplexer, **immer verwirrender werdenden Welt die Hilflosigkeit, die ein Charakteristikum der heutigen Generation zu sein scheint, am Ende zur Verzweiflung in Permanenz. […] Die Furcht vor dem Nichts (und die ausschließliche Diesseitigkeit, also der totale Positivismus, ist ja das Nichts)** ist überdies wohl mit ein Grund für die zunehmenden Aggressionen, die wir heute allenthalben feststellen müssen.*«[590] (Hervorhebung durch die Autorin)

Diese scharfe Analyse, vor mehr als 40 Jahren geschrieben, ist heute aktueller denn je – denken wir nur an die zunehmende Hasskultur und Aggressivität, die Femizide und die brutale Intoleranz. Und an das angeblich saubere Gewissen jener, die willentlich und ohne eine Sekunde zu zögern Korruption, Lügen, Gier und Perversionen an den Tag legen, als ob das Leben nur noch von negativen Werten geprägt wäre. Welch karge Seelenlandschaft, welche Dunkelheit breitet sich aus?

Igor Sibaldi, ein in Italien berühmter Bestsellerautor, Religionswissenschaftler und YouTube-Star, befasst sich seit Jahren mit diesen Fragen und mit der Bedeutung von Metaphysik für unser Leben. In seinen Seminaren beschreibt er, wie unser wirtschaftliches und soziales System es schafft, uns alle »kleinzuhalten«, **also innerhalb der beschränkten geistigen Grenzen dessen, was uns die Gesellschaft als wünschenswert beibringt und vermittelt** und was eigentlich nur den grundbiologischen Bedingungen (Nahrung, Fortpflanzung etc.) sowie den kapitalistischen Maßgaben (Konsum, Fortschritt etc.) entspricht: Wir essen, um zu überleben, wir haben Sex, um uns (u. a.) zu reproduzieren, wir arbeiten und verdienen Geld, um hauptsächlich diese primären biologischen Bedürfnisse zu befriedigen, und wir konsumieren, um dieses biologische sowie das kapitalistische System in Gang zu halten. Für viele Menschen sind insbesondere Machtstreben und Habgier zu Grundbedürfnissen geworden, also primitive Triebe, die es zu befriedigen gilt, weil das gesellschaftliche System diese Verhaltensweisen fördert und »belohnt«. (Auch Primaten zeigen sich in der Gruppe gierig und egoistisch, werden aber von ihren Artgenossen dafür bestraft.)

Was aus unserem Gesellschaftssystem resultiert, bringt Dönhoff treffend auf den Punkt: »*Die Verarmung und Sinnentleerung, die durch solche Reduzierung hervorgerufen worden ist, wird von vielen schmerzlich empfunden.*«[591]

Wollte Nietzsche »Gott« wirklich für tot erklären?

Diese Frage ist wesentlich, denn der viel zitierte deutsche Philosoph, der Gottes Tod proklamiert hat, wurde womöglich fehlinterpretiert. Damit hätten wir wieder jemanden, der aufgrund der Eigeninteressen der Eliten nur auf einige seiner Konzepte reduziert wurde und wird. Ähnlich wie Darwin (Stichworte: Kampf ums

Dasein und *Survival of the Fittest* – siehe Kapitel 4 »Gesellschaftliche Folgen der Fehlauslegung der Darwin'schen Evolutionstheorie«) wird Nietzsche von der Gesellschaft mit seinem Begriff des »Übermenschen« und dem bekannten Satz »Gott ist tot« verbunden. Wie **wir** diesen Satz interpretiert haben, hat allerdings nichts mit dem Gedanken zu tun, den Nietzsche mit »Gott ist tot« ausdrücken wollte, wie weiter unten dargelegt wird.

Hier stellt sich also eine Frage von essenzieller Bedeutung:

Kam die historische Entwicklung zu einer säkularisierten Weltanschauung, die dem universellen mystischen Prinzip den Rücken gekehrt hat, den Zielen und Vorhaben einiger Menschen womöglich besonders entgegen – und haben diese die Säkularisierung mithilfe hypnotischer Maßnahmen gezielt gefördert?

Was ist nämlich passiert? Sehr viele von uns haben sich der Manipulation der Kirche entzogen, um aus einer »Hypnose des Glaubens« zu erwachen – dabei aber nicht gemerkt, dass sie im Laufe der Zeit einer anderen, noch verhängnisvolleren Hypnose verfallen sind, nämlich den Versprechungen einer neuen wirtschaftlichen und gesellschaftlichen Ordnung, die Wachstum, Wissenschaft und Ratio zu den neuen Göttern erhoben hat. (Dass diese bei Weitem nicht das halten, was sie gemeinhin versprechen, wird im Verlauf dieses Kapitels deutlich werden).

War Nietzsche der Auffassung, dass Gottes Tod in den Menschen **keine** traumatischen Spuren im Sinne einer Sinnleere hinterlassen würde? Damit sich der Leser sein eigenes Bild machen kann, soll Nietzsche hierzu mit einigen Zeilen aus *Die fröhliche Wissenschaft* selbst zu Wort kommen: »*Habt ihr nicht von jenem tollen Menschen gehört, der am hellen Vormittage eine Laterne anzündete, auf den Markt lief und unaufhörlich schrie: ›Ich suche Gott! Ich suche Gott!‹ – Da dort gerade Viele von Denen zusammen standen, welche nicht an Gott glaubten, so erregte er ein grosses Geläch-*

ter. [...] Der tolle Mensch sprang mitten unter sie und durchbohrte sie mit seinen Blicken. ›Wohin ist Gott?‹ rief er, ich will es euch sagen! **Wir haben ihn getödtet, – ihr und ich! Wir Alle sind seine Mörder!** *[...] Was thaten wir, als wir diese Erde von ihrer Sonne losketteten? Wohin bewegt sie sich nun? Wohin bewegen wir uns? [...]* **Irren wir nicht wie durch ein unendliches Nichts?**«[592] (Hervorhebungen durch die Autorin)

Nietzsche hatte also bereits im Vorfeld erahnt, was im Laufe der Zeit geschehen würde, denn er sah nicht nur den Verfall des Christentums kommen (man denke an die tiefe Krise der katholischen Kirche), sondern auch dessen Folgen, wie Scotty Hendricks im Wissenschaftsmagazin *Big Think* darlegt: »Europa brauchte [nach der Aufklärung] *nicht mehr Gott als Quelle für alle Moral, Werte oder die Ordnung im Universum; Philosophie und Wissenschaft waren in der Lage, das für uns zu tun. Diese zunehmende Säkularisierung des Denkens im Westen führte den Philosophen [Nietzsche] zu der Erkenntnis, dass Gott nicht nur tot war, sondern dass die Menschen ihn mit ihrer wissenschaftlichen Revolution, ihrem Wunsch, die Welt besser zu verstehen, getötet hatten.*

Der Tod Gottes erschien Nietzsche als eine nicht ganz so gute Sache. Ohne einen Gott war das grundlegende Glaubenssystem Westeuropas in Gefahr, [...]. Wenn das alte Sinnsystem verschwunden war, konnte ein neues geschaffen werden, aber es war mit Risiken behaftet – **solchen, die die schlimmsten Seiten der menschlichen Natur hervorbringen konnten. Nietzsche glaubte, dass die Beseitigung dieses Systems die meisten Menschen in die Gefahr der Verzweiflung oder Sinnlosigkeit brachte.**«[593]

Kapitalismus – die neue Religion?

Und was ist heute gemeinhin der Sinn eines Menschen? Sich abzustrampeln, um die Karriereleiter emporzusteigen und Geld anzuhäufen? Jedes zweite Wochenende durch die Welt zu fliegen (zumindest vor Corona-Zeiten …) und dabei den CO_2-Ausstoß zu erhöhen? Achselzuckend Sklavenarbeit, erzwungene Prostitution und weitere Abartigkeiten unserer kapitalistischen Gesellschaft apathisch hinzunehmen?[594]

Wie schaut eine Welt aus, die ohne ein schöpferisches Prinzip auskommen muss und sich nur noch dem marktkonformen und konsumorientierten Diktat des Habens unterwirft? Welchen neuen Kult hat sich diese Welt ausgesucht? Schon vor rund 100 Jahren schrieb der Philosoph Walter Benjamin dazu: »*Im Kapitalismus ist eine Religion zu erblicken*, d. h. der Kapitalismus dient essentiell der Befriedigung derselben Sorgen, Qualen, Unruhen, auf die ehemals die so genannten Religionen Antwort gaben. […] *Erstens ist der Kapitalismus eine reine Kultreligion, vielleicht die extremste, die es je gegeben hat.* […] Der Kapitalismus ist vermutlich der erste Fall eines nicht entsühnenden, sondern verschuldenden Kultus. […]*

Darin liegt das historisch Unerhörte des Kapitalismus, daß Religion nicht mehr Reform des Seins, sondern dessen Zertrümmerung ist. Die Ausweitung der Verzweiflung zum religiösen Weltzustand, aus dem die Heilung zu erwarten sei.«[595] (Hervorhebungen durch die Autorin)

Welch geniale Analyse! Walter Benjamin war sicherlich **nicht** hypnotisiert, als er die kapitalistischen Mechanismen entlarvte: **Zuerst wird die Gesellschaft in die Verzweiflung getrieben, um ihr dann** *panem et circenses*, **also Konsum und Spaß anzubieten.**

In diesem System besteht die Heilung der unterschwelligen Seelenverzweiflung darin, dass man – zum Beispiel – bei einer Sotheby's-Versteigerung 1,8 Millionen US-Dollar für ein Paar von Kanye West getragene (hässliche) Sneakers ausgibt.[596]

Sneakers sind im Moment überhaupt besonders im Trend und zeigen uns, wie diese neue Religion funktioniert: Um der religiösen

Gemeinschaft der Kapitalismus-Hypnotisierten die Möglichkeit zu geben, an den Sneakers-Liturgien teilzunehmen, hat ein angesehenes Aktionshaus wie Sotheby's nun einen eigenen Webshop-Verkauf[597] solch überteuerter Turnschuhe gestartet, deren Preis bei 25 000 Euro oder mehr liegt, wobei sich die Kosten für Produktion, Transport etc. höchstens auf 30 bis 50 Euro belaufen.[598]

Wie hypnotisiert oder schlafwandlerisch dumm sind wir eigentlich?

Der Hauptkult des Kapitalismus besteht in der Erzeugung von Bedürfnissen und deren Befriedigung (eine neue Form von »Opium fürs Volk«). Aber welcher Art sind diese Bedürfnisse? Heute astronomisch teure Synthetikschuhe[599] … und was kommt morgen?

Wir praktizieren einen Kult, dem wir uns seit Jahrzehnten wie in Trance huldigend hingeben und der schon vor der Corona-Zeit die extremsten Auswüchse dieser Ersatzreligion aufgezeigt hat. Tagelang standen wir vor Geschäften an, um das Modell einer hippen Markentasche zu ergattern, oder verbrachten gar Nächte im Schlafsack auf dem Bürgersteig in der Hoffnung, zu den ersten stolzen Besitzern des neuesten überteuerten Smartphones zu zählen. Man kann wohl davon ausgehen, dass dies nach Beendigung der Corona-Krise wieder Fahrt aufnehmen wird.

Ein anderer Aspekt des Kapitalismus der letzten Jahre ist, dass er uns dazu verführt hat, kontinuierlich auf Schnäppchenjagd zu gehen (à la »Schnell noch das Ticket im Internet buchen, solange es noch so billig ist«). Dieser Auswuchs des Kapitalismus ist für Richard David Precht nichts anderes als ein **Entsolidarisierungsprogramm:** *»Die Flexibilisierung der Preise nach sekündlichem Angebot und Nachfrage ist ein Entsolidarisierungsprogramm sondergleichen.* **Also das ist ein welthistorisches Experiment.** *Früher hat jeder im Zug das Gleiche für sein Ticket bezahlt, er kriegte vielleicht, wenn er körperlich versehrt war oder Kind war, oder Rentner, eine*

Ermäßigung, ansonsten haben alle dasselbe bezahlt. *Heute fährt der Zug mit dem Geld der Trottel, die nicht rechtzeitig ihr Ticket gebucht haben, z. B. deswegen, weil sie gar nicht wissen, wie das geht [...] meistens die ältere Bevölkerung. Und auf deren Kosten fahren all diejenigen, die die Schnäppchenpreise gekriegt haben. Und das Gleiche haben wir bei jedem Flug. [...] Das ist eine grundsätzliche Entsolidarisierung – ich versuche mir auf Kosten anderer Vorteile zu verschaffen – und ich werde, wenn ich das nicht tue, bestraft, also tue ich das [...] um kein Verlierer in diesem Prozess zu sein. **Und das ist in der Tat ein tagtägliches, jeden Tag sich quasi ereignendes Entsolidarisierungsprogramm.** [...] (Unter) Turbokapitalismus verstehe ich ein System, in dem wir mit ökonomischer Vernunft, also der Frage: ›Was habe ich davon?‹ jede einzelne Frage in unserem Leben angehen. **Im Grunde genommen hat der Kapitalismus inzwischen unsere Seelen sehr weit kannibalisiert.**«*[600] (Hervorhebungen durch die Autorin)

Kann ein Mensch glücklich sein, dessen Seele vom System »vereinnahmt« wird? Wir müssen endlich aufwachen und begreifen, dass wir nicht nur unserer Würde, sondern auch der Möglichkeit beraubt werden, ein Leben mit spirituellen Empfindungen in einer höheren und wahrhaft glücklichen Dimension zu leben, wie ich im Laufe dieses Kapitels anhand wissenschaftlicher Studien aufzeigen werde.

Wir, die Angehörigen der sogenannten kultivierten westlichen Zivilisation, und auch die atheistischen Orientalen bevorzugen jedoch die säkularisierte aufgeklärte Rationalität, denn wir meinen, fast alles wissenschaftlich und rational erklären zu können – und merken dabei nicht, dass man uns die Seele, wie Precht es nennt, »kannibalisiert« hat.

Verdrängte Spiritualität – Körper und Seele rebellieren

Die oberflächliche, konsumorientierte Lebensform erfüllt unser Dasein, sei es mit immer neuen Modeartikeln, Handys, billigeren Flugreisen etc. … oder Kokain: Davon wurden 2021 auf deutschem Boden 16 Tonnen sichergestellt,[601] das heißt, der Verbrauch liegt vermutlich viel höher. In den USA nahmen 2019 über 41 Millionen Amerikaner dieses Aufputschmittel ein.[602] Auch der kontinuierlich steigende Konsum von legalen stimmungsverändernden Medikamenten (Antidepressiva und Co.)[603] ist ein Zeichen innerer Unruhe – unter der hauptsächlich Menschen leiden, die mit unserer gegenwärtig positivistisch und materialistisch geprägten Lebensweise nicht mehr zurechtkommen.[604]

Wissenschaftlich wurde bereits vor etwa einem Jahrzehnt nachgewiesen, dass Menschen, die Spiritualität empfinden, ein signifikant geringeres Risiko haben, schwere Depressionen zu entwickeln: »*Bereits 2012 hatten die Wissenschaftler um Dr. Lisa Miller von der Columbia-Universität in New York in einer prospektiven Studie über zehn Jahre festgestellt, dass familiär belastete Probanden, für die Religion besonders wichtig ist, ein um **90 Prozent geringeres Risiko für eine Major-Depression haben als Menschen ohne den Hang zu Religion und Spiritualität**«* – so in der *ÄrzteZeitung* von 2014 zu lesen.[605] (Hervorhebung durch die Autorin)

Da aber die universelle Denkkraft für tot erklärt worden ist (was nicht nur den Produzenten von luxuriösen Sneakers, sondern auch den Herstellern von überteuerten Stimmungsaufhellern, also der Pharmabranche, zugutekommt), lohnt es sich, zu erfahren, womit wir unsere innere Leere eigentlich beheben, wenn wir beispielsweise Antidepressiva einnehmen. In einer Cochrane-Studie, die 2018 im *BMJ* veröffentlicht wurde, kommen Wissenschaftler aus Dänemark zu folgendem Schluss: »*Die Evidenz stützt keine definitiven Schlussfolgerungen bezüglich des Nutzens von Antidepressi-*

*va bei Depressionen bei Erwachsenen. **Es ist unklar, ob Antidepressiva wirksamer sind als Placebo.***«[606] (Hervorhebung durch die Autorin)

Wir nehmen Medikamente gegen unsere dunkle Unruhe ein, also gegen das, was man im Grunde genommen als eine Sinnentleerung der Seele bezeichnen könnte – und wissen nicht, dass diese Medikamente kaum wirksamer sind als eine Zuckerpille. Einmal mehr verfallen wir also Placebo-Hypnosen (siehe Kapitel 1 »Am Anfang war das Wort«), die aber einigen Menschen großen Reichtum bescheren: 2018 erwirtschaftete der globale Markt für Antidepressiva und Anti-Angst-Medikamente schätzungsweise über zwölf Milliarden Dollar.[607] Laut der o. g. Studie wurde dieses Geld für eigentlich unnütze Medikamente ausgegeben – oder vielmehr großen Pharmafirmen in den Rachen geworfen.

Und wenn wir es mit Drogen oder Medikamente nicht schaffen, unserer täglich nagenden Unruhe und inneren Leere zu entfliehen, müssen andere Abhilfemittel her.

Ist der grenzenlose Alkoholverbrauch[608] nicht auch ein Versuch, aufkommende Fragen und Sinnkrisen[609] abzuwürgen? Die wissenschaftlich belegte Tatsache, dass von einer echten inneren Spiritualität beseelte Menschen weniger für Alkohol anfällig sind und besser abstinent bleiben können,[610] zeigt auf, dass extremer Alkoholkonsum mit einer verloren gegangenen Dimension des Lebens zusammenhängt: »*Religiöse Zugehörigkeit, Spiritualität und spirituelle Praktiken wurden häufig als Schutzfaktoren für die Prävention und Behandlung von gefährlichem Alkoholkonsum [...] untersucht. [...] Von Bedeutung für den vorliegenden Artikel ist – Kendler und Kollegen stellten fest, dass eine stärkere allgemeine Religiosität, soziale Religiosität, der Glaube an die Beteiligung Gottes am Leben einer Person, der Glaube an Gott als Richter sowie Dankbarkeit signifikant mit einem verringerten Risiko für Alkoholabhängigkeit verbunden waren.*«[611]

Die Vereinigung der Anonymen Alkoholiker setzt schon seit Jahren auf Spiritualität, um Menschen, die sich im Alkohol verloren haben, von dieser Abhängigkeit zu befreien.[612]

Unsere bereitwillige Akzeptanz der von einer spaß- und geldfixierten Gesellschaft diktierten Lebensformen und der Rituale der kapitalistischen Ersatzreligion ist das Ergebnis einer Mischung aus fremd- und selbst-induzierter Hypnose. Wir folgen den Zwängen unterschiedlicher Gruppen und wähnen uns besonders intelligent und vernünftig, wenn wir **nicht** an ein höheres und universelles Prinzip glauben. Wir halten uns für aufgeklärt, obwohl wir unser Denken und Handeln hauptsächlich nach den biologischen Urinstinkten primitiver Raubtiere bzw. **nach der kapitalistischen Sublimierung dieser Vorgaben ausrichten** (Nahrung ergattern = Geld anhäufen).

Auch wenn es scheint, dass wir die Spiritualität verloren haben – mithilfe der Meditation können wir uns die Empfindung dafür durchaus wieder antrainieren, wie etliche Studien nachweisen. Jedenfalls würde Meditation uns künftig helfen, die nächste Stufe der menschlichen Evolution zu erreichen.

Säkularisierte Vernunft versus spirituelle Vernunft

Die säkularisierte Vernunft hat uns sicherlich viele Vorteile gebracht, ebenso wie der ihr entsprungene wissenschaftliche Grundgedanke.

Der Wissenschaft verdanken wir etliche Fortschritte – in der Medizin z. B. die moderne Chirurgie und Medikamente wie Antibiotika, die unser Leben retten können, und in der Technologie Geräte wie Waschmaschine und Smartphone, die uns den Alltag erleichtern. **Aber haben säkularisierte Ratio, Wissenschaft und Technik eine menschliche(re) Entwicklung eingeleitet? Sind wir durch sie besser, klüger geworden?**

Vor über einem Jahrhundert hat Max Weber auf geradezu hellseherische Weise dargelegt, was passieren würde, wenn man nur der Wissenschaft und der Ratio folgt: »*Machen wir uns zunächst klar, was denn eigentlich diese intellektualistische Rationalisierung durch Wissenschaft und wissenschaftlich orientierte Technik praktisch bedeutet. Etwa, daß wir heute, jeder z. B., der hier im Saale sitzt, eine größere Kenntnis der Lebensbedingungen hat, unter denen er existiert [...]? Schwerlich.*«[613]

Weber war der Auffassung, dass die Wissenschaft **eine gottfremde Macht** ist, die den Sinn der Welt **mitnichten durch Rationalität erklären könne.**[614]

Die verschiedenen Formen der Ratio

Die klassischen Philosophen setzten *Ratio* nicht mehr mit *Vernunft* gleich, sondern mit *Verstand,* und *Vernunft* mit *Intellectus.* Nun, laut Duden ist Ratio bedeutungsgleich mit *Vernunft* oder dem *logischem Verstand.* In vorliegendem Text halte ich mich an diese Definition, wobei ich die Ratio, also die Vernunft in eine niedere (also ähnlich einer Vorratio) und eine höhere einteilen werde.

Wir Menschen folgen nämlich entweder einer primitiven, also niederen Vernunft, oder einer höheren. **Die niedere Vernunft** besteht aus sublimierten Elementen einer Pseudorationalität, in die wir die elementarsten biologischen Bedürfnisse verpackt haben – also all das, was wir als vernünftig betrachten, weil es die primitiven Bedürfnisse des Ich befriedigt. Wir akkumulieren z. B. Geld und Macht, um uns bestmöglich am Leben erhalten und fortpflanzen zu können. Dies bezeichnet Igor Sibaldi als das kleine »verkümmerte Dasein« (zu dessen Erhaltung Psychologie[615] und Psychiatrie einen großen Beitrag geleistet haben, wie einige Wissenschaftler in der Vergangenheit konstatiert haben[616]).

Und dann gibt es **die höhere Vernunft** – sie verfolgt Ziele, die nicht nur das Ich befriedigen, sondern darüber hinaus für die Gemeinschaft und den Planeten von Bedeutung sind. Und ebendiese höhere Vernunft geht mit der Suche nach Wahrheit und Sinn einher, um über Empfindungen wie Empathie, Ethik und Gerechtigkeit in die Spiritualität zu münden.

Von der niederen Ratio zur höheren Ratio – bis hin zur spirituellen Ratio

Ich werde versuchen, diese Entwicklung am Beispiel des Wissenschaftsbetriebes aufzuzeigen, denn gerade für die Wissenschaft gilt ja allgemein, dass sie voll und ganz auf der Ratio fußt.

In vielen Fällen ist das allerdings nur noch eine Wunschvorstellung, da die Wissenschaft heutzutage oft nicht mehr viel mit höherer Vernunft oder Ratio gemein hat.

So gibt es z. B. in der evidenzbasierten Medizin (EbM) massive finanzielle Interessen,[617] und viele Universitäten werden von »Baronen« dominiert (ältere weiße Männer, die nur solchen jungen Wissenschaftlern und Wissenschaftlerinnen Zugang gewähren, die ihnen ihre Pfründe sichern, den Erfolg nicht streitig machen und sie nicht in den Schatten stellen).[618]

Nun lebt die Wissenschaft aber hauptsächlich von neuen und vielversprechenden Ideen. Zuerst belächelt, sind es ja gerade diese anfänglich irrational erscheinenden Ideen, die die Forschung vorantreiben. Einstein hatte dies für sich bereits klar erkannt: »*Ich habe nie durch den Prozess des rationalen Denkens eine meiner Entdeckungen gemacht.*«[619] (Hervorhebung durch die Autorin)

Diese »irrationalen« Visionen werden dann später zur höheren Vernunft transformiert.

Leider aber werden wir alle – und auch viele Wissenschaftler – von diesem System und unserer biologisch tief verwurzelten

Primitivität hypnotisch innerhalb der **niederen Ratio** »kleinge-halten«, wie der bekannte Physiker Lee Smolin in Bezug auf den Wissenschaftsbetrieb bereits vor einigen Jahren darlegte: »*Die Probleme wurzeln in der Art und Weise, wie die Karriere- und Finanzierungsstrukturen der Universitäten die ›Ich-Ich-Ich‹-Wissenschaft belohnen: **mangelnden Mut, Festhalten an gescheiterten Forschungsprogrammen, post mortem-Imagepflege, eigennütziges Machtstreben, Engstirnigkeit, defensive Strategien und Gruppendenken.** Diese Punkte sollten jeden beunruhigen, der in der Position ist, Anreize für Akademiker zu schaffen, […] Viele haben mit mir gesprochen und sind besorgt, und einige wenige bemühen sich, Anreize zu schaffen, die **risikoreiche/gewinnbringende, transformative Wissenschaft belohnen** und Gruppendenken, risikoarme/gewinnbringende und ›Ich-Ich-Ich‹-Wissenschaft vermeiden.*«[620] (Hervorhebung durch die Autorin)

Was Smolin hier beschreibt, ist alles andere als eine Wissenschaft, die von purem Forschergeist betrieben wird und sich nur der »Sache an sich« widmet – so wie es eigentlich sein sollte, wenn wir Wissenschaft mit Vernunft oder mit **höherer Ratio** gleichsetzen (wollen).

In der Wissenschaft rücken nämlich seit Jahrzehnten zunehmend Interessen und Erwägungen in den Vordergrund, die eigentlich primitiver Natur sind, aber als Vernunftgründe verkleidet werden und damit ihre Rechtfertigung erhalten. Auf diese Weise haben ursprüngliche biologische Bedürfnisse, die sich heutzutage in Karriere, Machtanspruch und Habgier sublimieren, den Niedergang der echten wissenschaftlichen Forschung eingeleitet.

Wir sollten also der hypnotischen Behauptung, die Wissenschaft sei auch heute noch ein Hort, ja geradezu eine Metapher der Vernunft und von dieser geleitet, mit größter Skepsis begegnen und endlich die Augen öffnen.

Wie bereits betont, muss auch hier unterschieden werden zwischen höherer und niederer Vernunft. Höhere Vernunft in der Wissenschaft zeigt sich dann, wenn das »Ich«, eigentlich das Ego, zugunsten der Lösung eines gemeinsamen Problems oder der reinen Forschung zurücktritt und nicht nur rational verbrämte Aktivitäten erfolgen, die letztlich nur der eigenen Person oder einer Gruppe Vorteile bringen, aber der eigentlichen Sache abträglich sind.[621]

Forschern mit einer offeneren und breiter angelegten Vision (auch spirituellen) der Wissenschaft, die ihr Metier im Sinne ethischer Grundsätze und nach den Regeln guter wissenschaftlicher Praxis betreiben, werden von engstirnigen Gralshütern materialistischer Vorstellungen allzu oft unüberwindbare Hindernisse in den Weg gelegt: Man schweigt sie tot, gibt sie der Lächerlichkeit preis oder zerstört ihre Karriere (siehe Sheldrake und Yudkin, Kapitel 3 »Gibt es noch Meinungsfreiheit an den Universitäten?«). In vielen Fällen sind Labore zu Gefängnissen der freien Gedanken mutiert.[622]

In den letzten Jahrzehnten der materialistischen Übermacht mussten viele Wissenschaftler, insbesondere in der Forschung, ihre Spiritualität verbergen: »Es sollte kein Tabuthema sein, aber, offen gesagt, ist es das in wissenschaftlichen Kreisen oft«,[623] so vor einigen Jahren der Genetiker Francis S. Collins, heute Direktor der US-amerikanischen Gesundheitsinstitute *(NIH),* der frei über seinen christlichen Glauben spricht.

Seit einigen Jahren mehren sich aber die Stimmen der Forscher, die jenseits des Physikalismus den Weg der Versöhnung von Wissenschaft und Spiritualität gehen wollen, wie das 2019 von US-Wissenschaftlern publizierte Buch: *Beyond Physicalism: Toward Reconciliation of Science and Spirituality* darlegt.[624] Vielleicht macht sich ja das Bedürfnis nach einer höheren Vernunft, die in eine spirituelle Vernunft mündet, immer stärker bemerkbar …

Es hat jedenfalls schon immer Wissenschaftler gegeben, die der Spiritualität zugeneigt waren – darunter vor allem jene, denen die

Wissenschaft große Errungenschaften verdankt (Newton, Einstein, Curie, Tesla etc.). Es ist nicht nur ihre unstillbare Neugier für diese Welt, sondern auch die tiefe Verwunderung (und Bewunderung), die sie für den Makrokosmos oder den Mikrokosmos **empfinden,** die sie dazu bringt, sich wesentliche Fragen zu stellen – und Lösungen zu finden.

Dies gilt wohl für die meisten Wissenschaftler. Professor Marcelo Gleiser (Physiker am Dartmouth College und Gewinner des Templeton-Preises) drückt dies so aus: »*Für mich ist die Wissenschaft ein Weg, sich mit dem Mysterium der Existenz zu verbinden. Und wenn man es so betrachtet, ist das Mysterium der Existenz etwas, worüber sich die Menschen Gedanken gemacht haben, seit sie begannen, Fragen darüber zu stellen, wer wir sind und woher wir kommen. Während diese Fragen also heute zur wissenschaftlichen Forschung gehören, sind sie viel, viel älter als die Wissenschaft. Ich spreche nicht von der Wissenschaft der Materialien oder von der Hochtemperatur-Supraleitung, die großartig und super wichtig sind, aber das ist nicht die Art von Wissenschaft, die ich betreibe. Ich spreche von der Wissenschaft als Teil einer viel bedeutenderen und älteren Art der Fragestellung, wer wir im großen Bild des Universums sind. […] Einstein hätte das Gleiche gesagt, denke ich, mit seinem kosmischen religiösen Empfinden.*«[625]

In der Tat inspirierte diese Fragestellung auch den Entdecker der Relativitätstheorie: Einstein wollte wissen, wie Gott denkt, denn alles andere sei nur Nebensache.[626]

Und die großen Fragen kamen ihm, weil er von einer tiefen spirituellen Empfindung durchdrungen war: »*Das schönste und tiefgehendste Gefühl, das wir erfahren können, ist die Wahrnehmung des Geheimnisvollen.* **Sie ist der Same aller wahren Wissenschaft. Wem dieses Gefühl fremd ist, wer nicht mehr ergriffen von Ehrfurcht stehen bleiben kann, ist so gut wie tot.** *Diese mit tiefen Gefühlen verbundene Überzeugung vom Dasein einer überlegenen, intelligenten*

Macht, die sich im unbegreiflichen Weltall offenbart, sie bildet meine Vorstellung von Gott.«[627] (Hervorhebung durch die Autorin)

Viele Wissenschaftler fragen sich, ob diese Art, die Welt zu sehen, zu erfahren und zu erfühlen, uns nicht die Möglichkeit eröffnet, ein **erweitertes Denken** an den Tag zu legen und sich somit **bessere Fragen** zu stellen – also im Grunde (wie Einstein, aber auch viele andere) eine »bessere Wissenschaft« zu betreiben, um auf diese Weise wegweisende Antworten und Lösungen zu finden, die uns auch im Leben weiterhelfen können. Daher sind ja zahlreiche Wissenschaftler, also jene Menschen, die sich »von Haus aus« **nur** der Rationalität verpflichtet fühlen sollten, der spirituellen Ratio nicht abgeneigt.

Nehmen wir diese Haltung der Wissenschaftler als *Pars pro Toto*, dann erkennen wir, dass nicht die Ratio in ihrer heutigen niedrigen Form, sondern die höhere Ratio und die spirituelle Vernunft Kompass für unser aller Dasein sein könnten, da beide sinnstiftend wirken, das Denken verbessern und uns den richtigen Weg weisen. Dank einer höheren Dimension des Denkens und Fühlens wird unser Leben zufriedener, wenn nicht sogar glücklicher, was dann auch zu einer ethisch höheren und gerechter gestalteten Gesellschaft führt. Dass der erste Schritt dazu möglich ist, wird seit Jahren durch zahlreiche wissenschaftliche Studien nachgewiesen: Achtsamkeitsmeditationen können Wunder wirken – dazu reichen 13 Minuten am Tag.[628]

Die Praktiken des Buddhismus und die spirituelle Vernunft

Zahlreiche Neurowissenschaftler sind der Auffassung, dass wir Menschen keinen freien Willen besitzen.[629] Ich war vor Jahren der gleichen Meinung, aber angesichts der vielen Studien über Meditation und Gehirnplastizität (die sich z. B. in einer nachweislich höheren Dichte unserer grauen Zellen im Cortex [das heißt in unserer Großhirnrinde] und einer reduzierten neuronalen Verbindung zur primitiven Amygdala zeigt) bin ich mir heute nicht mehr so sicher. Denn den schmalen Grat zum vorhandenen freien Willen könnten wir gehen, wenn wir die Möglichkeit ergreifen, unser Gehirn per Meditation upzudaten.

Die Existenz eines freien Willens ist nämlich tatsächlich gegeben, wenn wir uns bemühen, die uralte buddhistische Form der Achtsamkeit (engl.: Mindfulness) zu praktizieren. Es geht hier nicht darum, dass wir alle zu Buddhisten mutieren, sondern darum, von anderen Menschen und Kulturen jahrhundertelang bewährte Praktiken zu erlernen, die es uns erlauben, eine höhere Vernunft zu entwickeln und glücklicher zu werden.

»Achtsamkeit« ist inzwischen zu einem geläufigen und oft strapazierten Begriff geworden, der teilweise auch missverständlich erläutert wird. Oft entspricht Achtsamkeit nicht unbedingt dem, wofür der Begriff ursprünglich tatsächlich steht: »*Im frühen Buddhismus, in dem die Achtsamkeit das erste Mal explizit auftaucht, **ist die Motivation auf spirituelles Wachstum und Selbsttransformation gerichtet.** In unserer modernen westlichen Gesellschaft finden sich neben den spirituellen auch säkulare Motive. Achtsamkeit wird in den unterschiedlichsten Feldern mit den unterschiedlichsten Ausgangsmotivationen praktiziert.*«[630] (Hervorhebung durch die Autorin)

Eine falsche oder nicht konforme Auslegung der buddhistischen Mindfulness-Praktik kann sogar entgegengesetzte Resultate bewirken, wie Simon Schindler, Professor für Sozialpsychologie an der TU Dresden, vor Kurzem im *Spiegel* ausführte: »*Es gibt aktuelle Studien, die zeigen, dass manche Menschen nach selbstständigen Achtsamkeitsübungen etwa weniger bereit waren, Geld zu spenden. Dieses Zentrieren auf den eigenen Kosmos, auf das Ich, das ist kritikwürdig.*«[631]

Spirituelles Wachstum hat nichts, aber auch gar nichts mit dem Aufplustern und Hätscheln des Egos oder mit der ständigen Überbetonung der eigenen Wichtigkeit zu tun.

Würde Mindfulness heute so verstanden werden, wie es seinem buddhistischen Ursprung entspricht, könnte uns diese uralte, fast 2500 Jahre alte Technik dabei helfen, die Gesellschaft durchgreifend ethischer zu gestalten und mental einen kultivierteren Umgang mit sich selbst und mit anderen zu erreichen. Sie würde vielen von uns die Möglichkeit eröffnen, eine höhere Vernunft walten zu lassen und diese konkret auch in sozialen Bereichen einzusetzen, damit aus Egoismus, wenn schon nicht absolute Selbstlosigkeit, so doch zumindest gefühlter und gelebter Respekt uns selbst und unseren Mitmenschen gegenüber erwächst (wie weiter unten erläutert wird).

Die Wirkungen solcher buddhistischen Achtsamkeitsübungen haben sich im konkreten Alltag seit Jahren als vorteilhaft erwiesen, und zwar in vielerlei Aspekten des Lebens. Inzwischen mehren sich die wissenschaftlichen Nachweise, dass diese Meditationstechnik für Menschen selbst bei der Bewältigung ökonomischer oder gesundheitlicher Probleme hilfreich sein kann.

Um die Vorzüge dieser Methode aufzuzeigen – die sich sichtbar in messbaren »Gehirnveränderungen« manifestiert (bestimmte Gehirnareale vergrößern sich) –, seien nachfolgend kurz einige der zahlreichen wissenschaftlichen Studien aus unterschiedlichen Fachgebieten aufgeführt.

Mindfulness als Treiber einer besseren Ratio

Vor einigen Jahren konnten Wirtschaftswissenschaftler nachweisen, dass Menschen mithilfe dieser uralten Übungen selbst bei ökonomischen Fragen bessere rationale Entscheidungen treffen und weniger dem finanziellen Trugschluss der »Versunkene Kosten«-Falle erliegen.[632]

Eine uralte spirituelle Technik wie die der Mindfulness- bzw. Achtsamkeitsmeditation ist also nachweislich die beste Methode, um tief verwurzelten gedanklichen Verzerrungen entgegenzuwirken, die aufgrund primitiver Gefühle (finanzielle Verlustängste etc.) entstehen – und somit letztlich klügere Entscheidungen zu treffen.

Könnte diese spirituelle Rationalität, also diese »höhere« Vernunft, auch im Business Vorteile bringen? Mehrere Forscher sind durchaus dieser Auffassung.[633]

Mindfulness und Gesundheit

Über die Wechselbeziehung zwischen diesen beiden Aspekten wird seit Jahren in zahlreichen Büchern und Zeitschriftenartikeln informiert. Zuweilen drängt sich der Verdacht auf, dass auf diesem Gebiet eine Art Hype entstanden ist, welcher der Sache eigentlich nicht dienlich ist. Aus diesem Grund werde ich hauptsächlich auf wissenschaftliche Studien eingehen, bei denen keine Interessenkonflikte bestehen. Sie zeigen auf, dass Meditation uns Menschen bei der Bewältigung von Stress, Depressionen und Schmerzen[634] sehr gut helfen kann (vermutlich sogar besser als Morphin[635]).

Es handelt sich hierbei nicht um Wirkungen, die lediglich aufgrund von Selbstsuggestion entstehen, also gewissermaßen infolge einer selbstinduzierten Hypnose. **Meditation scheint nämlich ganz konkrete, messbare Spuren in unserem Körper zu hinterlassen,** und zwar nicht nur in den Gehirnwindungen (mehr dazu später), sondern auch auf den Endabschnitten unserer Chromosomen, die als Telomere bezeichnet werden. Diese werden im Laufe unseres Lebens immer kürzer, das heißt, ihre Länge ist ein Messgrad für unser Alter: Je länger die Telomere, desto jugendlicher sind wir. Tatsache ist, dass bei Menschen, die oft meditieren, länge-re Telomere festgestellt wurden als bei Nicht-Meditierenden.[636]

Bei älteren Menschen kann Meditation sogar dem kognitiven Verfall entgegenwirken. Mit diesem komplexen Forschungsfeld ha-ben sich 2018 Wissenschaftler verschiedener europäischer Länder (Schweiz, Frankreich, Belgien, Großbritannien) befasst und dabei festgestellt, dass bei denjenigen, die Meditation in ihr Leben inte-griert hatten, im Cortex mehr graue Substanz vorhanden war.[637]

Mindfulness als Gehirntraining

Meditation versetzt uns also in die Lage, unsere Gehirnwindungen zu verändern und eine höhere Stufe der Vernunft zu erreichen (und das liegt in unserer Entscheidung, sprich unserem freien Willen!). Jedenfalls zeigen uns das etliche Forschungen über die Auswirkungen von Meditation auf unser Gehirn und auf unser Verhalten.

Mindfulness-Meditation erhöht nämlich **die Dichte der grau-en Zellen, wie etliche Studien,**[638] Untersuchungen mit älteren Menschen[639] sowie eine systematische Überprüfung und Metaana-lyse zahlreicher weiterer Studien (2021) belegen.[640]

Diese Achtsamkeitsübungen, so eine kalifornische Forschungs-arbeit, erweitern den Cortex, also den stammesgeschichtlich jüngsten (rationaleren) Teil unseres Gehirns, und lassen die neu-ronalen Verbindungen zur uralten (die Angst betonenden) Amyg-dala schrumpfen.[641] **Wenn das nicht konkrete und messbare Evo-lution ist …**

Dies alles bedeutet vor allem eines: Wir können unser Gehirn (und unseren Geist) mittels Meditation (aber auch mittels ande-rer Systeme wie Neurofeedback, Hypnose etc.)[642] genauso trainie-ren, wie wir unsere Muskeln durch Sport »positiv verändern«.

Hier geht es allerdings nicht um eine Verbesserung unserer körperlichen Leistungen: Mit Mindfulness-Meditation können wir jene Hirnareale stimulieren, die es uns ermöglichen, uns weiterzuentwickeln.. Zu kompliziert oder zu schwierig? Nein, eigentlich gar nicht. Man braucht nur drei Dinge: die richtige Meditation, deren Ausübung und Training bereits im Kindesalter sowie die Einführung von Mindfulness-Meditation in den Schulen. Dies wird ansatzweite bereits in vielen Ländern der Welt und auch in Deutschland getan.

Meditation in den Schulen

Der bekannte Neurowissenschaftler Prof. Dr. Wolf Singer hatte bereits vor fast 20 Jahren gefordert, dass die neurowissenschaftlichen Erkenntnisse in die Didaktik integriert werden sollten. Heute, gestützt auf die Ergebnisse zahlreicher Studien über Meditation, haben viele Schulen in der ganzen Welt bereits Achtsamkeitsübungen eingeführt, und die Auswirkungen sind wirklich erstaunlich. Wie heißt es doch so schön? Früh begonnen, viel gewonnen … oder: Übung macht den Meister.

2014 war eine Metaanalyse der Europa-Universität Viadrina in Frankfurt (Oder) zu dem Schluss gekommen, dass Mindfulness an den Schulen Kinder und Jugendliche in die Lage versetzt, ihre kognitiven Fähigkeiten, ihre Aufmerksamkeits- und Lernkapazität sowie ihre Stressresilienz zu verbessern.[643] Diesbezügliche Erfahrungen in den USA haben ergeben, dass Kinder dank der Meditation nicht nur ihre Aggressivität abbauen, sondern sich nach eigenen Aussagen glücklicher fühlen.[644] Andere Studien haben festgestellt, dass Kinder dank Meditationsübungen auch weniger ängstlich sind.[645] (Siehe oben – Meditation reduziert die neuronalen Verbindungen zum Angstzentrum Amygdala.)

Die Hirnzellen trainieren – höhere Vernunft erreichen und glücklich werden

Wie bereits beschrieben, kann die Neurowissenschaft den Skeptikern heute beweisen, dass die uralte buddhistische Mindfulness-Meditationstechnik unseren Cortex dahingehend verändern kann, dass sich gerade seine »moderne«, also hoch entwickelte neuronale Schicht verdichtet und volumenmäßig vergrößert[646] – und dass dies uns dazu führen kann, eine höhere Vernunft zu entwickeln. **Diese uns von der Evolution gebotene Chance sollten wir unbedingt ergreifen, um den dadurch eigentlich für uns vorgesehenen Evolutionssprung auch zu vollziehen und der höheren Vernunft Raum zu geben.** Denn diese höhere Vernunft könnte uns nicht nur dazu verhelfen, weniger von primitiven Gefühlen und Gedanken geleitet zu werden (die uns zu schädlichen Entscheidungen verleiten), sondern uns auch ersparen, Antidepressiva oder anderes zu schlucken, frustrationsbedingt immer wieder neue Dinge zu konsumieren und unsere Umwelt zu zerstören.

Diese Art der Vernunft könnte für viele von uns hilfreich sein, um wieder die Würde an den Tag zu legen, die wir Menschen einander schulden – denn wie Studien in dem neuen Wissenschaftsbereich der **Dignity Neuroscience** (übersetzt etwa: die Neurowissenschaft der Würde) zeigen, ist Respekt vor der eigenen Würde und der der anderen fundamental für unser psychisches Wohlbefinden.[647] Nur auf diesem Weg können wir eine dauerhafte und lebenstragende Glückseligkeit erfahren **und die Gesellschaft verbessern.**

Das beste Beispiel hierfür ist Matthieu Ricard – einer der angesehensten buddhistischen Mönche nach dem Dalai-Lama und bekannt als der glücklichste Mensch der Welt. Als Sohn eines französischen Philosophen und einer bekannten Malerin hatte er im Elternhaus schon als Junge Kontakt mit Gästen wie Igor Strawinsky und Cartier Bresson und entschloss sich schon früh, den Osten und seine Philosophien zu erkunden: »*Als junger Mann studierte Ricard Molekulargenetik unter einem Nobelpreisträger am renommierten Pasteur-Institut. Er unterbrach seine Studien mehrfach, um seinem wachsenden Interesse am Buddhismus nachzugehen, und reiste nach Darjeeling, um von spirituellen Meistern zu lernen. Ricard machte schließlich seinen Doktor, aber als es an der Zeit war zu entscheiden, was er mit seinem Leben anfangen wollte, war die Entscheidung einfach. […] Er verglich diese mit einer Frucht, die an einem Baum gereift ist: ›Irgendwann muss man nicht mehr am Ast ziehen und ihn brechen, um an die Frucht zu kommen. Man muss sie nur berühren, und sie fällt einem in die Hände.*«[648]

Anscheinend war es die richtige Entscheidung, denn aufgrund einer Studie der University of Wisconsin (2004) verliehen ihm die Medien den Titel des »*glücklichsten Menschen auf Erden*«.

Wie kamen die Journalisten zu dieser Schlussfolgerung? Auf Wunsch des Dalai-Lama nahm Ricard zusammen mit anderen buddhistischen Mönchen an einem Experiment teil, bei dem während einer auf Mitgefühl fokussierten Mindfulness-Meditation ihre Gehirnströme gemessen wurden.

Den Studienergebnissen zufolge hat das Gehirn von Ricard (wie auch das der anderen teilnehmenden buddhistischen Mönche) im Vergleich zur Kontrollgruppe Gamma-Wellen produziert, die extrem hohe Amplituden (schnelle Frequenzen) aufwiesen. Bemerkenswert war zudem, dass diese Gamma-Wellen über sein gesamtes Gehirn hinweg messbar waren (was als Zeichen einer breit angelegten neuronalen Koordination zu werten ist).

Eines der bahnbrechenden Ergebnisse dieser Studie war, dass bei Mönchen mit langjähriger Meditationspraxis über **30-fach erhöhte** Gamma-Amplituden gemessen wurden (gleichzusetzen mit einem besonders hohen Glücksempfinden). Die Forscher stellten außerdem fest, dass die Amplitude der Gamma-Wellen bei den Mönchen auch im Normalzustand viel höher war als bei den Personen der Kontrollgruppe.[649] Demnach sind diese Menschen auch in ihrem normalen Alltag **glücklicher** als andere.

Bei dem o. g. Experiment wurden aber nicht nur die Gehirnströme gemessen. Die Mönche, Ricard inbegriffen, wurden auch in die Röhre eines MRT-Gerätes geschoben; während sie die Mitgefühl-Meditation auch darin durchführten, erstellten die Forscher magnetresonanztomografische Bilder ihrer Gehirne. Diese Aufnahmen haben bestätigt, dass bei Mönchen und anderen Personen mit langjähriger Meditationspraxis das linke Frontalhirn besonders aktiv ist – also der Teil des Gehirns, der mit Glück und Zufriedenheit in Verbindung gebracht wird. »*Optimistische Typen haben einen aktiveren linken Frontalcortex als unglücklichere Naturen. Offenbar hält dieses Hirnareal schlechte Gefühle im Zaum – und sorgt für die heitere Ausgeglichenheit und Gemütsruhe, die so viele Buddhisten auszeichnet*« – so die *SZ* in einem Artikel dazu.[650]

Glück sei, wie Studienleiter Richard Davidson betont, eine »*Fertigkeit, die sich erlernen lässt wie eine Sportart oder das Spielen eines Musikinstruments. […] Wer übt, wird immer besser.*«[651] (Hervorhebung durch die Autorin)

Die spirituelle Vernunft, die durch die Umsetzung buddhistischer Techniken erreicht werden kann, vermag uns eine Glückseligkeit zu bescheren, wie sie uns in unserer Alltäglichkeit eigentlich unbekannt ist. Ob es sich bei diesen uralten buddhistischen Methoden um eine Art Selbsthypnose handelt, ist noch offen. Wie auch immer, es könnten genau diese Praktiken sein, die es uns ermöglichen, den nächsten evolutionären Quantensprung zu machen – also Menschen zu werden, die endlich aufwachen und erkennen, dass es an der Zeit ist, nachhaltig und im Sinne eines Ganzen zu denken und zu handeln.

Dabei geht es wie gesagt nicht darum, einer menschengemachten Religion mit ihren Liturgien und Ritualen zu folgen, sondern vielmehr darum, durch mitgefühlorientierte Meditation die (vermutlich genetisch verankerte) spirituelle Seite in uns wiederzuerwecken und wieder zu empfinden.[652]

All das, was uns beigebracht wurde – der egozentrische Konkurrenzkampf und das Emporsteigen auf einer Karriereleiter, um Geld, Erfolg und materielle Güter zu erlangen –, wird bei Erreichen dieser Ziele nur mit einem kurzfristigem (Pseudo-) Glücksempfinden belohnt.[653] Das solchermaßen auf materielle Errungenschaften getrimmte Leben lässt uns kontinuierlich neue Befriedigungen (fehlinterpretierte »Glücksmomente«) suchen, die sich in ungezügeltem Kauftrieb, Karrieregeilheit,[654] Sexsucht[655] oder Machtverlangen ausdrücken.

Die Mitgefühl-Meditation kann uns helfen, gerade diese biologisch-primitiven Triebe im Zaum zu halten, die von der Gesellschaft und insbesondere von unserem konsumorientierten Wirtschaftssystem seit über einem Jahrhundert ebenso obsessiv wie hypnotisierend gefördert werden. Auf diese Weise kann uns Meditation von einem Ballast befreien, der uns letztlich immer egoistischer, übersättigter, unzufriedener, oberflächlicher und unglücklicher macht.

Wenn wir von wahrem Glück getragen werden wollen, also Glück als Lebenszustand und als Dankbarkeit der Schöpfung gegenüber erfahren wollen (Letztere wirkt sich übrigens auch positiv auf die Gesundheit des Herzens aus[656]), müssen wir das in uns schlummernde Potenzial mithilfe von Meditation wiedererwecken. Nur so können wir uns aus dem gegenwärtigen hypnotischen Zustand befreien.

Wir müssen eines begreifen: Die ökonomischen Profiteure wollen nicht, dass wir glücklich und zufrieden sind, damit wir ihr System durch unser Kaufen und Konsumieren – also »kurzfristige Wohlgefühle« – weiter aufrechterhalten. Denn, Hand aufs

Herz: Wie lange währt das Glücksgefühl nach dem Kauf eines Designerkleides oder des neuesten SUV-Modells? Zumeist meldet sich schon bald darauf das latente Gefühl der Unzufriedenheit zurück, und wir verfallen erneut dem Konsum. Der Philosoph Walter Benjamin hat dieses Räderwerk des Kapitalismus bereits vor einem Jahrhundert aufgezeigt (siehe oben).

Meditation würde diese Strategie vereiteln. Der Hirnforscher Richard Davidson dazu: »*Es gibt inzwischen eine Fülle von Daten, die belegen, dass Menschen, die sich großzügig und altruistisch verhalten, tatsächlich Schaltkreise im Gehirn aktivieren, die für die Förderung des Wohlbefindens entscheidend sind. Diese Schaltkreise werden auf eine Art und Weise aktiviert, die **nachhaltiger** ist als die Art und Weise, wie wir auf andere positive Anreize reagieren, wie z. B. ein Spiel zu gewinnen oder einen Preis zu erhalten.*

Menschen kommen mit einer angeborenen, grundlegenden Güte auf die Welt. Wenn wir uns auf Praktiken einlassen, die darauf abzielen, Güte und Mitgefühl zu kultivieren, erschaffen wir nicht wirklich etwas Neues – wir erschaffen nicht wirklich etwas, das nicht schon existiert. Was wir tun, ist eine Eigenschaft zu erkennen, zu stärken und zu pflegen, die von Anbeginn vorhanden war.

Unsere Gehirne werden ständig geformt, bewusst oder unbewusst – meistens unbewusst. Durch die bewusste Gestaltung unseres Geistes [...] können wir die Verantwortung für unseren eigenen Verstand [Geist] übernehmen.«[657] Um endlich aus der systemimmanenten Fremdhypnose zu erwachen.

Anmerkungen

1   https://www1.wdr.de/mediathek/video-mehr-als-show--wie-hypnose-heilen-kann-100.html
2   https://www.sueddeutsche.de/medien/russ-mohl-gastbeitrag-corona-panikorchester-1.5075025
3   https://www.oxfordhandbooks.com/view/10.1093/oxford-hb/9780199793471.001.0001/oxfordhb-9780199793471-e-025
4   https://www.cambridge.org/core/journals/perspectives-on-politics/article/testing-theories-of-american-politics-elites-interest-groups-and-average-citizens/62327F513959D0A304D4893B382B992B
5   https://www.uvm.edu/~dguber/POLS234/articles/mcgraw.pdf
6   https://www.theater-an-der-ruhr.de/fileadmin/theater/Konzeption/Theorie/Geld/Kapitalismus-als-Religion.pdf
    https://www.frontiersin.org/articles/10.3389/fcomm.2020.00037/full
7   https://www.frontiersin.org/articles/10.3389/fcomm.2020.00037/full
    »Discussion begins from the premise that the dominant mainstream media in contemporary life remain as the prime movers of mass persuasion steering citizens toward obedient self-sacrifice to the prevailing neoliberal order«
8   https://www.zeit.de/digital/internet/2014-06/facebook-nutzer-manipulation-studie
9   https://www.wsj.com/articles/how-google-interferes-with-its-search-algorithms-and-changes-your-results-11573823753
10 https://www.mdr.de/medien360g/medienwissen/medien-corona-verschwoerung-100.html
11 https://www.theater-an-der-ruhr.de/fileadmin/theater/Konzeption/Theorie/Geld/Kapitalismus-als-Religion.pdf
12 https://www.frontiersin.org/articles/10.3389/fcomm.2020.00037/full
    » […] how, in this period of the Information Age, media technologies give shape to the ›mind-forged manacles‹ [… that influence behavior […] and shape perception about the degradation of human sovereignty, agency, and privacy. In light of these powerful tools of information processing and dissemination, our central purpose is to critically examine how certain media tools and content normalize the dispossession of basic human and civil rights and work to prepare people mentally for unquestioning service as cogs in the global capitalist machinery.«
13 https://pubmed.ncbi.nlm.nih.gov/7635580/
    https://www.theguardian.com/uk-news/2015/aug/18/pregnant-women-on-self-hypnosis-births

14 https://hypnosis.edu/history/shamanism-and-trance-traditions
https://www.jstor.org/stable/1387852?seq=1#page_scan_tab_contents
15 https://www.tandfonline.com/doi/full/10.1080/14635240.2016.1142061
»Trance states have long been used within a healing context in India. The use of chant, evocation of trance through ritual, and altered states achieved through meditation has been a means for self-realization, psychological well-being, and increasing health. […] Yoga-nidra (the yoga of sleep) is one of these practices. It is similar to hypnosis and other techniques of mind-body methods of healing used in psychotherapy.«
16 https://www.irest.org/projects/veterans
17 https://www.researchgate.net/publication/312739358_Sleep_in_Ancient_Egypt
18 https://www.spiegel.de/wissenschaft/mensch/hirnforschung-warum-traeumt-der-menschen-drogentrip-im-schlaf-a-ccc29651-0002-0001-0000-000176230941
19 https://www.kleanthes.de/schlaf-und-traum-in-der-hippokratischen-medizin-ekkehart-paditz-kleanthes-dresden-2017/
20 https://newstechnologyworld.com/can-a-dream-warn-you-about-cancer/
https://www.discovermagazine.com/mind/can-a-dream-warn-you-about-cancer
https://www.psychologytoday.com/us/blog/dream-factory/201412/do-your-dreams-predict-your-health
https://www.sciencedirect.com/science/article/abs/pii/S1550830715000348
http://www.dreamscience.ca/en/documents/publications/_2010_Nielsen%20Chapter_PPSM5_98_1116-1128_2010_disturbed_dreaming_in_medical_conditions.pdf
https://www.researchgate.net/publication/273500306_Warning_Dreams_Preceding_the_Diagnosis_of_Breast_Cancer_A_Survey_of_the_Most_Important_Characteristics
21 https://onlinelibrary.wiley.com/doi/abs/10.1002/1520-6696(198101)17:1%3C68::AID-JHBS2300170109%3E3.0.CO;2-B
https://www.tandfonline.com/doi/abs/10.1080/00029157.2001.10403454
https://carljungdepthpsychologysite.blog/2020/10/28/carl-jung-on-hypnosis/#.YIk6EuvONTY
22 https://www.apa.org/topics/psychotherapy/hypnosis
23 https://www.letemps.ch/societe/lextraordinaire-resilience-louis-de-rungs-jeune-homme-tombe-ciel
24 https://www.youtube.com/watch?v=BB1XqJWGY2s (ab ca. Minute 25)
https://www.youtube.com/watch?v=Cys2vxKuDuU (TED Talk)
https://www.youtube.com/watch?v=5G2r7iS6ENY (TED Talk)
25 https://pubmed.ncbi.nlm.nih.gov/11190791/#affiliation-1
26 https://pubmed.ncbi.nlm.nih.gov/10986765/
27 https://www.corriere.it/salute/13_agosto_21/ipnosi-intervento-tumore_c79edae8-0a41-11e3-b366-05f9348e8c80.shtml

28 https://www.bscah.com/news/detail/9000-patients-surgery-with-hypnosis
29 https://dgzh.de/verein/deutsche-zeitschrift-fuer-zahnaerztliche-hypnose/
    dzzh-uebersicht.html
30 https://www.bscah.com/news/detail/9000-patients-surgery-with-hypnosis
31 https://pubmed.ncbi.nlm.nih.gov/7635580/
32 https://www.ncbi.nlm.nih.gov/pmc/articles/PMC5120961/
    https://www.ncbi.nlm.nih.gov/pmc/articles/PMC6160280/
    https://pubmed.ncbi.nlm.nih.gov/10801169/
    https://www.ocf.berkeley.edu/~jfkihlstrom/ISHOT%20Web/hypnosis_
    pain_utility.htm
33 https://www.sciencedaily.com/releases/2015/12/151228161400.htm
34 https://pubmed.ncbi.nlm.nih.gov/29136523/#affiliation-1
35 https://experts-gyneco-provence.fr/wp-content/uploads/2018/11/CP-Fo-
    rum-cancer-10.11.18-VF.pdf
36 https://pubmed.ncbi.nlm.nih.gov/29136523/
37 https://www.newscientist.com/article/mg24432550-600-what-hypnosis-
    does-to-your-brain-and-how-it-can-improve-your-health/
    »Guy Montgomery at the Icahn School of Medicine at Mount Sinai,
    New York, has found that women who had hypnosis before breast
    cancer surgery reported less pain, anxiety, nausea and fatigue afterwards.
    And the benefits weren't just physical. His team predicted that if 90 per
    cent of people needing a breast cancer biopsy in the US were to undergo
    hypnosedation, it would save the country more than $135 million a year.«
38 https://www.newscientist.com/article/mg24432550-600-what-hypnosis-
    does-to-your-brain-and-how-it-can-improve-your-health/
    »The UK's Royal College of Midwives now accredits hypnobirthing cour-
    ses and funds training in the technique. Some anaesthesists now include
    hypnosis in their toolkit, and it is even being touted as a solution for the
    opioid addiction crisis. Hypnosis is certainly no cure-all, but learning
    what works, why it works and how to do it ourselves may help us harness
    the power of the mind for some of life's toughest battles.«
39 https://jamanetwork.com/journals/jamainternalmedicine/fullartic-
    le/2753680
40 https://www.newscientist.com/article/mg24432550-600-what-hypnosis-
    does-to-your-brain-and-how-it-can-improve-your-health/
    »[…] for treatment-resistant IBS, there is overwhelming evidence that
    hypnosis can improve symptoms and quality of life. […]
    In the US, both the American Psychological Association and the National
    Institutes of Health now promote hypnosis as part of standard care for
    pain. Numerous studies have shown that it can improve a variety of chro-
    nic problems, such as lower back pain and side effects of cancer treat-
    ments – often offering more relief than physical therapy and cognitive
    behavioural therapies alone.«
    https://www.apa.org/pubs/journals/releases/amp-a0035644.pdf

41 https://www.repubblica.it/salute/medicina-e-ricerca/2019/10/30/news/
sostituzione_della_valvola_aortica_in_ipnosi-239870297/

42 https://www.repubblica.it/salute/medicina-e-ricerca/2020/01/09/news/
ipnosi_per_intervento_su_fibrillazione_atriale-245329348/
https://genova.repubblica.it/cronaca/2020/01/10/news/ipnotizzato_e_
operato_al_cuore_al_san_paolo_di_savona-245352309/

43 https://www.tecnomedicina.it/ipnosi-in-sala-operatoria-al-cardinal-mas-
saia-di-asti/
»Tale metodica permette anche di raggiungere una analgesia che nel 20%
dei casi può essere così elevata da garantire il non utilizzo di farmaci
anestetici, ad ogni modo, in tutti i casi, una percezione della riduzione del
dolore.«

44 https://www.tecnomedicina.it/ipnosi-in-sala-operatoria-al-cardinal-mas-
saia-di-asti/

45 https://www.mdr.de/wissen/mensch-alltag/gesundheit-medizin-hypnose-
statt-vollnarkose-100.html

46 https://www.mdr.de/wissen/mensch-alltag/gesundheit-medizin-hypnose-
statt-vollnarkose-100.html

47 https://www.mdr.de/wissen/mensch-alltag/gesundheit-medizin-hypnose-
statt-vollnarkose-100.html

48 https://www.br.de/wissen/hypnose-medizin-trance-100.html

49 https://www.spektrum.de/news/mit-hypnose-gegen-schmerzen-und-
angst/1701552

50 https://www.bmj.com/content/371/bmj.m4284

51 https://www.tandfonline.com/doi/abs/10.1080/00029157.2007.10401595

52 https://www.ncbi.nlm.nih.gov/pmc/articles/PMC4812013/
»with hypnosis being described as placebo without deception«

53 https://www.unibas.ch/de/Aktuell/News/Uni-Research/Auch-offen-abge-
gebene-Placebos-wirken-wenn-sie-erklaert-werden.html

54 https://journals.lww.com/pain/Abstract/2019/12000/Effects_of_open_
label_placebo_on_pain,_functional.22.aspx
https://www.daserste.de/information/ratgeber-service/ard-buffet/videos-
extern/sendung-vom-09-03-2021-100.html (in den ersten 5 Minuten der
Sendung)

55 https://www.aerztezeitung.de/Nachrichten/Auch-offen-verabreichte-
Placebos-helfen-301343.html

56 https://www.youtube.com/watch?v=1RA2Zy_IZfQ (TED-Video ab ca. 7'20")

57 https://www.sciencedaily.com/releases/2016/07/160728100926.htm
https://www.sciencedaily.com/releases/2005/03/050326100346.htm
https://pubmed.ncbi.nlm.nih.gov/32216623/

58 https://www.julianjaynes.org/resources/books/ooc/de/die-hypnose/
https://kevinbinz.com/2013/12/03/jaynes-the-origin-of-consciousness-in-
the-breakdown-of-the-bicameral-mind/

59 https://psycnet.apa.org/record/2013-21814-002

60   https://www.statnews.com/2016/07/28/hypnosis-psychiatry-brain-activity
61   https://www.apotheken.de/krankheiten/hintergrundwissen/10579-die-schlafphasen
     https://www.spektrum.de/magazin/problemloesen-im-traum/1791257
62   https://www.psych.mpg.de/848223/schlaf
63   https://www.meine-gesundheit.de/ratgeber/schlaf/schlafphasen
64   https://www.maennergesundheitsportal.de/themen/gesunder-schlaf/was-ist-schlaf/schlafphasen/
65   https://www.spektrum.de/news/was-traeumen-neugeborene-und-foeten/1566458
66   https://www.sleepreviewmag.com/sleep-health/demographics/age/rem-sleep-womb
67   https://link.springer.com/chapter/10.1007%2F978-3-319-07296-8_35
68   https://nyaspubs.onlinelibrary.wiley.com/doi/abs/10.1111/nyas.13412
     https://www.spektrum.de/magazin/problemloesen-im-traum/1791257
69   https://link.springer.com/chapter/10.1007%2F978-3-319-07296-8_35
70   https://www.sciencedaily.com/releases/2018/06/180607112753.htm
     https://www.frontiersin.org/articles/10.3389/fnsys.2011.00073/full
71   https://morgancounseling.net/counseling-boca-raton/emdr-vs-hypnosis/
72   https://www.aerzteblatt.de/archiv/148764/Eye-Movement-Desensitization-and-Reprocessing-(EMDR)-Eine-ungewoehnliche-Form-der-Psychotherapie
73   https://www.ncbi.nlm.nih.gov/pmc/articles/PMC4820440/
     https://jordan-hypnose.de/hypnose-lexikon/trancezeichen/
74   https://www.emdria.de/emdr/was-ist-emdr/
75   https://www.aerzteblatt.de/archiv/148764/Eye-Movement-Desensitization-and-Reprocessing-(EMDR)-Eine-ungewoehnliche-Form-der-Psychotherapie
76   https://www.ncbi.nlm.nih.gov/pmc/articles/PMC4589642/
77   https://www.ncbi.nlm.nih.gov/pmc/articles/PMC5681964/
78   https://www.aerzteblatt.de/archiv/148764/Eye-Movement-Desensitization-and-Reprocessing-(EMDR)-Eine-ungewoehnliche-Form-der-Psychotherapie
79   https://www.spektrum.de/lexikon/neurowissenschaft/theta-wellen/12919
     https://www.gesundheit.gv.at/krankheiten/gehirn-nerven/schlafstoerungen/schlafstadien
80   https://www.ncbi.nlm.nih.gov/pmc/articles/PMC4361031/
81   https://www.researchgate.net/publication/275055767_THE_DRAMATIC_WORLDVIEW_OF_ALAN_WATTS_A_PSYCHOLOGICAL_COMMENTARY_ON_THREE_LECTURES_ENTITLED_THE_NATURE_OF_CONSCIOUSNESS
82   https://www.researchgate.net/publication/275055767_THE_DRAMATIC_WORLDVIEW_OF_ALAN_WATTS_A_PSYCHOLOGICAL_COMMENTARY_ON_THREE_LECTURES_ENTITLED_THE_NATURE_

OF_CONSCIOUSNESS« We have been hypnotized, literally hypnotized by social convention…«

83 http://darwin-online.org.uk/content/frameset?pageseq=1&itemID=F1066.1&viewtype=text

84 https://public.wsu.edu/~taflinge/socself.html#1
    https://link.springer.com/chapter/10.1007/978-3-322-82706-7_19

85 https://www.newscientist.com/article/mg24432550-600-what-hypnosis-does-to-your-brain-and-how-it-can-improve-your-health/

86 https://www.tandfonline.com/doi/abs/10.1080/00207147308409132

87 https://link.springer.com/article/10.3758/s13415-015-0393-0

88 https://raisingchildren.net.au/toddlers/behaviour/common-concerns/fear-of-strangers

89 https://www.deutsche-apotheker-zeitung.de/daz-az/2005/daz-23-2005/uid-14041

90 https://www.newscientist.com/article/mg21028174-700-could-a-whiff-of-oxytocin-help-hypnosurgery/#ixzz6lnsRmygE

91 https://www.ntd-eurofins.com/oxytocin-affects-mom-baby-bond/
    https://pubmed.ncbi.nlm.nih.gov/31728399/

92 https://pubmed.ncbi.nlm.nih.gov/23562248/#affiliation-1

93 https://www.sueddeutsche.de/panorama/erpressung-der-quandt-erbin-klatten-mitleid-sex-und-videos-1.536464

94 https://www.verywellfamily.com/in-the-mood-you-may-be-ovulating-1960259

95 https://www.faz.net/aktuell/wissen/leben-gene/oxytocin-wirkung-und-funktion-des-bindungshormon-13546038.html

96 https://www.verywellmind.com/best-hypnosis-apps-4800547

97 https://www.youtube.com/watch?v=goyZbut_KFY

98 https://www.concrete-online.co.uk/advertising-in-the-age-of-oatly/

99 http://marketingmasterinsights.com/input/tag/hypnotic-spiral/

100 https://www.youtube.com/watch?v=H0gZ4iQqGJg (ab 2:00)

101 https://www.ncbi.nlm.nih.gov/pmc/articles/PMC6357291/

102 https://www.berliner-zeitung.de/gesundheit-oekologie/psycho-manipula-tion-so-perfide-ist-gaslighting-li.29332

103 https://www.theguardian.com/politics/2016/jul/01/eu-referendum-leave-hypnotist-paul-mckenna-nigel-farage

104 https://videoactivism.net/de/through-the-eyes-of-a-refugee/

105 https://www.newscientist.com/article/2105280-knowing-youre-being-manipulated-doesnt-stop-it-from-happening/
    »A nudge uses an understanding of human behaviour to encourage people to do particular things. Nudges work without imposing rules or big penalties – they are more subtle approaches for promoting certain actions. […] with the UK government even establishing a ›nudge unit‹.«

106 https://www.newscientist.com/article/2105280-knowing-youre-being-manipulated-doesnt-stop-it-from-happening/

107 https://blogs.lse.ac.uk/politicsandpolicy/nudges-manipulate-except-when-they-dont/
»The ethical problem of manipulation is not intrinsically in what it gets people to do, it's in how it works. Manipulation has a manipulator – an agent who wants to control someone else's beliefs and actions in some underhand way. Victims of manipulation have their autonomy violated. In a way, manipulation is worse than coercion. At least you can make up your own mind when the government taxes, regulates, and makes laws backed up by punishment. Your options may be changed but how you react to these options is up to you. With manipulation, you have lost control of your beliefs, your actions, or both. That's why the supporters of nudging can't just say ›nudging is libertarian and no one is coerced‹. If the nudges are manipulative, that's bad too.«

108 https://globalnews.ca/news/5738386/canadian-medical-school-funding/
https://thevaccinereaction.org/2018/04/big-pharma-pays-universities-for-most-medical-research-in-u-s-today/
https://sciencenorway.no/medical-practice-pharmaceuticals/experts-want-to-free-medical-research-and-healthcare-from-ties-to-the-commercial-pharmaceutical-industry/1624415

109 https://www.washingtonpost.com/business/economy/as-drug-industrys-influence-over-research-grows-so-does-the-potential-for-bi-as/2012/11/24/bb64d596-1264-11e2-be82-c3411b7680a9_story.html?no-redirect=on&utm_term=.ae934394b9d0
»The billions that the drug companies invest in such experiments help fund the world's quest for cures. But their aim is not just public health. That money is also part of a high-risk quest for profits, and over the past decade corporate interference has repeatedly muddled the nation's drug science, sometimes with potentially lethal consequences. Over a decade, controversies over blockbuster drugs such as Vioxx, Avandia and Cele-brex erupted amid charges that the companies had shaped their research to obscure the dangerous side effects.«

110 https://www.washingtonpost.com/business/economy/as-drug-indust-rys-influence-over-research-grows-so-does-the-potential-for-bi-as/2012/11/24/bb64d596-1264-11e2-be82-c3411b7680a9_story.html?no-redirect=on&utm_term=.ae934394b9d0

111 https://www.washingtonpost.com/business/economy/as-drug-industrys-influence-over-research-grows-so-does-the-potential-for-bias/2012/11/24/bb64d596-1264-11e2-be82-c3411b7680a9_story.html?noredirect=on&utm_term=.ae934394b9d0
»It used to be that drug companies would hand their new drug over to an academic center to have it tested, and then they sat back and waited,« […] »Now they're intimately involved in every step along the way, and they treat academic researchers more like hired hands.«

112 https://www.congress.gov/bill/110th-congress/senate-bill/2029?s=1&r=96

113 https://bmjopen.bmj.com/content/10/9/e039782
»Our results indicate a low level of action by medical schools to protect students from undue commercial influence. No participating dean was aware of any curriculum or instruction on COI at the respective school and only two schools had policies in place.«

114 https://www.sueddeutsche.de/wissen/pharmaindustrie-universitaeten-interessenkonflikte-1.4644884-0#seite-2

115 https://www.sueddeutsche.de/wissen/pharmaindustrie-universitaeten-interessenkonflikte-1.4644884-0#seite-2

116 https://www.spiegel.de/lebenundlernen/uni/lobbyismus-medizinstudenten-wehren-sich-gegen-die-pharmaindustrie-a-868977.html

117 https://www.ncbi.nlm.nih.gov/pmc/articles/PMC3778453/
»The quote doesn't exist in the cited article, however, nor does the original article use the words ›strong‹ and ›consistent‹ to describe the evidence«

118 https://globalnews.ca/news/5738386/canadian-medical-school-funding/

119 https://tools.niehs.nih.gov/wetp/public/hasl_get_blob.cfm?ID=12121

120 https://health-infobase.canada.ca/substance-related-harms/opioids-stimulants/

121 FIMMG = Federazione Italiana Medici di Medicina Generale (Italienische Gewerkschaft der Hausärzte)

122 SIMG = Società Italiana di Medicina Generale (Italienische Gesellschaft für Allgemeinmedizin

123 http://www.quotidianosanita.it/lavoro-e-professioni/articolo.php?articolo_id=84420&utm_source=dlvr.it&utm_medium=gmybusiness
»Sanofi sigla accordo con Fimmg e Simg per formare i medici del futuro Una innovativa forma di collaborazione dedicata alla formazione dei medici di medicina generale su tematiche cliniche in costante evoluzione come l'ambito cardio-metabolico, la prevenzione e la gestione della cronicità

124 http://www.quotidianosanita.it/lavoro-e-professioni/articolo.php?articolo_id=84420&utm_source=dlvr.it&utm_medium=gmybusiness
»Ma ci rendiamo conto del gigantesco conflitto d'interessi? Almeno prima c'era un po di pudore anche se le ingerenze erano comunque presenti. Ora agiscono a volto scoperto. Tanto vale togliere le università e la formazione in medicina generale al controllo statale. Questa è la naturale conseguenza della trasformazione da un sistema sanitario solidaristico ad uno utilitaristico.
›…ma da quando in qua una azienda privata detta le regole per la ‹revisione sostanziale di in servizio pubblico?‹ […] Sono contento di vedere molti Colleghi anche ospedalieri preoccupati di questa deriva. È il momento di non mollare la presa e respingere al mittente simili proposte!‹

125 https://www.sueddeutsche.de/wissen/pharmaindustrie-universitaeten-interessenkonflikte-1.4644884
https://papers.ssrn.com/sol3/papers.cfm?abstract_id=2298140

126 https://theconversation.com/whos-paying-for-lunch-heres-exactly-how-drug-companies-wine-and-dine-our-doctors-78395

127 https://bmjopen.bmj.com/content/7/6/e016701
»Most events were held in clinical settings, suggesting a pervasive commercial presence in everyday clinical practice. Food and beverages, known to be associated with changes to prescribing practice, were almost always provided.«

128 https://www.tagesspiegel.de/wissen/einfluss-durch-pharmafirmen-wirk-stoffe-fuer-aerzte/13934928.html
https://www.aerzteblatt.de/archiv/132916/Interessenkonflikte-bei-Auto-ren-medizinischer-Leitlinien

129 https://www.aerzteblatt.de/archiv/132916/Interessenkonflikte-bei-Auto-ren-medizinischer-Leitlinien

130 https://www.bayerisches-aerzteblatt.de/fileadmin/aerzteblatt/ausga-ben/2016/09/einzelpdf/BAB_9_2016_444_446.pdf

131 https://www.handelsblatt.com/unternehmen/industrie/pharmabran-che-pharmakonzerne-zahlen-ueber-600-millionen-euro-an-deutsche-aerzte/22719240.html?ticket=ST-4523112-Ks7EgRJJodbBH3MaXjxG-ap2

132 https://jamanetwork.com/journals/jamainternalmedicine/fullarticle/2520680

133 https://www.aerzteblatt.de/archiv/174725/Evidenzbasierte-Medizin-Die-korrekte-Definition

134 https://journals.plos.org/plosmedicine/article?id=10.1371/journal.pmed.0020124
https://journals.plos.org/plosmedicine/article?id=10.1371/journal.pmed.1002049
https://www.bmj.com/content/348/bmj.g3725

135 https://www.bmj.com/content/367/bmj.l6576

136 https://ebmlive.org/reasons/

137 https://www.bmj.com/content/367/bmj.l6576
»It's been shown repeatedly that published outcomes of industry sponsored studies tend to favour sponsors' products, creating a ›sponsorship bias‹ in the evidence base that overplays benefits and underplays harms […] Commercial influence also affects clinical practice, whether through sales representatives, guidelines, or direct payments. Industry argues it provides valuable information that helps patients, yet a systematic review found exposure to drug company information is generally associated with prescribing more medicines, at higher costs and lower quality. In 2019, a study of marketing payments by opioid makers to 67 000 US doctors found an association between the amount of marketing, increased opioid prescribing, and higher rates of death.

138 https://www.bmj.com/content/367/bmj.l6576
»Clinical guidelines, which recommend treatments and can expand disease definitions, are often produced by professional associations and written

by people with financial ties to interested companies and can potentially drive overuse and overdiagnosis.«

139 https://pubmed.ncbi.nlm.nih.gov/27244653/
»Financial relationships between organizations that produce clinical practice guidelines and biomedical companies are common and infrequently disclosed in guidelines.«

140 https://pubmed.ncbi.nlm.nih.gov/24078837/
https://www.aerzteblatt.de/int/archive/article/145430
https://www.ema.europa.eu/en/news/european-medicines-agency-recommends-suspension-marketing-authorisation-raptiva-efalizumab

141 https://www.aerztezeitung.de/Wirtschaft/Truegerische-Sicherheit-durch-Leitlinien-243068.html

142 https://mezis.de/arbeitsgruppe-leitlinien-appell-und-ag-leitlinien-watch/
https://mezis.de/mezis-fuer-patientinnen/

143 https://jamanetwork.com/journals/jamainternalmedicine/article-abstract/2708190
»In 1 study, Kahn and colleagues1 found that 91 […] of 160 authors of 18 guidelines related to 10 medications with high revenue had financial conflicts of interest. […] Notably, 14 of the 18 panels had chairs with industry payments […]«

144 https://onlinelaw.hofstra.edu/blog/major-corruption-cases-in-u-s-health-law/

145 https://www.ncbi.nlm.nih.gov/pmc/articles/PMC3537805/

146 https://www.thelancet.com/journals/lancet/article/PIIS0140-6736(19)32527-9/fulltext

147 https://www.fnp.de/frankfurt/frankfurter-staatsanwaelte-jagen-korrupte-aerzte-apotheker-10679195.html

148 https://www.fr.de/frankfurt/frankfurt-justiz-skandal-zieht-kreise-90016211.html

149 https://mezis.de/mezis-fuer-patientinnen/

150 https://www.ema.europa.eu/en/documents/other/products-which-marketing-authorisations-are-recommended-suspension-chmp-21-may-2015_en.pdf
https://www.ema.europa.eu/en/news/gvk-biosciences-european-medicines-agency-confirms-recommendation-suspend-medicines-over-flawed

151 https://www.thelancet.com/journals/lancet/article/PIIS0140-6736(20)31022-9/fulltext

152 https://www.rki.de/DE/Content/InfAZ/N/Neuartiges_Coronavirus/COV-RIIN_Dok/Erfahrungen_Umgang_Erkrankten.pdf?__blob=publicationFile

153 https://www.bmj.com/content/367/bmj.l6576
»To make matters worse, regulatory agencies that evaluate research evidence – including the European Medicines Agency and the US Food and Drug Administration1617 – also have financial conflicts of interest as they rely on funding from companies whose products they are evaluating.«

154 https://gutepillen-schlechtepillen.de/ueberlaeufer-ema-chef-geht-zur-industrie/

155 https://www.der-arzneimittelbrief.de/de/Artikel.aspx?J=2011&S=32b

156 https://www.politico.eu/article/reputation-restorer/

157 https://www.gg-digital.de/2020/02/europarichter-staerken-transparenz/index.html

158 https://www.gg-digital.de/2020/02/europarichter-staerken-transparenz/index.html

159 https://www.gg-digital.de/2020/02/europarichter-staerken-transparenz/index.html

160 https://www.hrk.de/positionen/beschluss/detail/die-hochschulen-als-zentrale-akteure-in-wissenschaft-und-gesellschaft-eckpunkte-zur-rolle-und-zu-d/

161 https://www.ots.at/presseaussendung/OTS_20191210_OTS0156/seidler-universitaeten-sind-orte-der-freien-meinungsaeusserung

162 https://www.bmbf.de/de/unsere-hochschulen-muessen-orte-des-freien-diskurses-sein-10893.html

163 https://www.zeit.de/2021/11/freiheit-wissenschaft-academic-freedom-index-universitaeten-weltweit
https://www.netzwerk-wissenschaftsfreiheit.de/en/about-us/manifesto/

164 https://www.spiked-online.com/2021/02/16/10-victims-of-campus-cancel-culture/

165 https://ui.adsabs.harvard.edu/abs/2019Sc%26Ed..28....5B/abstract
https://link.springer.com/article/10.1007/s11191-019-00028-2?shared-article-renderer
https://www.siliconrepublic.com/innovation/scientific-theories-proven-wrong
https://theconversation.com/five-science-facts-we-learnt-at-school-that-are-plain-wrong-33258

166 https://www.theguardian.com/news/2018/apr/27/bulldoze-the-business-school

167 https://www.theguardian.com/news/2018/apr/27/bulldoze-the-business-school
»If we want those in power to become more responsible, then we must stop teaching students that […] the purpose of learning about taxation laws is to evade taxation, or that creating new desires is the purpose of marketing. In every case, the business school acts as an apologist, selling ideology as if it were science.«

168 https://www.forbes.com/sites/roberthart/2021/02/16/universities-could-be-sued-for-cancelling-speakers-and-no-platforming-academics-under-english-free-speech-plans/?sh=43ea4e2337b7

169 https://www.forbes.com/sites/roberthart/2021/02/16/universities-could-be-sued-for-cancelling-speakers-and-no-platforming-academics-under-english-free-speech-plans/?sh=31fbc41737b7

»very welcome step towards ensuring that viewpoint diversity is protected in British universities.«

170 https://www.uab.cat/Document/199/201/LlibreLynnMargulis.pdf

171 https://www.theguardian.com/science/2012/feb/05/rupert-sheldrake-interview-science-delusion
»Sheldrake's untouchable status was conferred one morning in 1981 when, a couple of months after the publication of his first book, A New Science of Life, he woke up to read an editorial in the journal Nature, which announced to all right-thinking men and women that his was a ›book for burning‹ and that Sheldrake was to be condemned in exactly the language that the pope used to condemn Galileo, and for the same reason. It is heresy.«

172 https://www.netzwerk-wissenschaftsfreiheit.de/ueber-uns/manifest/

173 https://www.pnas.org/content/112/43/13390

174 https://www.discovery.org/m/2020/04/Scientific-Dissent-from-Darwinism-List-04072020.pdf
https://idthefuture.com/1194/

175 https://www.theguardian.com/science/occams-corner/2013/may/09/evolutionary-theory-gone-wrong-darwin

176 https://www.ncbi.nlm.nih.gov/books/NBK542158/

177 https://www.daserste.de/information/wissen-kultur/w-wie-wissen/zuckerlobby-102.html

178 https://www.ncbi.nlm.nih.gov/pmc/articles/PMC5099084/

179 https://jamanetwork.com/journals/jamainternalmedicine/article-abstract/2548255

180 https://reason.com/2018/09/22/new-research-confirms-we-got-cholesterol/

181 https://pubmed.ncbi.nlm.nih.gov/24583500/
https://www.ncbi.nlm.nih.gov/pmc/articles/PMC5708308/
https://pubmed.ncbi.nlm.nih.gov/26586275/

182 https://pubmed.ncbi.nlm.nih.gov/11263955/

183 https://www.telegraph.co.uk/news/health/news/8267876/Statins-the-drug-firms-goldmine.html

184 https://www.forbes.com/sites/evangerstmann/2021/12/28/2020-the-year-universities-surrendered-completely-to-cancel-culture/?sh=19b3f1cd39c7
»All too predictably, the University crumbled like a house of cards.«

185 https://www.forbes.com/sites/evangerstmann/2021/12/28/2020-the-year-universities-surrendered-completely-to-cancel-culture/?sh=19b3f-1cd39c7
»A university instructor was punished for using a Chinese word that some students thought sounded like the n-word. A college instructor was boycotted for merely attending a pro-police rally to hear what they had to say.«

186 https://www.br.de/kultur/nele-pollatschek-ueber-cancel-culture-und-freie-rede-100.html

187 https://www.spiked-online.com/2021/02/16/10-victims-of-campus-cancel-culture/

188 https://www.nytimes.com/2021/02/02/magazine/classics-greece-rome-whiteness.html

189 https://retractionwatch.com/2021/04/02/25000-thats-how-many-retractions-are-now-in-the-retraction-watch-database/

190 https://www.zeit.de/2020/33/deutsche-forschungsgemeinschaft-kabarettist-dieter-nuhr-jubilaeum-kampagnehttps://www.zeit.de/zeit-magazin/2020/34/harald-martenstein-meinungsfreiheit-dieter-nuhr

191 https://www.srf.ch/kultur/gesellschaft-religion/protestbegriff-woke-woke-die-wut-allein-bewirkt-wenig

192 https://medium.com/rebel-wisdom/sleeping-woke-cancel-culture-and-simulated-religion-5f96af2cc107

193 https://www.daserste.de/information/wissen-kultur/ttt/sendung/von-sprachpolizei-zur-gedankenpolizei-100.html

194 https://www.spiegel.de/panorama/bildung/pisa-sonderauswertung-schuelerinnen-und-schueler-habe-keine-lust-mehr-zu-lesen-a-7a8f6bb3-c221-4b61-be9b-a279814c9cc7

195 https://www.theguardian.com/technology/2018/jul/23/tech-industry-wealth-futurism-transhumanism-singularity

196 https://www.netzwerk-wissenschaftsfreiheit.de/ueber-uns/manifest/
https://www.netzwerk-wissenschaftsfreiheit.de/en/about-us/manifesto/

197 https://www.br.de/kultur/nele-pollatschek-ueber-cancel-culture-und-freie-rede-100.html

198 https://blogs.scientificamerican.com/cross-check/troublemaker-lee-smolin-says-physics-8211-and-its-laws-8211-must-evolve/
»The problems are rooted in the way the career and funding structures of the academy reward me-too science, lack of courage, entrenchment of failed research programs, legacy building, empire building, narrowness, defensive strategies and groupthink. These should be of concern to anyone in a position to craft incentives for academics«.

199 https://www.theguardian.com/business/2020/oct/07/covid-19-crisis-boosts-the-fortunes-of-worlds-billionaires

200 https://sz-magazin.sueddeutsche.de/wissen/die-verdrehung-der-arten-76095

201 https://www.scientificamerican.com/article/darwins-influence-on-modern-thought1/

202 http://darwin-online.org.uk/converted/pdf/1877_Descent_F948.pdf
(Seite 151 der PDF-Datei): »A tribe including many members who, […] were always ready to aid one another, and to sacrifice themselves for the common good, would be victorious over most other tribes; and this would be natural selection.«

203 https://www.fes.de/index.php?eID=dumpFile&t=f&f=40929&token=719ef66b0d41a85cb3f28903fe70d9b6d31cc3be

204 https://www.isw-muenchen.de/2017/12/kluft-zwischen-arm-und-reich-in-deutschland-so-gross-wie-vor-100-jahren/
205 https://sz-magazin.sueddeutsche.de/wissen/die-verdrehung-der-arten-76095
206 https://www.welt.de/lifestyle/article13777414/Zara-zahlt-Millionenstrafe-wegen-Sklavenarbeit.html
207 https://www.walkfree.org/news/2020/new-report-reveals-widespread-modern-slavery-and-human-rights-violations-in-australia-new-zealand-and-the-pacific/
208 https://www.dw.com/de/sklaven-arbeiten-f%C3%BCr-unseren-wohlstand/a-53492866
209 https://www.walkfree.org/news/2020/global-campaign-turns-spotlight-on-women-and-girls-in-modern-slavery/
210 https://www.bbc.com/news/world-us-canada-56628745
211 https://www.spiegel.de/wirtschaft/unternehmen/amazon-boss-jeff-bezos-unfassbar-reich-und-wahnsinnig-unbeliebt-a-1f77c601-d29c-46f8-a510-48d2de11bca8
212 https://www.bertelsmann-stiftung.de/de/themen/aktuelle-meldungen/2020/juli/kinderarmut-eine-unbearbeitete-grossbaustelle
213 https://www.manager-magazin.de/unternehmen/artikel/pay-ratio-deutsche-post-chef-frank-appel-fuehrt-dax-ranking-an-a-1216783.html
214 https://www.bk-luebeck.eu/zitate-darwin.html
»If the misery of the poor be caused not by the laws of nature, but by our institutions, great is our sin.«
215 https://www.projekt-gutenberg.org/darwin/abstammu/chap015.html
216 https://www.bpb.de/politik/extremismus/rechtsextremismus/214188/was-ist-sozialdarwinismus#footnode14-14
217 https://www.bpb.de/politik/extremismus/rechtsextremismus/214188/was-ist-sozialdarwinismus#fr-footnode3
https://literaturkritik.de/id/12722
218 https://www.bpb.de/politik/extremismus/rechtsextremismus/214188/was-ist-sozialdarwinismus#fr-footnode3
219 https://www.theguardian.com/commentisfree/2019/mar/15/capitalism-destroying-earth-human-right-climate-strike-children
https://onlinelibrary.wiley.com/doi/full/10.1111/spsr.12336
https://www.economist.com/open-future/2019/07/08/if-capitalism-is-broken-maybe-its-fixable
220 https://www.bbc.com/news/uk-politics-56504546
»the success of the UK's Covid vaccine programme was because of ››capitalism‹ and ›greed‹«
221 https://www.theguardian.com/commentisfree/2021/mar/27/capitalism-covid-boris-johnson-uk-vaccine-state-funding
»The leading six vaccine candidates have received an estimated $12bn (£8.7bn) of taxpayer and public money, including $1.7bn for the Oxford/

AstraZeneca jab and \$2.5bn for the Pfizer/BioNTech candidate. This level of investment represents a huge risk – but it's not the only risk that the public sector has taken on. Governments have used ›advanced market commitments‹ to guarantee that private companies that successfully produce a Covid-19 vaccine are amply rewarded with huge orders.«

222 https://www.theguardian.com/news/2018/apr/27/bulldoze-the-business-school
»Business schools have huge influence, yet they are also widely regarded to be intellectually fraudulent places, fostering a culture of short-termism and greed. […]
If we educate our graduates in the inevitability of tooth-and-claw capitalism, it is hardly surprising that we end up with justifications for massive salary payments to people who take huge risks with other people's money. If we teach that there is nothing else below the bottom line, then ideas about sustainability, diversity, responsibility and so on become mere decoration. The message that management research and teaching often provides is that capitalism is inevitable, and that the financial and legal techniques for running capitalism are a form of science. This combination of ideology and technocracy is what has made the business school into such an effective, and dangerous, institution.«

223 https://www.manager-magazin.de/harvard/fuehrung/narzissmus-in-deutschen-fuehrungsetagen-die-jungbullen-kommen-a-0ee3251e-0002-0001-0000-000177064950

224 https://www.oxfam.de/system/files/documents/oxfam_factsheet_ungleichheitsvirus_deutsch.pdf

225 https://www.economist.com/open-future/2019/07/08/if-capitalism-is-broken-maybe-its-fixable
»Too many become wealthy not by adding to the size of the nation's economic pie, but by seizing from others a larger share, through exploitation, whether of market power, informational advantages or the vulnerabilities of others. […] There has always been a battle: those with power and wealth want to maintain and augment it, even when it comes at the expense of others.«

226 https://www.bundesverfassungsgericht.de/SharedDocs/Pressemitteilungen/DE/2021/bvg21-031.html

227 https://royalsociety.org/science-events-and-lectures/2016/11/evolutionary-biology/
https://www.nature.com/news/does-evolutionary-theory-need-a-rethink-1.16080

228 https://www.boell-rlp.de/quartett/d-wissenschaft
http://www.zeno.org/Philosophie/M/Darwin,+Charles/%C3%9Cber+die+Entstehung+der+Arten/Einleitung

229 http://www.zeno.org/Philosophie/M/Darwin,+Charles/%C3%9Cber+die+Entstehung+der+Arten/Einleitung

230 https://www.ncbi.nlm.nih.gov/pmc/articles/PMC6433886/
»There is no living species without viruses! Viruses also occur freely in the oceans, in the soil, in clouds up to the stratosphere and higher, to at least 300 km in altitude. They populate the human intestine, birth canal, and the outside of the body as protective layer against microbial populations. […]Viruses have been proven to be drivers of evolution (Villarreal and Witzany, 2010), including the human genome, which by at least 45% is composed of sequences related to retroviruses. In addition, endogenized retroviruses supplied the syncytin genes that are essential for the development of the mammalian placenta, and allowed the growth of embryos without its rejection by the maternal immune system (Dupressoir et al., 2012). […] Thus, viruses shaped genomes by supplying essential genes and mechanisms.«

231 https://www.ncbi.nlm.nih.gov/pmc/articles/PMC6433886/
https://journals.plos.org/plosbiology/article?id=10.1371/journal.pbio.3000028

232 https://www.pbs.org/wgbh/nova/article/endogenous-retroviruses/
»Scientists are discovering that the so-called «junk DNA« – a significant portion of which is from symbiotic viruses – is actually a potent force in the evolution of new species. Although the evolution of pregnancy via the placenta might be some of the most persuasive evidence that viruses stashed deep within the genome can help give rise to new species, it's not the only proof.«

233 https://www.nytimes.com/2018/04/13/science/virosphere-evolution.html
»Scientists have surmised there is a stream of viruses circling the planet, above the planet's weather systems but below the level of airline travel. Very little is known about this realm, and that's why the number of deposited viruses stunned the team in Spain. Each day, they calculated, some 800 million viruses cascade onto every square meter of the planet.«

234 https://www.nytimes.com/2018/04/13/science/virosphere-evolution.html
»Researchers recently identified an ancient virus that inserted its DNA into the genomes of four-limbed animals that were human ancestors. That snippet of genetic code, called ARC, is part of the nervous system of modern humans and plays a role in human consciousness – nerve communication, memory formation and higher-order thinking.«

235 https://genderwoche.de/2018/12/31/arc-deutsch/

236 https://www.nytimes.com/2018/04/13/science/virosphere-evolution.html
»Viruses modulate the function and evolution of all living things […] But to what extent remains a mystery.«

237 https://www.history.ucsb.edu/wp-content/uploads/HIST107C_Darw-Rev_Fall2016_Aronova.pdf
»Next to the Bible, no work has been quite as influential, in virtually every aspect of human thought, as The Origin of Species«

238 https://www.pbs.org/wgbh/nova/article/endogenous-retroviruses/
»For more than a century after Charles Darwin published On the Origin of Species, scientists focused on competition as evolution's chief driving force. Biologist Lynn Margulis wasn't convinced. The late University of Massachusetts researcher believed that cooperation also played a role. Margulis's idea was ridiculed, and she struggled to find a journal that would publish her hypothesis.«

239 https://evolution.berkeley.edu/evolibrary/article/_0/endosymbiosis_03

240 http://darwin-online.org.uk/converted/pdf/1877_Descent_F948.pdf (Seite 151 der PDF-Datei): »A tribe including many members who, […] were always ready to aid one another, and to sacrifice themselves for the common good, would be victorious over most other tribes; and this would be natural selection.«

241 https://www.theguardian.com/commentisfree/2016/jul/25/altruism-secret-evolution-charles-darwin
»For decades we have lived with the idea that Charles Darwin's theory of natural selection can explain everything in terms of competition – and that therefore evolution favours selfishness. What place is there for a bleeding-heart altruist in a world where only the fittest survive?«

242 https://www.tagesschau.de/wirtschaft/luxemburg-steuern-101.html
https://www.sueddeutsche.de/wirtschaft/luxemburg-leaks-aerger-im-steuer-maerchenland-1.2206040-3
https://www.spiegel.de/wirtschaft/globale-mindeststeuer-forscher-warnen-vor-ausnahmen-a-8f8a6d87-9486-42a2-a19c-da5436ecfbf6

243 https://www.zeit.de/2018/29/managergehaelter-debatte-unternehmen-loesung

244 http://www.politicaprima.com/2012/06/la-regola-morale-di-adriano-olivetti.html

245 https://www.spiegel.de/wirtschaft/soziales/vermoegen-immobilien-erb-schaften-so-viel-koennten-superreiche-abgeben-a-ec72cd7c-82f0-4d93-b6be-fe7a950ecfd6?d=1618300275&sara_ecid=soci_upd_wbMbjhOSvVi-ISjc8RPU89NcCvtlFcJ
https://www.imf.org/en/News/Articles/2021/03/25/sp033021-SMs2021-Curtain-Raiser

246 https://www.zeit.de/wirtschaft/2012-07/iwf-griechenland-hilfszahlung/komplettansicht
https://www.zeit.de/wirtschaft/2015-03/internationaler-waehrungsfonds-iwf-griechenland-euro-krise/komplettansicht

247 https://www.imf.org/en/About/senior-officials/Bios/kristalina-georgieva

248 https://www.ncbi.nlm.nih.gov/pmc/articles/PMC1959414/

249 https://link.springer.com/chapter/10.1057/9780230116269_2

250 https://www.theguardian.com/commentisfree/2016/jul/25/altruism-secret-evolution-charles-darwin
»The Dawkinsian picture of selfish humans driven by an evolved indivi-

dualism chimed with the social and political ethos of the Margaret Thatcher era.«

251 https://www.theguardian.com/commentisfree/2016/jul/25/altruism-secret-evolution-charles-darwin
»He thought that sympathetic and cooperative tribes and groups would flourish in comparison with communities made up of more selfish individuals, and that natural selection would thus favour cooperation.«

252 https://www.independent.co.uk/news/science/altruism-selfishness-evolution-mathematics-princeton-bath-university-a7148471.html
»[…] they have proved that doing good things for no personal gain can have an evolutionary advantage in the long run«

253 https://www.pnas.org/content/109/4/1022
https://cosmosmagazine.com/nature/evolution/science-history-lynn-margulis-contrarian-to-the-end/

254 https://link.springer.com/article/10.1186/1936-6434-6-4
»In the late 1960s, she pioneered and forcefully pushed the symbiogenetic theory of the eukaryotic cell (Sagan 1967; Margulis 1970), revolutionary at that time, but today confirmed by an overwhelming mass of researches and data, renewed and deepened at the molecular level in the genomic era (Margulis & Sagan 2003).«

255 https://royalsocietypublishing.org/doi/pdf/10.1098/rspb.2015.1019

256 https://phys.org/news/2021-04-animals-genes-species-evolution.html

257 http://malawifisheries.org/bitstream/handle/20.500.12364/817/18275114159086670800517963631267184079.pdf?-sequence=1
https://www.thenewatlantis.com/publications/evolution-and-the-illusion-of-randomness
»In her 1983 Nobel address, geneticist Barbara McClintock cited various ways an organism responds to stress by, among other things, altering its own genome.«

258 https://www.thenewatlantis.com/publications/evolution-and-the-illusion-of-randomness
»…a goal for the future would be to determine the extent of knowledge the cell has of itself, and how it utilizes this knowledge in a ‹thoughtful› manner when challenged.«

259 https://www.thenewatlantis.com/publications/evolution-and-the-illusion-of-randomness

260 https://www.sciencedaily.com/releases/2019/11/191120131408.htm

261 https://www.sciencedaily.com/releases/2021/02/210222124540.htm
»Jumping genes’ repeatedly form new genes over evolution«

262 https://www.sciencedaily.com/releases/2015/01/150129125501.htm

263 https://www.sciencedaily.com/releases/1999/07/990721090148.htm

264 https://www.gesundheitsforschung-bmbf.de/de/epigenetik-essgewohnheiten-schlagen-sich-im-erbgut-nieder-3319.php

265 https://www.gen-ethisches-netzwerk.de/wissenschaftskritik/gen-tests-und-genomsequenzierung/epigenetik-als-molekulare-bio-graphie

266 https://www.mpg.de/11396064/epigenetik-vererbung

267 https://taz.de/Forscherin-ueber-Epigenetik/!5744430/

268 https://www.paul-natterer.de/evolutionsbiologie?q=dogmatischen&qn=0

269 http://darwin-online.org.uk/converted/pdf/1877_Descent_F948.pdf
»I may take this opportunity of remarking that my critics frequently assume that i attribute all changes of corporeal structure and mental power exclusively to the natural selection of such variations as are often called spontaneous; whereas even in the first edition of the ›origin of Species‹ I distinctly stated that great weight must be attributed to the inherited effects of use and disuse, with respect both to the body and mind. I also attributed some amount of modification to the direct and prolonged action of changed conditions of life.«

270 http://www.zeno.org/Philosophie/M/Darwin,+Charles/%C3%9Cber+-die+Entstehung+der+Arten/15.+Allgemeine+Wiederholung+und+-Schluss

271 http://www.zeno.org/Philosophie/M/Darwin,+Charles/%C3%9Cber+-die+Entstehung+der+Arten/15.+Allgemeine+Wiederholung+und+-Schluss

272 https://www.ndr.de/geschichte/chronologie/Juli-1978-Celler-Loch-er-schuettert-Niedersachsen,cellerloch100.html

273 https://www.ndr.de/geschichte/chronologie/Juli-1978-Celler-Loch-er-schuettert-Niedersachsen,cellerloch100.html

274 https://www.foodwatch.org/de/aktuelle-nachrichten/2021/ekel-skandal-in-bayerischer-malzfabrik/

275 https://www.chem.purdue.edu/chemsafety/Training/PPETrain/dblevels.htm

276 https://www.ncbi.nlm.nih.gov/pmc/articles/PMC4256253/

277 https://bizz-energy.com/100-dezibel-schall-und-rauch-bei-windraedern

278 https://www.zeit.de/2021/17/windraeder-infraschall-studie-bgr-fehler-forschung-klimaschutz/komplettansicht

279 https://www.handelsblatt.com/politik/deutschland/exklusiv-wirecard-geheimbericht-rechnungshof-sieht-gesamtversagen-von-regierung-und-aufsicht/27197318.html?ticket=ST-10270547-df0ZcTk1oJwko0nL-0HH4-ap5

280 https://www.tagesschau.de/wirtschaft/cumex-wirecard-scholz-101.html

281 https://daserste.ndr.de/panorama/archiv/2020/Hamburg-verzichtete-auf-47-Millionen-von-Warburg-Bank,cumex204.html

282 https://www.bundesgerichtshof.de/SharedDocs/Pressemitteilungen/DE/2021/2021146.html

283 https://www.bmj.com/content/372/bmj.n627

284 https://www.sciencemag.org/news/2018/07/hidden-conflicts-pharma-payments-fda-advisers-after-drug-approvals-spark-ethical

285 https://repositum.tuwien.at/bitstream/20.500.12708/16074/2/Grossbruch-haus%20Phillip-Andrea%20-%202020%20-%20Institutionelle%20Kor-ruption%20in%20der%20EU%20am…pdf

286 https://www.zeit.de/politik/ausland/2021-07/frankreich-corona-impf-nachweis-gesundheitspass-impfpflicht-gesundheitsgesetz-emmanuel-macron/komplettansicht

287 https://www.sciencedaily.com/releases/2018/09/180926110841.htm

288 https://www.edelman.de/research/edelman-trust-barometer-2021

289 https://www.aargauerzeitung.ch/leben/lugen-und-betrugereien-dominie-ren-muss-man-das-vertrauen-in-die-institutionen-verlieren-ld.1232584

290 https://www.zeit.de/gesellschaft/zeitgeschehen/2021-02/corona-pande-mie-umfrage-aengste-politiker

291 https://www.zeit.de/wirtschaft/2020-01/deutschland-vertrauen-politik-staat-umfrage

292 http://www.sowi.rub.de/mam/content/regionalpolitik/politischebild07.pdf

293 https://www.sueddeutsche.de/wissen/bildstrecke-luegen-in-der-politik-1.632940

294 https://www.sueddeutsche.de/wissen/bildstrecke-luegen-in-der-poli-tik-1.632940

295 https://www.sueddeutsche.de/politik/skandal-rede-wir-haben-das-volk-belogen-1.850066

296 https://www.nzz.ch/meinung/viktor-Orbán-ein-auf-luegen-gebautes-sys-tem-ld.1461026

297 https://www.sciencedaily.com/releases/2021/05/210513173538.htm

298 https://www.theguardian.com/news/2018/nov/29/why-we-stopped-trus-ting-elites-the-new-populism
»Systems that rely on trust are always open to abuse by those seeking to exploit them. […]A trend of declining trust has been underway across the western world for many years, even decades, as copious survey evidence attests. […]What nobody foresaw was that, when trust sinks beneath a certain point, many people may come to view the entire spectacle of poli-tics and public life as a sham. This happens not because trust in general declines, but because key public figures – notably politicians and journa-lists – are perceived as untrustworthy. It is those figures specifically tasked with representing society, either as elected representatives or as professio-nal reporters, who have lost credibility.«

299 https://www.tagesschau.de/investigativ/ndr-wdr/maskenaffaere-107.html

300 https://www.thedailybeast.com/ex-trump-consultant-and-cambridge- ana-lytica-ceo-alexander-nix-offered-to-blackmail-politicians-with-prostitutes

301 https://www.theguardian.com/uk-news/2017/jan/07/israeli-diplomat-shai-masot-caught-on-camera-plotting-to-take-down-uk-mps

302 https://www.transparency.de/fileadmin/Redaktion/Publikationen/2014/Lobbying_in_Germany_TransparencyDeutschland_2014_EN.pdf

303 https://www.derbund.ch/ausland/europa/bestechungsgelder-fakeidenti-taeten-und-escortgirls/story/26058484

304 https://www.blaetter.de/ausgabe/2021/juli/die-politik-der-luege

305 https://www.zeit.de/politik/ausland/2016-07/britische-zeitungen-times-the-sun-brexit-rupert-murdoch/komplettansicht

306 https://www.blaetter.de/ausgabe/2021/juli/die-politik-der-luege

307 https://hbr.org/1995/05/why-the-news-is-not-the-truth
https://www.youtube.com/watch?v=LKbPsu2dzys

308 https://gedankenwelt.de/die-10-strategien-der-manipulation-nach-noam-chomsky/

309 https://www.sfgate.com/entertainment/morford/article/The-935-lies-of-George-W-Bush-Yes-you-already-3296633.php
»Is it helpful to know the exact number? Does it make a difference? After all, presidential lying isn't exactly a revelation. Pretty much a national pastime, really. Hell, Bill Clinton lied in a harmless civil lawsuit, and was even impeached for it. Of course, his little oral fixation didn't lead us into an unwinnable trillion-dollar war […] But that's just splitting hairs, really. After all, it's common knowledge that, say, George Bush Sr. lied about Iran-Contra and […] Ronald Reagan lied like a nasty old rug about Iran and aiding the Contras, Lyndon Johnson lied about the Gulf of Tonkin to gain support for the Vietnam war, Harry Truman probably lied about Hiroshima and John F. Kennedy probably lied about the Bay of Pigs and, well, all presidents lie, really, to some degree or another and with varying degrees of success and historic consequence. Is it not sort of pointless to whine about it?

310 https://www.amazon.com/d%C3%A9mocratie-d%C3%A9crypter-techniques-manipulation-politique/dp/2365490042

311 https://books.google.de/books?id=pozwDQAAQBAJ&pg=PT40&l-pg=PT40&dq=democrazia+fictio+juris&source=bl&ots=eW2f72aRq-V&sig=ACfU3U1eTxcVJ7u3JA742Tfr-9QLjjy0og&hl=de&sa=X&-ved=2ahUKEwjYwMantfLxAhWlJcUKHX1ZDTwQ6AEwCHoECAoQA-w#v=onepage&q=democrazia%20fictio%20juris&f=false

312 https://www.derstandard.at/story/2000126293078/verzicht-aufn-wahr-heitsfindung-im-parlamentkein-licht-am-ende-des-tunnels

313 https://www.amazon.de/Jeder-Mensch-Ferdinand-von-Schirach/dp/3630876714/ref=asc_df_3630876714/?tag=googshopde-21&linkCode=df0&hvadid=499416242845&hvpos=&hvnetw=g&hvrand=10133025662 99193681&hvpone=&hvptwo=&hvqmt=&hvdev=c&hvdvcmdl=&hvlocint=&hvlocphy=9044432&hvtargid=pla-1198077297808&psc=1&th=1&psc=1

314 https://www.spiegel.de/panorama/justiz/ferdinand-von-schirachs-grund-rechteinitiative-jeder-mensch-braucht-kein-mensch-kolumne-a-6ff5e3e4-de4e-4595-ac03-55b1f764e6c6

315 https://www.tagesspiegel.de/politik/die-gruenen-unter-feuer-der-benzin-preis-streit-ist-baerbocks-erste-bewaehrung-im-wahlkampf/27254248.html

316 https://www.pnas.org/content/117/36/22002
»We find that a large and statistically significant proportion of mayors lied. Mayors that are members of the two major political parties lied significantly more. We further find that women and men were equally likely to lie. Finally, we find a negative relationship between truth-telling and reelection in the next municipal elections, which suggests that dishonesty might help politicians survive in office.«

317 https://l-express.ca/choisir-ceux-qui-nous-gouvernent/
»Mon opinion est que l'électeur d'aujourd'hui crée son représentant politique. Une société mature choisit un représentant à l'image de son attente, intègre et capable de trouver des solutions aux réels problèmes.
Une société immature soit ne vote pas, soit choisit des politiciens marionnettes qui sont le jouet de pouvoirs économiques ou mafieux, s'ils ne sont pas eux-mêmes pervertis par le système.
Dans les deux cas, ces politiciens fondent leurs campagnes électorales sur des mensonges et des promesses qu'ils ne tiendront pas. Ils savent que l'électorat est crédule et base son opinion sur l'image, sur un discours manipulateur ou agressif.«

318 https://www.youtube.com/watch?v=-S5WhBxQUHg (ab 40‹)

319 https://www.cato-unbound.org/2009/04/13/peter-thiel/education-libertarian

320 https://www.reuters.com/article/us-usa-election-lee-democracy-idUSKB-N26T2YX
»Democracy isn't the objective; liberty, peace, and prospefity (sic) are.«

321 https://journals.sagepub.com/doi/full/10.1177/2631787720982618
»There is a genuine concern that wealth supported by business interests undermines the health of Western liberal democracies […]. Crouch (2004) used the term ›post-democracy‹ to describe how businesses exercise inordinate political power to shape governmental policy. Similarly, Barley (2007, p. 201) suggested that representative democracy has been replaced with a ›corporate society‹ in which corporations influence legislation for their own benefit, without regard for a country's citizens. The insight that business is intertwined with politics is not new; throughout history, businesses have undermined the will of the people in the pursuit of profits (Barley, 2010). Rather, the concern is that Western liberal democracies are moving increasingly in the wrong direction; corporate influence is on the rise leading to an erosion of democratic principles and a process of de-democratization in many countries around the world (Brown, 2015; Fraser, 2015).«
https://www.theguardian.com/us-news/2018/oct/30/billionaire-stealth-politics-america-100-richest-what-they-want

322 https://www.amazon.de/Beyond-Ruling-Class-Strategic-Society/dp/1560005505?asin=1560005505&revisionId=&format=4&depth=1
like a secret society, those at the top rarely reveal the inner workings of their world.

323 https://www.russellsage.org/research/working-groups/social-inequality/political-influence-economic-elites

324 https://www.nytimes.com/2008/09/28/magazine/28wwln-reconsider.html?searchResultPosition=1
»The point of Gramm-Leach-Bliley was to tear down the wall, built by Glass-Steagall, separating banks that did risky investing from those that did basic lending. (The mingling of those two helped create a cascade of bank failures during the Depression.)«

325 https://www.nytimes.com/2008/09/28/magazine/28wwln-reconsider.html?searchResultPosition=1
»They got in trouble by making a series of risky new bets while Washington did nothing new to stand in the way. [..] Gramm-Leach-Bliley isn't entirely blameless. For one thing, the mergers it encouraged left banks with more capital to invest; some of the capital ended up in that deluded subprime mortgage market. […] Who, then, in Washington, is to blame? As it happens, it's many of the same people who were behind Gramm-Leach-Bliley. The Clinton administration and Congressional Republicans failed to create a strong framework in place of Glass-Steagall.«

326 https://www.theguardian.com/world/2014/apr/19/wall-street-deregulation-clinton-advisers-obama

327 https://www.theguardian.com/world/2014/apr/19/wall-street-deregulation-clinton-advisers-obama

328 https://wallstreetonparade.com/2015/10/the-real-reason-global-stocks-are-flashing-red-this-morning/

329 https://www.washingtonpost.com/wp-srv/politics/special/clinton/stories/goldberg111798.htm

330 https://www.youtube.com/watch?v=WkG4iXiZCQE (bei 21:34)

331 https://www.cato.org/policy-analysis/repeal-glass-steagall-act-myth-reality#introduction

332 https://www.theguardian.com/world/2021/jun/07/g7-tax-reform-what-has-been-agreed-and-which-companies-will-it-affect
https://www.spiegel.de/wirtschaft/globale-mindeststeuer-forscher-warnen-vor-ausnahmen-a-8f8a6d87-9486-42a2-a19c-da5436ecfbf6

333 https://www.deutschlandfunkkultur.de/steven-levitsky-daniel-ziblatt-wie-demokratien-sterben.1270.de.html?dram:article_id=421077

334 https://www.theguardian.com/politics/2020/oct/25/lawyers-ask-johnson-and-patel-to-apologise-for-endangering-colleagues

335 https://www.corriere.it/politica/21_luglio_19/prescrizione-tempi-processi-csm-ecco-tre-punti-che-dividono-draghi-conte-5245b9e6-e85b-11eb-a441-7c7ca8688e2a.shtml

336 https://www.nature.com/articles/s41591-020-01204-6
https://www.swr.de/swr2/wissen/frankreich-uebt-kritik-an-deutscher-corona-politik-100.html
https://www.tagesschau.de/inland/gesellschaft/bundessozialgericht-103.html

https://www.zdf.de/nachrichten/politik/corona-daten-grundlage-kritik-antes-100.html

337 https://www.tagesschau.de/ausland/europa/italien-corona-testpflicht-101.html

338 https://www.repubblica.it/cronaca/2021/07/23/news/green_pass_dal_6_agosto_ed_e_corsa_a_prenotare_il_vaccino-311452116/

339 https://www.domradio.de/themen/soziales/2021-07-31/debatte-um-impfpflicht-wolfgang-bosbach-ist-gegen-impfzwang-durch-die-hintertuer

340 https://www.hna.de/politik/corona-pandemie-deutschland-intensivbet-ten-covid-karl-lauterbach-betrug-kassel-zr-90800595.html

341 https://www.faz.net/aktuell/politik/inland/haben-krankenhaeuser-falsche-angaben-zu-intensivbetten-gemacht-17385489.html

342 https://www.stern.de/politik/deutschland/intensivbetten-betrug-das-ist-freiheitsberaubung-30567954.html

343 https://www.cicero.de/kultur/ethikrat-luetge-stiko-bestellte-wissenschaft

344 https://www.youtube.com/watch?v=Fe751kMBwms&list=RDFe751kMB-wms (bei ca. 10:35).

345 https://www.youtube.com/watch?v=Fe751kMBwms&list=RDFe751kMBwms

346 https://aapsonline.org/oratory-or-hypnotic-induction/
»Is Barack Obama a brilliant orator, captivating millions through his eloquence? Or is he deliberately using the techniques of neurolinguistic programming (NLP), a covert form of hypnosis developed by Milton Erickson, M.D.?

A fundamental tool of ›conversational hypnosis‹ is pacing and leading – a way for the hypnotist to bypass the listener's critical faculty by associating repeated statements that are unquestionably accurate with the message he wants to convey. […]

Techniques of trance induction include extra slow speech, rhythm, tonalities, vagueness, visual imagery, metaphor, and raising of emotion. Hypnotists often have patients count. In a speech after the primaries closed, Obama said: ›Sixteen months have passed (paused)…Thousands (pause) of miles…(pause)…Millions of voices….‹

Hypnotists call this a distraction technique: sending the dominant hemisphere on an assignment involving linguistic processes, thus opening the nondominant hemisphere to suggestion.

Hand gestures can be used as hypnotic anchors, or to aid in hypnotic command implantation. They can be difficult to distinguish from innocent gestures used for emphasis. Obama, however, uses some gestures extraordinarily often and for very specific words such as ›believe‹ and ›chose.‹ […] The gesture of pointing sends the subconscious message that a person in authority is giving a command.

Obama actually said at one time: »a light will shine down from somewhere, it will light upon you, you will experience an epiphany, and you will say to yourself, ›I have to vote for Barack.‹«

You will not choose to vote for Barack: you will ›have to.‹ It is not a logical choice, but rather one directed by a mystical (subconscious) force. What purpose would a politician have for making such a statement? Obama used it only once. Perhaps he stopped either because he realized it was too obvious or because Hillary Clinton and John McCain ridiculed him for it.«

347 https://www.cbsnews.com/news/has-mccain-video-stirred-fears-that-obama-is-antichrist/

348 https://www.politifact.com/truth-o-meter/promises/obameter/?ruling=true

349 https://www.thebureauinvestigates.com/stories/2017-01-17/obamas-covert-drone-war-in-numbers-ten-times-more-strikes-than-bush

350 https://www.youtube.com/watch?v=kv8eiDvrHJ4 (bei ca. 43:00)

351 https://www.prnewswire.com/news-releases/hypnotist-richard-barker-shows-how-trumpnosis-donald-trumps-form-of-covert-hypnosis-affects-millions-around-the-world-300242345.html

352 https://www.prnewswire.com/news-releases/hypnotist-richard-barker-shows-how-trumpnosis-donald-trumps-form-of-covert-hypnosis-affects-millions-around-the-world-300242345.html

»Donald Trump successfully uses techniques such as pacing and leading, anchoring, verbal confusion, repetition and so on. He successfully bypasses the critical factor in minds of some people and has the ability to turn off the rational thinking. By using certain words and behavior, a speaker can very quickly establish a rapport with an audience. Repeated exposure to the same speaker can result in them being viewed with admiration, bordering on worship. Every word uttered is accepted as the complete truth. […]

Hypnotist Richard Barker insists, »All you need to remember is that most people's needs are based on their instincts. Understanding people's instincts, especially in a mass gathering, is one of the key goals of mass hypnosis. Trumpnosis is a vehicle for enabling large groups of people to have an altered belief system.«

353 https://www.forbes.com/sites/ralphbenko/2015/11/28/donald-trump-political-mass-hypnotist/?sh=1a3ad0cd52fd

»Just how does Trump »captivate his audiences«? Hypnosis would explain it to perfection. Hypnosis has absolutely nothing to do with a swinging pocket watch. The swinging watch is an obsolete device — and cultural cliché — for inducing a hypnotic state. Hypnosis simply involves gently inducing a reverie, a state like a daydream: deep relaxation coupled with heightened alertness, while engaging the faculty of the imagination and softened analytic faculty, coupled with the power of suggestion. First rate politicians routinely employ this technique. […]

hat is hypnosis? What's its relevance to politics? Short answers: Trump is using something indistinguishable from hypnosis. […]. Understanding hypnosis is relevant if it is being used, in this political campaign, on us.«

354 https://www.forbes.com/sites/ralphbenko/2015/11/28/donald-trump-political-mass-hypnotist/?sh=1a3ad0cd52fd

355 https://www.forbes.com/sites/ralphbenko/2015/11/28/donald-trump-political-mass-hypnotist/?sh=1a3ad0cd52fd
»Believed-in-imagination« – hypnosis – can be used to great political effect. […] political hypnosis […] is a force very much to be reckoned with. As Napoleon said, more than once, »Imagination rules the world.«

356 https://www.vandenhoeck-ruprecht-verlage.com/medien-experten-angst

357 https://www.tvtoday.de/tv/news/deutsches-fernsehen-zeigt-taeglich-19-stunden-krimi_3820239.html

358 https://johnsommersflanagan.com/tag/mass-hypnosis/

359 https://johnsommersflanagan.com/tag/mass-hypnosis/
»Essentially, the security motivation system is an ancient part of the brain that scans for ›hints, inklings, whiffs, and foreshadowings‹ of danger. The problem, as Woody and Szechtman put it, is that contemporary human brains are now connected to the internet, and the internet is filled with perpetual news, Facebook forwards, Russian bot activity, and political messages. Much of this instant information has hints and whiffs of danger and those hints and whiffs activate the security motivation system. The louder the call of dark, scary, danger, the more activated our collective security motivation systems become. And what do our collectively activated security motivational systems want? Action! Specifically, action leading to safety. All this can direct us to embrace politicians who offer big actions that will hypothetically protect us from danger.«

360 https://www.union.edu/sites/default/files/psychology/202002/2019-hart-oxford.pdf

361 https://www.wz.de/politik/merkel-hoert-auf-nuechterne-bilanz-bei-der-letzten-pressekonferenz_aid-61731835

362 https://www.theguardian.com/technology/2017/apr/25/google-launches-major-offensive-against-fake-news
https://www.semrush.com/blog/how-google-is-handling-covid-19-google-news-update/

363 https://www.telekom.com/de/konzern/digitale-verantwortung/details/sind-algorithmen-objektiv-eine-illusion--575036
https://www.spiegel.de/spiegel/richard-david-precht-die-digitalisierung-bedroht-alles-was-ist-a-1204080.html

364 https://www.thailandmedical.news/news/facebook-does-it-again--this-time-labeling-news-about-far-uvc-light-research-by-columbia-university-as-fake
https://www.nature.com/articles/s41598-020-67211-2
https://www.medrxiv.org/content/10.1101/2020.06.01.20112334v2.full.pdf+html
https://www.thailandmedical.news/news/facebook-labels-covid-19-rese-

arch-by-singapore-government-owned-hospital-and-leading-singapore-an--doctors-as-false

365 https://www.spektrum.de/news/fachmagazin-facebook-studie-war-un-ethisch/1299450

366 https://www.technologyreview.com/2021/03/11/1020600/facebook-responsible-ai-misinformation/

367 https://www.theguardian.com/commentisfree/2021/sep/25/mark-zuckerberg-facebook-senate-hawley-thiel-cambridge-analytica
Facebook is one of the most toxic corporations on the planet

368 https://www.technologyreview.com/2018/03/20/144567/how-to-manipulate-facebook-and-twitter-instead-of-letting-them-manipulate-you/
»Algorithms on Facebook and Twitter control so much of what you see in your feed – they're the reason, for instance, […] why you see news only from certain sources and not from others.
You can mess with these algorithms by using a tool like Gobo, a project from researchers at the MIT Media Lab's Center for Civic Media. Gobo connects with your Twitter and Facebook accounts and lets you precisely control your feeds in a way that the companies themselves won't.«

369 https://www.welt.de/wirtschaft/article225103061/Mathias-Doepfner-Totale-Transparenz-endet-immer-totalitaer.html

370 https://www.amazon.de/Das-Zeitalter-%C3%9Cberwachungskapitalismus-Shoshana-Zuboff/dp/359350930X

371 https://www.cairn.info/revue-lignes1-2004-3-page-109.htm?contenu=article
»La politique de la peur repose sur un axiome : l'obéissance est d'autant plus facilement obtenue de la part des sujets que ceux-ci pensent pouvoir être débarrassés de leur peur par un pouvoir qui leur accorde protection à proportion de leur accord volontaire. C'est le secret de la servitude volontaire.«

372 https://de1lib.org/book/11720277/5c1f68?id=11720277&secret=5c1f68

373 https://algokratie.de/
https://publicpolicy.sowi.uni-kl.de/the-politics-of-algorithmic-decision-making/
https://link.springer.com/article/10.1007/s13347-015-0211-1
https://algocracy.wordpress.com/1-logical-space-of-algocracy/

374 https://www.wissen.de/lexikon/journalismus

375 https://www.nachrichten.at/politik/demokratie/medien-und-demokratie-vierte-gewalt-mit-schwerem-stand;art216493,3404680

376 https://www.nachrichten.at/politik/demokratie/medien-und-demokratie-vierte-gewalt-mit-schwerem-stand;art216493,3404680

377 https://www.uni-kiel.de/psychologie/mausfeld/pubs/Mausfeld_Die%20Links-Rechts-Demagogie_NachDenkSeiten.pdf

378 https://medienundzeit.at/die-wiederentdeckung-der-sozialreportage-in-den-siebziger-jahren/

379 https://www.reuters.com/article/us-dowjones-director-idUSWEN9489
20070720

»Murdoch's $60-per-share offer was ›very generous in financial terms‹ but he was concerned that Dow Jones's journalistic values would ›strongly suffer‹ if the sale goes through.«

380 https://tu-dresden.de/gsw/phil/ifk/ressourcen/dateien/inst/news/2014/12_Synchronisation_Nachricht_Werbung?lang=en

381 https://tu-dresden.de/gsw/phil/ifk/ressourcen/dateien/inst/news/2014/12_Synchronisation_Nachricht_Werbung?lang=en

382 https://www.zeit.de/politik/ausland/2016-07/britische-zeitungen-times-the-sun-brexit-rupert-murdoch/komplettansicht

383 https://www.theguardian.com/politics/2016/jul/01/eu-referendum-leave-hypnotist-paul-mckenna-nigel-farage

384 https://www.theguardian.com/media/2016/jun/24/mail-sun-uk-brexit-newspapers

385 https://www.theguardian.com/media/2016/jun/24/mail-sun-uk-brexit-newspapers
»The media has more influence in telling people what to think about than telling them what to think« said David Deacon, Loughborough's professor of communication and media analysis.

386 https://www.theguardian.com/media/2016/jun/24/mail-sun-uk-brexit-newspapers

387 https://www.theguardian.com/media/2016/jun/24/mail-sun-uk-brexit-newspapers

388 https://www.theguardian.com/commentisfree/2020/nov/24/brexit-capitalism
»Broadly speaking, there are two dominant forms of capitalist enterprise. The first could be described as housetrained capitalism. It seeks an accommodation with the administrative state, and benefits from stability, predictability and the regulations that exclude dirtier and rougher competitors. It can coexist with a tame and feeble form of democracy.
The second could be described as warlord capitalism. This sees all restraints on accumulation – including taxes, regulations and the public ownership of essential services – as illegitimate. Nothing should be allowed to stand in the way of profit-making. […] In unguarded moments, the warlords and their supporters go all the way. […] Brexit represents an astonishing opportunity for warlord capitalism. It is a chance not just to rip up specific rules, which it overtly aims to do, but also to tear down the uneasy truce between capitalism and democracy under which public protections in general are created and enforced«

389 https://www.zeit.de/politik/ausland/2016-07/britische-zeitungen-times-the-sun-brexit-rupert-murdoch

390 https://www.theguardian.com/commentisfree/2017/apr/17/brexit-voter-manipulation-eu-referendum-social-media
»An elite group is shaping world politics to suit their private beliefs, and their behaviour has untold and unquantifiable effects. […]

Leave.EU admits that Cambridge Analytica helped the campaign but was not paid. It seems clear that this type of work should have been declared to the Electoral Commission as a services-in-kind donation. It has not been. Arron Banks of Leave.EU has since declared: ›I don't give a monkey's about the Electoral Commission.‹

Lobbyists and billionaires are wilfully manipulating the media and public opinion in defiance of transparency regulations. Cambridge Analytica, while the most high-profile group, is only one element of this sordid tale that sees foreign funds influence our electoral processes.«

391 https://www.theguardian.com/commentisfree/2017/apr/17/brexit-vo-ter-manipulation-eu-referendum-social-media

»Evidence from Oxford Internet Institute suggest that a third of all Twit-ter traffic prior to the EU referendum was actually bots[…].

Together, this evidence makes it clear that democracy is struggling to stand tall in a disturbing era where lobbyists can weaponise fake news for the highest bidder, while bodies such as the Electoral Commission do not have the resources to intervene and sanction. Malign forces can track voters' personal data and manipulate public opinion […]. All of this they can do under cover of anonymity and free of regulation or oversight.

The EU referendum was a battle of dishonesty. It was won by the side with the means to distribute the most plausible lies.«

392 https://www.profil.at/oesterreich/umfrage-45-halten-den-begriff-luegen-presse-fuer-oesterreichische-medien-berechtigt/401029175

393 https://medianet.at/news/marketing-and-media/die-gedanken-sind-frei-40592.html

394 https://www.tagesspiegel.de/gesellschaft/medien/journalistisches-ver-suchslabor-ein-jahr-washington-post-mit-jeff-bezos/10284168.html

395 https://money.cnn.com/2018/09/16/media/tech-ceos-buying-news-out-lets-marc-benioff/index.html

396 https://www.foxbusiness.com/business-leaders/from-benioff-to-be-zos-billionaires-who-own-news-publications

397 https://papers.ssrn.com/sol3/papers.cfm?abstract_id=1158342 (das fol-gende Zitat stammt aus dem Paper, downloadbar unter dem o. a. Link)

»It is a commonly held view that mass media play a crucial role in the political andelectoral process[1]. This is the case because mass media, in their quality of news providers, offer readers and viewers pieces of infor-mation about the current state of affairs, incumbent politicians perfor-mance and the behaviour of candidates during electoral campaigns.

This paper is the first to present evidence on the editorial choices of the New York Times, using a large sample of stories published between 1946 and 1997. According to the theory of agenda-setting effects, mass media outlets can influence the agenda of the public, by tilting it towards those issues that they decide to cover more extensively. As vividly described by Cohen [1963], the press […] may not be successful much of the time in telling people what to think, but it is stunningly successful in telling its readers what to think about. The world will look different to different people depending on the map that is drawn for them by writers, editors, and publishers of the paper they read.

Such agenda-setting ability could have relevant electoral effects, to the extent that citizens on average think that a given party or candidate is more capable of handling problems related to a given issue, and would vote for that party if such issue turns out to be the most salient one. This is the issue ownership hypothesis, as characterised by Petrocik [1996].«

398 https://papers.ssrn.com/sol3/papers.cfm?abstract_id=1158342
»Controlling for the incumbent President's activity across issues, I find that during the presidential campaign the New York Times gives more emphasis to topics that are owned by the Democratic party (civil rights, health care, labor and social welfare), when the incumbent President is a Republican. This is consistent with the hypothesis that the New York Times has a Democratic partisanship, with some ›watchdog‹ aspects, in that -during the presidential campaign- it gives more emphasis to issues over which the (Republican) incumbent is weak.«

399 https://www.oxfordhandbooks.com/view/10.1093/oxford-hb/9780199793471.001.0001/oxfordhb-9780199793471-e-025
»Over the years, mass communication researchers have consistently found that mainstream media tend to reinforce dominant sociocultural norms and values, confer status upon that which is covered (and thus relegate to ›nonevents‹ that which is not) [...]
These conclusions are, if anything, even more true when it comes to media and foreign affairs, and especially when it comes to war coverage. [...]
Put another way, in the foreign policy domain the press is far less likely to adequately fulfill its Fourth Estate function than it is in the domestic policy arena.«

400 https://www.nachrichten.at/politik/demokratie/medien-und-demokra-tie-vierte-gewalt-mit-schwerem-stand;art216493,3404680

401 https://www.oxfordhandbooks.com/view/10.1093/oxford-hb/9780199793471.001.0001/oxfordhb-9780199793471-e-025
»Perhaps the most important foundational political communication theo-ry in contemporary research on media coverage of foreign policy is Ben-nett's indexing hypothesis, which posits that media coverage of foreign affairs, especially foreign policy crises (e.g., war), tends to be ›indexed‹ to the range of elite opinion and priorities [...]
Indexing draws especially on the consistent finding (see especially Sigal [1973] and Hallin [1986]) that journalism is source-driven, with media tending to ape the frames and agendas of elites (especially elected offici-als), and the dynamic has been found to exist in the media of countries other than the United States [...]
Alternative approaches – especially those that favor diplomacy, are offered

by antiwar protesters or challenge prevailing cultural and policy norms (e.g., Cold War assumptions in the postwar era, or counterterrorism after 9/11) – are given short shrift in policy (p. 317) debates and media coverage.«

402 https://www.oxfordhandbooks.com/view/10.1093/oxford-hb/9780199793471.001.0001/oxfordhb-9780199793471-e-025

403 https://www.blaetter.de/ausgabe/2016/august/immer-einer-meinung

404 https://www.halem-verlag.de/wp-content/uploads/2013/09/978386962 4594_le.pdf

405 https://www.zeit.de/kultur/film/2016-08/die-vierte-gewalt-film-ndr-ben-no-fuermann-politik-medien

406 https://www.halem-verlag.de/wp-content/uploads/2013/09/97838696245 94_le.pdf

407 https://www.halem-verlag.de/wp-content/uploads/2013/09/97838696 24594_le.pdf

408 https://www.eurointelligence.com/column/media
»People are still willing to pay money for high-quality political or financial information. Or for analysis that challenges conventional views, as opposed to anonymous newspaper editorials written by committees.
This is what I would advise newspaper editors and publishers to do:
Stop rewarding scoops. Reward information.
Stop accepting journalism prizes. They set the wrong incentives.
Stop mingling with the rich and famous in places like Davos. Do your job.
This would only be the beginning of a very long to-do list. A few will do this. Most will not. The old guard is still doubling down. There are more journalism prizes than ever. The fake scoop culture persists. The Diana interview surely interested the public, but it was not in the public interest. That's true for much of modern journalism.«

409 https://www.mdr.de/medien360g/medienpolitik/glaubwuerdigkeit-der-medien-in-coronakrise-100.html

410 https://www.oxfordhandbooks.com/view/10.1093/oxford-hb/9780199793471.001.0001/oxfordhb-9780199793471-e-025

411 https://www.thelancet.com/journals/lancet/article/PIIS0140-6736(20) 31022-9/fulltext

412 https://www.tagesschau.de/ausland/remdesivir-eu-usa-103.html

413 https://www.thelancet.com/journals/lancet/article/PIIS0140-6736(20) 31022-9/fulltext

414 https://www.science.org/news/2020/10/very-very-bad-look-remdesivir-first-fda-approved-covid-19-drug
»This is a very, very bad look for the FDA, and the dealings between Gilead and EU make it another layer of badness«

415 https://www.wissen.de/lexikon/journalismus

416 https://www.foeg.uzh.ch/dam/jcr:b87084ac-5b5b-4f76-aba7-2e6fe2703 e81/200731_Studie%20Leitmedien%20Corona.pdf

417 https://www.bayerische-staatszeitung.de/staatszeitung/politik/detailan-
     sicht-politik/artikel/kritik-an-corona-massnahmen-muss-moeglich-sein.
     html#topPosition
418 https://www.ilfattoquotidiano.it/2020/11/26/in-edicola-sul-fatto-quotidia-
     no-del-26-novembre-i-vaccini-ci-salvano-ma-solo-dai-sintomi/ 6017063/
     https://www.zdf.de/nachrichten/politik/corona-briten-virus-mutation-
     100.html
419 https://www.marionegri.it/magazine/covid-19-cure-domiciliari
420 https://www.thelancet.com/journals/eclinm/article/PIIS2589-5370
     (21)00221-2/fulltext
421 https://www.cdc.gov/coronavirus/2019-ncov/vaccines/fully-vaccinated.html
422 https://www.nytimes.com/live/2021/06/28/world/covid-vaccine-corona-
     virus-mask
423 https://www.berliner-zeitung.de/politik-gesellschaft/hey-ihr-impfunwilli-
     gen-macht-euren-mist-alleine-li.181388
424 https://www.rubikon.news/artikel/diskriminierender-journalismus
425 https://multipolar-magazin.de/artikel/ich-kann-nicht-mehr
426 https://multipolar-magazin.de/artikel/ich-kann-nicht-mehr
427 https://www.spiegel.de/kultur/ex-spiegel-reporter-claas-relotius-wahr-
     scheinlich-waren-die-allerwenigsten-texte-korrekt-a-06882cf9-c839-
     416c-b872-cf37574e4dbe
428 https://cdn.prod.www.spiegel.de/media/67c2c416-0001 -0014-0000-
     000000044564/media-44564.pdf
429 https://cdn.prod.www.spiegel.de/media/67c2c416-0001- 0014-0000-
     000000044564/media-44564.pdf
430 https://www.huffingtonpost.it/entry/mingo-condannato-per-truffa-linvia-
     to-di-striscia-ha-ingannato-mediaset-con-falsi-servizi_it_5fd86feec5b-
     62f31c1fffc0d
431 https://www.deutschlandfunkkultur.de/autor-tom-kummer-ich-hab-
     mich-nie-richtig-als-journalist.970.de.html?dram:article_id=449590
432 https://www.nytimes.com/2002/10/22/us/ap-says-it-couldn-t-find-45-of-
     fired-writer-s-sources.html
     »The reporter, Christopher Newton, was dismissed on Sept. 16, eight days
     after the publication of an article on criminal justice statistics that quoted
     two people – ›Ralph Myers‹ of Stanford University and ›Bruce Fenmore of
     the Institute for Crime and Punishment in Chicago‹ – who could not be
     found. A.P. editors found no trace of the institute either.
     The news agency cited 40 articles with the dubious references, including
     the Sept. 8 article that led to its inquiry. The articles by Mr. Newton, who
     was covering the Justice Department at the time of his dismissal, covered
     subjects including education, civil liberties and stem cells.
     The articles cited institutions like the ›Education Alliance,‹ ›Voice for the
     Disabled‹ and the ›Malen Clinic in New York.‹ A.P. editors found no trace
     of any of these institutions.«

433 https://www.ndr.de/fernsehen/sendungen/zapp/medienpolitik/Polit-Talk-shows-Studie-kritisiert-mangelnde-Vielfalt,talkshows110.html

434 https://www.ndr.de/fernsehen/sendungen/zapp/medienpolitik/Polit-Talk-shows-Studie-kritisiert-mangelnde-Vielfalt,talkshows110.html

435 https://www.progressives-zentrum.org/wp-content/uploads/2020/09/Studie_Die-Talkshow-Gesellschaft-1.pdf#

436 https://www.tagesspiegel.de/gesellschaft/medien/ard-talk-zur-rente-anne-will-hat-die-harte-probe-nicht-bestanden/13461100.html

437 https://www.bariweiss.com/resignation-letter
»[…] a new consensus has emerged in the press, but perhaps especially at this paper: that truth isn't a process of collective discovery, but an orthodoxy already known to an enlightened few whose job is to inform everyone else.

Twitter is not on the masthead of The New York Times. But Twitter has become its ultimate editor. As the ethics and mores of that platform have become those of the paper, the paper itself has increasingly become a kind of performance space. Stories are chosen and told in a way to satisfy the narrowest of audiences, rather than to allow a curious public to read about the world and then draw their own conclusions. I was always taught that journalists were charged with writing the first rough draft of history. Now, history itself is one more ephemeral thing molded to fit the needs of a predetermined narrative.

Op-eds that would have easily been published just two years ago would now get an editor or a writer in serious trouble, if not fired. If a piece is perceived as likely to inspire backlash internally or on social media, the editor or writer avoids pitching it. If she feels strongly enough to suggest it, she is quickly steered to safer ground. And if, every now and then, she succeeds in getting a piece published that does not explicitly promote progressive causes, it happens only after every line is carefully massaged, negotiated and caveated.

As places like The Times and other once-great journalistic institutions betray their standards and lose sight of their principles, Americans still hunger for news that is accurate, opinions that are vital, and debate that is sincere. I hear from these people every day.«

438 https://www.spiegel.de/wissenschaft/natur/skurrile-meeresforschung-blauwale-nehmen-den-mund-ziemlich-voll-a-733626.html

439 https://www.reporter-ohne-grenzen.de/feinde/2021

440 https://www.niemanlab.org/2021/03/when-journalists-put-tweets-in-news-stories-do-they-transfer-too-much-power-to-twitter/

441 https://www.niemanlab.org/2021/03/when-journalists-put-tweets-in-news-stories-do-they-transfer-too-much-power-to-twitter/
»Twitter has become especially central for news. There's a lot that has been said about platformization, weakened media organizations, and a lack of regulation, and all of those factors play a role in Twitter's promi-

nence in the news ecosystem. But our latest study finds that journalists themselves have transferred some of their own power over the presentation of current events to Twitter by normalizing the ways tweets are presented in news stories. Journalists tend to present tweets as content – interchangeable building blocks of news – rather than like sources, whose ideas and messages must be subject to scrutiny and verification. This sends repeated messages to audiences that information on Twitter is legitimate and authoritative, granting Twitter power. [...]

Journalistic standards suggest that sources be interrogated. This treatment of sources is dictated by the journalistic values of verification and independence, which are essential to the press's democratic mission. Content, on the other hand, is simply reproduced, which allows journalists to pass responsibility for content verification on to the original publisher. [...]

This point echoes a longstanding criticism of journalism, but especially political journalism. When quoting an original source, journalists can maintain their claim on objectivity by accurately quoting that source, with or without verifying the content of the message.. [...]

This shift in authority from journalists to Twitter has profound implications for journalism and its role in society. Platforms already have amassed control of distribution, monetization, and audience measurement to such an extent that journalistic independence and accuracy are compromised by virtue of journalism's reliance on this infrastructure. If in addition to this, Twitter exacerbates a journalistic tendency to pass along statements unverified, there are clear drawbacks for the information ecology. Beyond this, Twitter exerting an outsized influence over sourcing and content decisions would compound another longstanding criticism of journalism: that it focuses too heavily on certain voices. Journalism has traditionally relied on official sources, leading to overrepresentation of powerful white men, thereby producing a skewed view of the world. Despite its potential to do so, use of Twitter doesn't upend these traditional sourcing practices (and in some ways makes things worse). [...] By influencing who can speak and whether their speech is interrogated before amplification, this shift in journalistic practice dramatically alters public discourse in a way that benefits Twitter, not journalism, not the public – and not democracy.«

442 https://www.thailandmedical.news/news/facebook-does-it-again--this-time-labeling-news-about-far-uvc-light-research-by-columbia-university-as-fake

443 https://www.nzz.ch/feuilleton/selbst-faktenpruefer-produzieren-fake-news-ld.1573295

444 https://www.thailandmedical.news/news/facebook-labels-covid-19-research-by-singapore-government-owned-hospital-and-leading-singaporean--doctors-as-false

445 https://www.fortiss.org/aktuelles/details/der-einfluss-kuenstlicher-intelligenz-auf-fake-news-und-deep-fakes

446 https://www.baseplus.de/magazin/das-serp-ranking-die-google-algorith-men-und-das-coronavirus/

447 https://theconversation.com/its-not-just-a-social-media-problem-how-search-engines-spread-misinformation-152155 »People are more likely to click on links shown up higher on the search results list.«

448 https://www.sueddeutsche.de/medien/russ-mohl-gastbeitrag-corona-pa-nikorchester-1.5075025

449 https://www.rubikon.news/artikel/zombie-journalismus-2

450 https://www.frontiersin.org/articles/10.3389/fcomm.2020.00037/full

451 https://www.sciencedaily.com/releases/2015/03/150312173804.htm
»These findings are especially relevant to ongoing health and policy dis-cussions, […] The interrelationship between tobacco smoking and media representations of the ›e‹ versions examined in this study make clear that portrayal of actions that just look like smoking has an effect on viewers who smoke or used to smoke.«

452 https://www.faz.net/aktuell/feuilleton/buecher/rezensionen/sachbuch/tim-wu-erzaehlt-in-the-attention-merchants-mediengeschichte-14887390.html

453 https://moritz.sauer.io/schreibt/2017-03-08-the-attention-merchants/

454 https://pubmed.ncbi.nlm.nih.gov/19594263/
»Children consumed 45% more when exposed to food advertising. Adults consumed more of both healthy and unhealthy snack foods following ex-posure to snack food advertising compared to the other conditions. In both experiments, food advertising increased consumption of products not in the presented advertisements, and these effects were not related to reported hunger or other conscious influences. Conclusion: These experiments de-monstrate the power of food advertising to prime automatic eating behavi-ors and thus influence far more than brand preference alone.«

455 https://academic.oup.com/jcr/article-abstract/29/2/280/1840003
»Consumer research has largely missed out on two key developments in social cognition research: the growing evidence that much of social judg-ment and behavior occur without conscious awareness or intent«

456 https://www.spektrum.de/magazin/neuroplastizitaet-wie-lernen-das-ge-hirn-veraendert/1437617

457 https://www.quarks.de/gesellschaft/darum-sind-kinder-begehrte-werbe-kunden/

458 https://www.quarks.de/gesellschaft/darum-sind-kinder-begehrte-werbe-kunden/

459 https://www.sciencedaily.com/releases/2019/01/190107153410.htm
»Children's eating habits develop during the preschool years, and children who are overweight by the age of five are likely to remain overweight into adolescence and adulthood. Unfortunately, many young children have diets of low quality and consume too few fruits and vegetables and too much sugar, salt and fat.«

460 https://www.sciencedaily.com/releases/2018/04/180417100541.htm

461 https://www.foodwatch.org/de/aktuelle-nachrichten/2021/junkfluencer-so-koedern-mcdonalds-coca-cola-co-kinder-in-sozialen-medien/

462 https://www.kinderaerztliche-praxis.de/a/deutscher-gesundheitsbericht-diabetes-diabetes-bei-kindern-und-jugendlichen-update-2289023

463 https://www.kinderaerztliche-praxis.de/a/deutscher-gesundheitsbericht-diabetes-diabetes-bei-kindern-und-jugendlichen-update-2289023

464 https://www.foodwatch.org/de/pressemitteilungen/2021/junkfood-werbung-an-kinder-deutscher-werberat-laesst-verstoesse-gegen-werbekodex-zu/

465 http://www.ifamilystudy.eu/i-family-study-final-conference/
»Another key area in need of policy intervention is the issue of the mass marketing of junk foods to children. The current influence of commercial TV makes it difficult for even the most health-conscious parents to limit their children's consumption of these foods, so action must be taken to support healthy choices«, said Professor Ahrens.

466 https://www.tagesschau.de/wirtschaft/verbraucher/foodwatch-influencer-ungesunde-lebensmittel-101.html

467 https://www.zeit.de/zeit-magazin/wochenmarkt/2021-02/julia-kloeckner-foodwatch-zucker-ernaehrung-konzerne-lobbyismus

468 https://www.zeit.de/zeit-magazin/wochenmarkt/2021-02/julia-kloeckner-foodwatch-zucker-ernaehrung-konzerne-lobbyismus

469 https://www.pri.org/stories/2015-02-05/british-kids-recognize-beer-brands-better-those-ice-cream-cookies-and-chips

470 https://www.theguardian.com/business/2021/jun/24/uk-to-introduce-pre-9pm-ban-on-junk-food-tv-adverts

471 https://www.meinegesundheit.at/cdscontent/?contentid=10007.771329
https://apps.who.int/gb/ebwha/pdf_files/WHA63/A63_R14-en.pdf

472 https://idw-online.de/de/news764764

473 https://www.bmj.com/content/364/bmj.k5050
https://www.theguardian.com/business/2019/jan/10/coca-cola-influence-china-obesity-policy-protect-sales-bmj-report

474 https://www.spiegel.de/wirtschaft/service/lobbyismus-in-bruessel-wie-die-industrie-sich-ihre-gesetze-schreibt-a-837515.html

475 https://www.ndr.de/ratgeber/verbraucher/Wegwerfmode-Was-passiert-mit-Altkleidern,kleidung170.html

476 https://www.youtube.com/watch?v=goyZbut_KFY

477 http://marketingmasterinsights.com/input/tag/hypnotic-spiral/

478 https://www.youtube.com/watch?v=H0gZ4iQqGJg (ab 2:00)

479 https://www.acrwebsite.org/volumes/7267/volumes/v19/NA-19
»Hypnotic phenomena, especially suggestions and related waking state phenomena in everyday life, offer significant parallels to the effects of persuasive marketing communications. […]
However, the degrees of parallel and even possible equivalency between the two methods of inducing persuasive suggestion remains for future

research to explore. Thus, the most important general implication of this paper is that consumer researchers should investigate the literature of hypnosis and related suggestive processes to identify phenomena which might help to explain consumer communication and persuasion processes.

480 https://www.researchgate.net/publication/307597920_A_Model_for_ Hypnotic_Communication_in_Consumption_Experiences
»This study describes how the methods of persuasive communication replicate the mechanism of hypnotic phenomena and how hypnotic and persuasive marketing communication can be a powerful tool for implanting ideas or suggestions about products and brands. A model of persuasive communication, based on Erickson, Rossi and Rossi (1976) micro dynamics of hypnotic suggestion, is proposed.«

481 https://www.researchgate.net/publication/307597920_A_Model_for_ Hypnotic_Communication_in_Consumption_Experiences
»Depotentiating Conscious Sets and ›implanting‹ the hypnotic suggestion«

482 https://www.nielsen.com/wp-content/uploads/sites/3/2019/04/global-trust-in-advertising-report-sept-2015-1.pdf
»• Branded websites are the second-most-trusted advertising format, behind recommendations from friends and family.
• Two-thirds trust consumer opinions posted online—the third-most-trusted format.
• The proliferation of online ad formats has not eroded trust in traditional paid advertising channels. Roughly six-in-10 say they trust ads on TV (63%), in newspapers (60%) and in magazines (58%).
• Millennials show the highest levels of trust in 18 of 19 advertising formats/channels, including TV, newspapers and magazines.«

483 https://rp-online.de/nrw/staedte/duesseldorf/duesseldorfer-professor-des-altbier-vs-koelsch-experiments-veroeffentlicht-buch-ueber-seine-studien_aid-50247699

484 http://www.wirtschaftslexikon24.com/e/attribut-dominanzmodell/attribut-dominanzmodell.htm

485 https://www.sueddeutsche.de/panorama/prostitution-von-minderjaehrigen-in-italien-morgens-schule-nachmittags-anschaffen-1.1821859

486 https://www.springerprofessional.de/marketingkommunikation/medien/ die-werbung-der-zukunft/17645708

487 https://www.nielsen.com/us/en/insights/video/2021/the-state-of-global-media/

488 https://core.ac.uk/download/pdf/215708917.pdf
»So, it is entirely possible that what happens during watching is not addiction, but a decrease in the ability to manage time. People make poorer decisions from having less brain power for critical thinking and controlling behavior. […] As such, binge-watching may be more similar to hypnosis than addiction, as Sigman (2005) suggests. Television viewing

decreases frontal lobe activity, meaningless critical thinking and attention to the real world (Sigman, 2005)«

489 https://www.tk.de/techniker/magazin/digitale-gesundheit/medienkompetenz/binge-watching-gesundheit-2075100

490 https://www.nielsen.com/us/en/insights/video/2021/the-state-of-global-media/

491 https://www.bbc.com/news/technology-30290540
»The development of full artificial intelligence could spell the end of the human race.«
[Stephen Hawking] »has said that efforts to create thinking machines pose a threat to our very existence.«

492 https://www.cnbc.com/2017/11/06/stephen-hawking-ai-could-be-worst-event-in-civilization.html
»Unless we learn how to prepare for, and avoid, the potential risks, AI could be the worst event in the history of our civilization. It brings dangers, like powerful autonomous weapons, or new ways for the few to oppress the many. It could bring great disruption to our economy.«

493 https://www.businessinsider.com/top-scientists-have-an-ominous-warning-about-artificial-intelligence-2015-1?r=DE&IR=T
https://www.livescience.com/49419-artificial-intelligence-dangers-letter.html

494 https://www.businessinsider.de/wissenschaft/max-planck-forscher-zeigen-superintelligente-ki-waere-nicht-kontrollierbar/
https://www.mpg.de/16231640/0108-bild-computer-scientists-we-wouldn-t-be-able-to-control-superintelligent-machines-149835-x

495 https://www.theguardian.com/technology/2021/jul/30/im-sorry-dave-im-afraid-i-invented-that-australian-court-finds-ai-systems-can-be-recognised-under-patent-law

496 https://www.deepl.com/de/translator

497 https://www.wired.com/story/ai-latest-trick-writing-computer-code/

498 https://www.spiegel.de/netzwelt/web/gpt-3-die-eloquenteste-kuenstliche-intelligenz-der-welt-a-dd3b3423-d214-4a2f-bc51-d51a2ae22074

499 https://www.nytimes.com/2021/07/11/world/europe/carrara-italy-robot-sculptures.html
https://ilblogdirosalba.wordpress.com/2020/08/28/nasce-da-un-blocco-di-marmo-inutilizzabile-il-david-di-michelangelo/

500 https://www.forbes.com/sites/robtoews/2019/12/19/ai-will-transform-the-field-of-law/?sh=6ef16b8c7f01
»The law touches every corner of the business world. Virtually everything that companies do – sales, purchases, partnerships, mergers, reorganizations – they do via legally enforceable contracts. Innovation would grind to a halt without a well-developed body of intellectual property law. Day to day, whether we recognize it or not, each of us operates against the backdrop of our legal regime and the implicit possibility of litigation.

At close to $1T globally, the legal services market is one of the largest in the world.«

501 https://legal-analytics.tech/ki-und-legal-tech-chance-oder-gefahr-fuer-den-juristen/
502 https://www.forbes.com/sites/robtoews/2019/12/19/ai-will-transform-the-field-of-law/?sh=6ef16b8c7f01
»In the next ten years, these algorithmic technologies will become the natural starting point for legal advice.«
503 https://hir.harvard.edu/your-honor-ai/ »eliminate the human element.«
504 https://www.thelawyersdaily.ca/articles/12997/from-estonian-ai-judges-to-robot-mediators-in-canada-u-k-
505 https://news.bloomberglaw.com/us-law-week/insight-the-future-of-junior-lawyers-through-the-ai-looking-glass
506 https://www.nature.com/articles/s41571-020-0329-7
507 https://www.nature.com/articles/d41586-020-03157-9
508 https://pubs.rsna.org/doi/10.1148/radiol.2021204433
509 https://www.nature.com/articles/s41467-020-17419-7
510 https://www.nytimes.com/2021/04/30/technology/robot-surgery-surgeon.html
»Robots can already exceed human accuracy on some surgical tasks, like placing a pin into a bone (a particularly risky task during knee and hip replacements). The hope is that automated robots can bring greater accuracy to other tasks, like incisions or suturing, and reduce the risks that come with overworked surgeons.«
511 https://www.theguardian.com/us-news/2021/jun/03/elder-care-artificial-intelligence-software
»Welcome to caregiving in the 2020s: in rich societies, computers are guiding decisions about elder care, driven by a shortage of caregivers, an ageing population and families wanting their seniors to stay in their own homes longer.«
512 https://www.theguardian.com/us-news/2021/jun/03/elder-care-artificial-intelligence-software
»But while there are potential benefits of the technology in terms of safety for older people and a reprieve for caregivers, some also worry about its potential harms. They raise questions around the accuracy of the systems, as well as about privacy, consent and the kind of world we want for our elders.«
513 https://www.brookings.edu/research/risks-and-remedies-for-artificial-intelligence-in-health-care/
»AI errors are potentially different for at least two reasons. First, patients and providers may react differently to injuries resulting from software than from human error. Second, if AI systems become widespread, an underlying problem in one AI system might result in injuries to thousands of patients – rather than the limited number of patients injured by any single provider's error.

Even if AI systems learn from accurate, representative data, there can still be problems if that information reflects underlying biases and inequalities in the health system. For example, African-American patients receive, on average, less treatment for pain than white patients;[8] an AI system learning from health-system records might learn to suggest lower doses of painkillers to African-American patients even though that decision reflects systemic bias, not biological reality.

Longer-term risks involve shifts in the medical profession. Some medical specialties, such as radiology, are likely to shift substantially as much of their work becomes automatable. Some scholars are concerned that the widespread use of AI will result in decreased human knowledge and capacity over time, such that providers lose the ability to catch and correct AI errors and further to develop medical knowledge.«

514 https://www.economist.com/what-if/2021/07/03/what-if-an-ai-wins-the-nobel-prize-for-medicine?utm_campaign=special-edition&utm_medium=newsletter&utm_source=salesforce-marketing-cloud&utm_term=2021-06-27&utm_content=article-link-1&etear=nl_special_1

515 https://www.theguardian.com/technology/2021/jun/18/thirty-tesla-crashes-linked-to-assisted-driving-system-under-investigation-in-us
»US safety regulators have opened 30 investigations into Tesla crashes involving 10 deaths since 2016 where an advanced driver assistance system was suspected to have been in use. […]
Of the 30 Tesla crashes, NHTSA has ruled out Tesla's Autopilot in three and published reports on two of the crashes. Tesla did not immediately respond to a request for comment. […]
Autopilot, which handles some driving tasks, was operating in at least three Tesla vehicles involved in fatal US crashes since 2016, investigators have said.«

516 https://www.youtube.com/watch?v=IuVmd1USAFU (ab 4:40)

517 https://theconversation.com/autonomous-cars-five-reasons-they-still-arent-on-our-roads-143316

518 https://theconversation.com/autonomous-cars-five-reasons-they-still-arent-on-our-roads-143316
»Once an autonomous car is on the road it will continue to learn. It will drive on new roads, detect objects it hasn't come across in its training, and be subject to software updates.
How can we ensure that the system continues to be just as safe as its previous version? We need to be able to show that any new learning is safe and that the system doesn't forget previously safe behaviours, something the industry has yet to reach agreement on. […] Unpalatable as it may be to entrepreneurs such as Musk, the road to getting autonomous vehicles approved is through lengthy collaboration on these hard problems around safety, assurance, regulation and acceptance.«

519 https://www.wired.com/2015/07/hackers-remotely-kill-jeep-highway/

»I was driving 70 mph on the edge of downtown St. Louis when the exploit began to take hold.

Though I hadn't touched the dashboard, the vents in the Jeep Cherokee started blasting cold air at the maximum setting, chilling the sweat on my back through the in-seat climate control system. Next the radio switched to the local hip hop station and began blaring Skee-lo at full volume. I spun the control knob left and hit the power button, to no avail. Then the windshield wipers turned on, and wiper fluid blurred the glass.

As I tried to cope with all this, a picture of the two hackers performing these stunts appeared on the car's digital display: Charlie Miller and Chris Valasek, wearing their trademark track suits. A nice touch, I thought. […] To better simulate the experience of driving a vehicle while it's being hijacked by an invisible, virtual force, Miller and Valasek refused to tell me ahead of time what kinds of attacks they planned to launch from Miller's laptop in his house 10 miles west. Instead, they merely assured me that they wouldn't do anything life-threatening. Then they told me to drive the Jeep onto the highway. »Remember, Andy,« Miller had said through my iPhone's speaker just before I pulled onto the Interstate 64 on-ramp, »no matter what happens, don't panic.«1. […] As the two hackers remotely toyed with the air-conditioning, radio, and windshield wipers, I mentally congratulated myself on my courage under pressure. That's when they cut the transmission. Immediately my accelerator stopped working. As I frantically pressed the pedal and watched the RPMs climb, the Jeep lost half its speed, then slowed to a crawl. This occurred just as I reached a long overpass, with no shoulder to offer an escape. The experiment had ceased to be fun. […] I followed Miller's advice: I didn't panic. I did, however, drop any semblance of bravery, grab my iPhone with a clammy fist, and beg the hackers to make it stop.«

520 https://www.wired.com/2015/07/hackers-remotely-kill-jeep-highway/
»All of this is possible only because Chrysler, like practically all carmakers, is doing its best to turn the modern automobile into a smartphone.

521 https://aktienrebell.de/investieren-mit-kuenstlicher-intelligenz/

522 https://www.fondsdiscount.de/magazin/news/diese-fonds-agieren-mit-algorithmus-5534/

523 https://www.forbes.com/sites/jackkelly/2019/12/10/artificial-intelligence-is-superseding-well-paying-wall-street-jobs/?sh=16712478524d
»Financial machine learning creates a number of challenges for the 6.14 million people employed in the finance and insurance industry, many of whom will lose their jobs—not necessarily because they are replaced by machines, but because they are not trained to work alongside algorithms.«

524 https://www.forbes.com/sites/jackkelly/2019/12/10/artificial-intelligence-is-superseding-well-paying-wall-street-jobs/?sh=3a1e6d6d524d

525 https://www.forbes.com/sites/jackkelly/2019/12/10/artificial-intelligence-is-superseding-well-paying-wall-street-jobs/?sh=16712478524d

»Look around any trading floor today and you'll only hear a slight hum and see the flickering lights of the Bloomberg terminals and computer screens. […] When you see footage on cable news about the stock market, they'll usually show a busy, open-outcry market on the floor of the New York Stock Exchange. It's really a Potemkin village. The cameras shoot where there are some live traders and support staff herded into one small area. In reality, the New York Stock Exchange floor is devoid of humans and runs primarily on technology conducting the electronic trading activities.«

526 https://www.economist.com/briefing/2019/10/05/the-stockmarket-is-now-run-by-computers-algorithms-and-passive-managers

527 https://www.bundesbank.de/en/press/speeches/artificial-intelligence-ai-in-finance-six-warnings-from-a-central-banker-711602
»Consumers should take care: they remain the risk-takers
What makes this development so significant is the fact that it is not just occurring at the level of systemic institutions, markets and stock exchanges. With robo advisers, for example, AI can directly influence and control the daily financial decisions of customers and ultimately their personal wellbeing. Society has barely begun to understand the economic, ethical and social implications of AI.
While client interaction is made more convenient by mobile banking, chatbots or virtual customer assistants, banks can find out more about customer habits and provide them with tailor-made financing.
Consumers may be rated by AI when applying for a mortgage. Pooling data points from internal transactions, social networks and other sources provides a more meaningful picture of banks' borrowers. But denials may be hard to understand. It may become even harder to challenge a decision made by algorithms.
The proper functioning of the applications is not a given. Simple flaws, cyberattacks and criminal behaviour render the systems extremely vulnerable. Consumers should be cautious. They need to be protected. Laws may have to be modified to cover new threats. Responsibility and liability in the case of malfunctioning machines have to be clarified.«
https://www.businessinsider.de/wirtschaft/gefaehrliche-intelligenz-wie-algorithmen-deutschlands-finanzsystem-veraendern-2018-8/

528 https://www.investopedia.com/news/are-your-stocks-danger-getting-hacked/
»[…] among others: credit reporting agency Equifax Inc. (EFX); banking giant JPMorgan Chase & Co. (JPM); and the U.S. Securities and Exchange Commission (SEC). The threat is being taken so seriously at the highest levels of government that the Defense Advanced Research Projects Agency (DARPA), which oversees development of advanced technologies for use by the U.S. military, has been charged with identifying vulnerabilities in the financial system.

529 https://markets.businessinsider.com/news/stocks/wall-street-biggest-names-sounding-alarm-on-cybersecurity-2019-4-1028155244

530 https://www.reuters.com/article/us-sec-cyber-idUSKCN1BW25J

531 https://www.handelsblatt.com/finanzen/banken-versicherungen/banken/
cyberrisiken-grossangriff-auf-die-banken-die-aufseher-sind-alarmiert/
25399206.html

532 https://www.rnd.de/wirtschaft/hacker-angriff-legt-online-ban-
king-lahm-volksbanken-und-sparda-banken-betroffen-T3VTZJNQUK-
MCPJZGUIBLFODXOI.html
https://www.stern.de/wirtschaft/news/hacker-am-werk-sabotageangriff-
legt-onlinebanking-bei-volksbanken-lahm--30557634.html

533 https://www.aerztezeitung.de/Medizin/Warum-Defibrillator-Drohnen-
die-Notfallrettung-verbessern-koennen-413589.html

534 https://www.brandwacht.bayern.de/mam/archiv/beitraege_pdf/bw_arti-
kel_65_bergwacht_drohnen__1_.pdf

535 https://noe.orf.at/v2/news/stories/2973825/

536 https://www.tcs.ch/de/testberichte-ratgeber/broschueren-publikationen/
touring-magazin/artikel/drohnen-fuer-die-bergrettung.php

537 https://www.watson.ch/international/wissen/797509523-horror-szena-
rio-slaughterbots-so-drastisch-warnen-forscher-vor-autonomen-
kampfrobotern

538 https://www.theguardian.com/news/2020/oct/15/dangerous-rise-of-mili-
tary-ai-drone-swarm-autonomous-weapons
»The US air force has predicted a future in which ›Swat teams will send
mechanical insects equipped with video cameras to creep inside a building during a hostage standoff‹. One ›microsystems collaborative‹ has
already released Octoroach, an ›extremely small robot with a camera and
radio transmitter that can cover up to 100 metres on the ground.‹ It is
only one of many ›biomimetic‹, or nature-imitating, weapons that are on
the horizon.«

539 https://www.theguardian.com/news/2020/oct/15/dangerous-rise-of-mili-
tary-ai-drone-swarm-autonomous-weapons
»A drone that gradually heated enemy soldiers to death would violate
international conventions against torture; sonic weapons designed to
wreck an enemy's hearing or balance should merit similar treatment.
A country that designed and used such weapons should be exiled from
the international community.
In the abstract, we can probably agree that ostracism – and more severe
punishment – is also merited for the designers and users of killer robots.
The very idea of a machine set loose to slaughter is chilling. And yet some
of the world's largest militaries seem to be creeping toward developing
such weapons, by pursuing a logic of deterrence: they fear being crushed
by rivals' AI if they can't unleash an equally potent force. The key to sol-
ving such an intractable arms race may lie less in global treaties than in a
cautionary rethinking of what martial AI may be used for. As «war comes
home«, deployment of military-grade force within countries such as the

US and China is a stark warning to their citizens: whatever technologies of control and destruction you allow your government to buy for use abroad now may well be used against you in the future.«

540 https://www.dw.com/de/deutschland-warnt-ki-wettr%C3%BCsten-bereits-im-gange/a-57782686

541 https://www.forbes.com/sites/pauliddon/2020/10/07/how-effective-is-azerbaijans-growing-drone-arsenal/?sh=2e016c2114c2

542 https://www.amnesty.org/en/latest/press-release/2020/10/armenia-azer-baijan-civilians-must-be-protected-from-use-of-banned-cluster-bombs/

543 https://www.jpost.com/opinion/israel-needs-to-stop-arming-azerbai-jan-opinion-664115
»Azerbaijan has purchased billions of dollars of advanced lethal weapons from Israel in exchange for the sale of Azeri oil to Israel, which imports 40% of its oil from Azerbaijan.
It is disgraceful that descendants of the Holocaust are arming Azerbaijan to kill survivors of the Armenian Genocide for a fistful of dollars!

544 https://armenpress.am/eng/news/1064825.html

545 https://www.youtube.com/watch?v=viuR7N6E2LA
https://www.youtube.com/watch?v=wYsguXv_HLM

546 https://www.youtube.com/watch?v=fn3KWM1kuAw
https://www.youtube.com/watch?v=_sBBaNYex3E
https://www.youtube.com/watch?v=6Zbhvaac68Y
https://www.youtube.com/watch?v=uhND7Mvp3f4

547 https://www.youtube.com/watch?v=m-LP4qpOLl0
https://www.youtube.com/watch?v=zXLYJiUizaA

548 https://www.theatlantic.com/technology/archive/2019/09/killer-robots-and-new-era-machine-driven-warfare/597130/
»If a fishing vessel had steamed past the area last October, the crew might have glimpsed half a dozen or so 35-foot-long inflatable boats darting through the shallows […] The engine throttle levers were shifting up and down as if controlled by ghosts. […] The secretive effort – part of a Marine Corps program called Sea Mob – was meant to demonstrate that vessels equipped with cutting-edge technology could soon undertake lethal assaults without a direct human hand at the helm. It was successful: Sources familiar with the test described it as a major milestone in the development of a new wave of artificially intelligent weapons systems soon to make their way to the battlefield.«

549 https://www.theatlantic.com/technology/archive/2019/09/killer-ro-bots-and-new-era-machine-driven-warfare/597130/
»In a test, the ship has already sailed the 2,500 miles from Hawaii to California on its own, although without any weapons.
Meanwhile, the Army is developing a new system for its tanks that can smartly pick targets and point a gun at them. It is also developing a missile system, called the Joint Air-to-Ground Missile (JAGM), that has the ability

to pick out vehicles to attack without human say-so; in March, the Pentagon asked Congress for money to buy 1,051 JAGMs, at a cost of $367.3 million. And the Air Force is working on a pilotless version of its storied F-16 fighter jet as part of its provocatively named ›SkyBorg‹ program, which could one day carry substantial armaments into a computer-managed battle.«

550 https://www.spiegel.de/wissenschaft/technik/wettlauf-der-kampfroboter-a-3e1db4c9-8b1d-425c-b5f7-3996e44a7f83

551 https://www.spiegel.de/video/kampfroboter-russische-armee-testet-soratnik-video-99013156.html

552 https://www.spiegel.de/wissenschaft/technik/autonome-waffen-ausser-kontrolle-a-1253320.html

553 https://www.spiegel.de/wissenschaft/technik/autonome-waffen-ausser-kontrolle-a-1253320.html

554 https://www.mpg.de/16231640/0108-bild-computer-scientists-we-wouldn-t-be-able-to-control-superintelligent-machines-149835-x

555 https://deepmind.com/blog/article/alphazero-shedding-new-light-grand-games-chess-shogi-and-go
»The implications go far beyond my beloved chessboard… Not only do these self-taught expert machines perform incredibly well, but we can actually learn from the new knowledge they produce.«

556 https://deepmind.com/blog/article/alphazero-shedding-new-light-grand-games-chess-shogi-and-go
»I thought AlphaGo was based on probability calculation and it was merely a machine. But when I saw this move I changed my mind. Surely AlphaGo is creative.«

557 https://www.mpg.de/16231640/0108-bild-computer-scientists-we-wouldn-t-be-able-to-control-superintelligent-machines-149835-x
https://www.mpg.de/16230184/0108-bild-computerwissenschaftler-superintelligente-maschinen-koennten-wir-nicht-kontrollieren-149835-x

558 https://www.hrw.org/news/2021/01/14/eu-should-regulate-artificial-intelligence-protect-rights
»The last decade has seen an alarming proliferation of artificial intelligence (›AI‹) to monitor protests, predict crime, and profile minorities, in ways that gravely threaten our human rights. The European Commission has pledged to develop groundbreaking regulation of these technologies that will ›safeguard fundamental EU values and rights.‹ In a letter published this week, Human Rights Watch joined more than sixty civil society and rights groups to hold the commission to its word, urging decisive action to prevent abusive applications of AI.
The letter highlights how the growing use of facial recognition can trigger widespread privacy abuses. This technology relies on machine learning, a form of artificial intelligence, to infer people's identities from still images or video that capture their faces. When deployed in train stations, stadiums, and other public spaces, they are capable of tracking the identities

and movements of entire crowds. This unprecedented form of mass surveillance could have a significant chilling effect on our rights to freedom
of assembly and association. […]

Ill-conceived algorithms have deprived people of their benefits and led to
wrongful accusations of fraud. Last year, a Netherlands court ordered the
government to suspend an automated risk assessment tool it was using to
predict how likely people were to commit tax or benefits fraud, citing its
lack of transparency and privacy concerns.

The European Commission has said that ›the way we approach AI will
define the world we live in,‹ and it plans to publish its proposal for regulation in the first quarter of 2021. A clear rejection of disproportionate
surveillance and similarly excessive methods of social control will help
protect rights and avert a dystopian future.«

559 https://digital-strategy.ec.europa.eu/en/policies/regulatory-framework-ai
560 https://www.tagesschau.de/investigativ/ndr-wdr/spionage-software-pega-
sus-frankreich-101.html
561 https://www.dw.com/de/un-k%C3%BCnstliche-intelligenz-wird-zur-ge-
fahr/a-59194502
562 https://digital-strategy.ec.europa.eu/en/policies/regulatory-framework-ai
»AI systems identified as high-risk include AI technology used in:
Critical infrastructures (e.g. transport), that could put the life and health
of citizens at risk;
Educational or vocational training, that may determine the access to
education and professional course of someone's life (e.g. scoring of exams);
Safety components of products (e.g. AI application in robot-assisted surgery);
Employment, workers management and access to self-employment (e.g.
CV-sorting software for recruitment procedures);
Essential private and public services (e.g. credit scoring denying citizens
opportunity to obtain a loan);
Law enforcement that may interfere with people's fundamental rights (e.g.
evaluation of the reliability of evidence);
Migration, asylum and border control management (e.g. verification of
authenticity of travel documents);
Administration of justice and democratic processes (e.g. applying the law
to a concrete set of facts).«
563 https://winfuture.de/news,110312.html
https://www.stern.de/digital/online/alexa--google-und-co-so-finden-sie-
heraus--ob-heimlich-mitgelauscht-wurde-8000326.html
564 https://www.theguardian.com/lifeandstyle/2021/jun/26/i-spy-are-smart-
doorbells-creating-a-global-surveillance-network
565 https://blog.deinhandy.de/schlaf-app-die-3-besten-apps-fuer-schoene-
traeume-fuer-android-und-ios
https://play.google.com/store/apps/details?id=com.sleepmonitor.aio&hl=-
de&gl=US

566 https://www.businessinsider.com/elon-musk-predicts-neuralink-chip-human-brain-trials-possible-2021-2021-2

567 https://www.ndr.de/nachrichten/info/Mehr-Teilhabe-durch-Brain-Computer-Interfaces,braincomputerinterfaces100.html

568 https://www.businessinsider.com/synchron-brain-computer-chip-implant-elon-musk-neuralink-human-trial-2021-7
https://observer.com/2021/07/neuralink-competitor-synchron-receives-fda-permission-test-brain-implant-human/

569 https://www.ndr.de/nachrichten/info/Mehr-Teilhabe-durch-Brain-Computer-Interfaces,braincomputerinterfaces100.html

570 https://www.narcity.com/dr-fauci-message-to-canadians-who-feel-vaccine-mandates-violate-their-charter-rights
»[…] there comes a time when you do have to give up what you consider your individual right of making your own decision.

571 http://www.editiondaslabor.de/blog/2018/08/01/algorithmus-und-spiritualitaet/

572 https://aip.scitation.org/doi/10.1063/5.0047237

573 https://newsroom.uw.edu/news/scientists-manipulate-brain-cells-using-smartphone

574 https://www.amazon.de/Ratio-Vorratio-Verh%C3%A4ltnis-Vorrationalem-M%C3%BCndigkeit/dp/383009700X

575 https://docplayer.org/46055373-Albert-einstein-ein-physiker-auf-der-suche-nach-gott.html
Albert Einstein in Seelig, ›Einstein‹, Seite 70f. Zitiert in: ›Einstein sagt‹ Zitate, Einfälle, Gedanken. Herausgegeben von Alice Calaprice, Piper Verlag München, 3. Auflage 2011, Seite 215

576 https://www.sciencedaily.com/releases/2013/01/130114153418.htm
https://www.bbc.com/news/science-environment-40205808

577 https://www.youtube.com/watch?v=meiU6TxysCg

578 https://royalsocietypublishing.org/doi/10.1098/rspb.2018.1536
https://www.cell.com/current-biology/fulltext/S0960-9822(09)02201-5?_returnURL=https%3A%2F%2Flinkinghub.elsevier.com%2Fretrieve%2Fpii%2FS0960982209022015%3Fshowall%3Dtrue

579 https://www.aerzteblatt.de/archiv/209388/Gebrauch-von-Alkohol-Tabak-illegalen-Drogen-und-Medikamenten

580 https://www.tagesschau.de/wirtschaft/verbraucher/teuerster-turnschuh-versteigerung-kanye-west-101.html

581 https://www.welt.de/vermischtes/article126008207/Die-lange-Kundenliste-der-minderjaehrigen-Huren.html

582 https://www.spiegel.de/partnerschaft/drogen-und-orgasmen-chemsex-als-problem-wenn-sex-nur-noch-auf-speed-schoen-ist-a-bea84a88-70f8-41ba-ba0c-1824e8b2b370

583 https://www.rcpsych.ac.uk/docs/default-source/members/sigs/spirituality-spsig/ben-sessa-from-sacred-plants-to-psychotherapy.pdf?sfvrsn=d1bd0269_2

584 https://www.presseportal.de/pm/60694/4907193
https://www.deutschlandfunknova.de/beitrag/pornokonsum-von-jugend-
lichen

585 https://www.gruene.de/artikel/aufarbeitung-und-verantwortung
https://www.theguardian.com/world/2006/jul/18/topstories3.mainsection
https://www.independent.co.uk/news/world/europe/dutch-paedophiles-
to-launch-political-party-480598.html

586 https://www.fr.de/politik/cdu-csu-masken-skandal-maskenaffaere-tand-
ler-hohlmeier-spahn-soeder-90527965.html

587 https://www.theguardian.com/commentisfree/2020/jan/17/selfless-billio-
naires-earth-burning-elon-musk-mars
https://www.cnbc.com/2021/04/14/bill-gates-jeff-bezos-elon-musk-fight-
climate-issue-in-iron-man-way.html
https://www.spiegel.de/wissenschaft/mensch/bill-gates-elon-musk-und-
jeff-bezos-werden-die-welt-nicht-vor-der-klimakatastrophe-retten-a-
5ddac5c2-3fdb-4482-80b7-380b259266b2

588 https://www.amazon.de/Ratio-Vorratio-Verh%C3%A4ltnis-Vorrationa-
lem-M%C3%BCndigkeit/dp/383009700X

589 https://www.zeit.de/1979/52/leben-ohne-glauben/komplettansicht

590 https://www.zeit.de/1979/52/leben-ohne-glauben/komplettansicht

591 https://www.zeit.de/1979/52/leben-ohne-glauben/komplettansicht

592 http://www.nietzschesource.org/#eKGWB/FW-125

593 https://bigthink.com/scotty-hendricks/what-nietzsche-really-meant-
by-god-is-dead
»Europe no longer needed God as the source for all morality, value, or
order in the universe; philosophy and science were capable of doing that
for us. This increasing secularization of thought in the West led the philo-
sopher to realize that not only was God dead but that human beings had
killed him with their scientific revolution, their desire to better understand the world.
The death of God didn't strike Nietzsche as an entirely good thing. Without
a God, the basic belief system of Western Europe was in jeopardy, […]
With the old system of meaning gone a new one could be created, but it
came with risks—ones that could bring out the worst in human nature.
Nietzsche believed that the removal of this system put most people at the
risk of despair or meaninglessness.«

594 https://www.globalcompact.de/migrated_files/wAssets/docs/Menschen-
rechte/Studie_DGCN-ERGON_-DINA5-_20181129_WEB.pdf
https://www.stuttgarter-zeitung.de/inhalt.studie-zur-sklaverei-14500-
menschen-in-deutschland-leben-als-sklaven.724ba991-0504-432d-a197-
9d4bc0458fff.html

595 https://www.theater-an-der-ruhr.de/fileadmin/theater/Konzeption/Theo-
rie/Geld/Kapitalismus-als-Religion.pdf

596 https://www.reuters.com/lifestyle/kanyes-yeezy-sneakers-snag-world-re-cord-18-million-private-sale-sothebys-2021-04-26/

597 https://www.sothebys.com/en/buy/sneakers

598 https://weartesters.com/cost-breakdown-100-nike-sneaker/

599 https://www.stern.de/neon/feierabend/sneaker-als-sammelobjekt – das-geschaeft-mit-den-teuren-tretern-7619266.html

600 https://www.srf.ch/play/tv/sternstunde-philosophie/video/richard-david-precht-ohne-pflicht-kein-recht?urn=urn:srf:video:3a04e088-1d67-4046-8d29-bdcc9918fbd7 (ab 16:00)

601 https://www.berliner-zeitung.de/politik-gesellschaft/rauschgiftdelik-te-nehmen-zu-kokain-auf-rekordniveau-li.103758
https://www.dw.com/de/kokain-die-drogenpipeline-nach-europa/a-56772439

602 https://www.statista.com/statistics/611637/cocaine-use-during-lifetime-in-the-us/

603 https://www.focus.de/gesundheit/ratgeber/depression/news/steigen-der-konsum-weltweit-warum-es-gut-ist-dass-wir-immer-mehr-antide-pressiva-nehmen_id_5091985.html

604 https://www.vox.com/2014/12/24/7447727/materialism-psychology

605 https://www.aerztezeitung.de/Medizin/Schuetzt-Religion-vor-Depressi-on-240567.html
https://ajp.psychiatryonline.org/doi/10.1176/appi.ajp.2011.10121823

606 https://bmjopen.bmj.com/content/9/6/e024886
»The evidence does not support definitive conclusions regarding the benefits of antidepressants for depression in adults. It is unclear whether antidepressants are more efficacious than placebo.«

607 https://www.prnewswire.com/news-releases/global-antidepres-sant-and-anti-anxiety-drugs-market-2019-2029-300862947.html
https://spitzen-praevention.com/2019/12/10/cochrane-review-2018-12-mrd-ausgaben-fuer-antidepressiva-fuer-die-tonne/

608 https://worldpopulationreview.com/country-rankings/alcohol-consump-tion-by-country

609 https://pubmed.ncbi.nlm.nih.gov/3887038/

610 http://citeseerx.ist.psu.edu/viewdoc/download?doi=10.1.1.903.1051&rep=rep1&type=pdf
https://www.ncbi.nlm.nih.gov/pmc/articles/PMC5739079/

611 https://www.ncbi.nlm.nih.gov/pmc/articles/PMC4872613/
»Religious affiliation, spirituality, and spiritual practices often have been studied as protective factors in the prevention and treatment of hazardous alcohol consumption […]
Of relevance to the current article, Kendler and colleagues (2003) found that greater general religiosity, social religiosity, belief in the involvement of God in a person's life, belief in God as judge, and thankfulness all were significantly associated with a decreased risk for alcohol dependence«

612 https://pubmed.ncbi.nlm.nih.gov/17458419/

613 https://www.molnut.uni-kiel.de/pdfs/neues/2017/Max_Weber.pdf

614 https://www.molnut.uni-kiel.de/pdfs/neues/2017/Max_Weber.pdf

615 https://www.nature.com/articles/nature.2015.18248

616 https://www.aerzteblatt.de/archiv/214692/Thomas-Szasz-Kritiker-der-Psychiatrie
https://www.nytimes.com/2012/09/12/health/dr-thomas-szasz-psychiatrist-who-led-movement-against-his-field-dies-at-92.html
https://blogs.scientificamerican.com/the-curious-wavefunction/is-psychology-a-e2809creale2809d-science-does-it-really-matter/

617 https://pubmed.ncbi.nlm.nih.gov/28634227/
https://ebmlive.org/manifesto/ebm-manifesto-themes/

618 https://www.lrb.co.uk/the-paper/v43/n05/john-foot/on-the-barone

619 https://beruhmte-zitate.de/autoren/albert-einstein/

620 https://blogs.scientificamerican.com/cross-check/troublemaker-lee-smolin-says-physics-8211-and-its-laws-8211-must-evolve/
»The problems are rooted in the way the career and funding structures of the academy reward me-too science, lack of courage, entrenchment of failed research programs, legacy building, empire building, narrowness, defensive strategies and groupthink. These should be of concern to anyone in a position to craft incentives for academics […] Many spoke to me and are concerned and a few are making efforts to craft incentives that reward high risk/high payoff, transformational science and avoid groupthink, low risk/low payoff and me-too science.«

621 https://www.jsmf.org/clothing-the-emperor/2020/02/07/the-corruption-of-scientists-by-fame-and-money/
https://www.researchgate.net/publication/312502803_The_Corruption_of_Science
https://journals.sagepub.com/doi/abs/10.1177/104829119800800106?-journalCode=newa

622 https://www.nationalreview.com/corner/the-ideological-corruption-of-science/

623 https://www.nytimes.com/2005/08/23/us/scientists-speak-up-on-mix-of-god-and-science.html
»It should not be a taboo subject, but frankly it often is in scientific circles,«

624 https://www.amazon.de/s?k=beyond+physicalism&adgrpid=66430763890&gclid=CjwKCAjwkN6EBhBNEiwADVfya1Zj10WqztCfl60mSXiCEf-02JSK9kzfCCnzUrzm_79fW9iL0LY_rsBoCAEwQAvD_BwE&hvadid=352780462208&hvdev=c&hvlocphy=9042435&hvnetw=g&hvqmt=e&hvrand=9420940908943474016&hvtargid=kwd-300982726951&hydadcr=27552_1736761&tag=googhydr08-21&ref=pd_sl_53doiiw2qg_e

625 https://www.scientificamerican.com/article/atheism-is-inconsistent-with-the-scientific-method-prizewinning-physicist-says/
»To me, science is one way of connecting with the mystery of existence.

And if you think of it that way, the mystery of existence is something that we have wondered about ever since people began asking questions about who we are and where we come from. So while those questions are now part of scientific research, they are much, much older than science. I'm not talking about the science of materials, or high-temperature supercon-ductivity, which is awesome and super important, but that's not the kind of science I'm doing. I'm talking about science as part of a much grander and older sort of questioning about who we are in the big picture of the universe. [...] Einstein would have said the same thing, I think, with his cosmic religious feeling.«

626 https://gutezitate.com/zitat/140086
»Ich will Gottes Gedanken kennenlernen. Der Rest ist Nebensache.«
http://www.lingquotes.com/authors/albert-einstein-en/albert-einstein- 068/
»I want to know God's thoughts – the rest are mere details.«
https://www.livescience.com/65628-theory-of-everything-millennia-away.html

627 https://docplayer.org/46055373-Albert-einstein-ein-physiker-auf-der-suche-nach-gott.html
»The most beautiful and most profound emotion we can experience is the sensation of the mystical. It is the sower of all true science. He to whom this emotion is a stranger, who can no longer stand rapt in awe is as good as dead. That deeply emotional conviction of the presence of a superior reasoning power, which is revealed in the incomprehensible Universe, forms my idea of God.«
(Albert Einstein in Anfinsen in Margenau/ Varghese: ›Cosmos, Bios, Theos‹ 1992, page 139-140)

628 https://pubmed.ncbi.nlm.nih.gov/30153464/

629 https://bigthink.com/21st-century-spirituality/is-free-will-an-illusion-3

630 https://www.researchgate.net/publication/270937082_Was_ist_Achtsam-keit_Herkunft_Praxis_und_Konzeption

631 https://www.spiegel.de/politik/macht-uns-achtsamkeit-zu-egoisten-a-770516b4-0002-0001-0000-000177244292

632 https://www.sciencedaily.com/releases/2014/02/140212112745.htm

633 https://www.taylorfrancis.com/books/mono/10.4324/9781315767437/business-buddhism-joan-marques

634 https://pubmed.ncbi.nlm.nih.gov/30732832/

635 https://www.newscientist.com/article/mg25033370-300-the-mindfulness-revolution-a-clear-headed-look-at-the-evidence/

636 https://pubmed.ncbi.nlm.nih.gov/31903785/

637 https://pubmed.ncbi.nlm.nih.gov/29933746/

638 https://www.ncbi.nlm.nih.gov/pmc/articles/PMC3004979/

639 https://pubmed.ncbi.nlm.nih.gov/25632405/

640 https://link.springer.com/article/10.1007/s11682-021-00453-4

641 https://www.newscientist.com/article/mg25033370-300-the-mindfulness-revolution-a-clear-headed-look-at-the-evidence/

642 https://pubmed.ncbi.nlm.nih.gov/21303197/

643 https://www.frontiersin.org/articles/10.3389/fpsyg.2014.00603/full

644 https://edition.cnn.com/2016/11/04/health/meditation-in-schools-baltimore/index.html
https://www.theguardian.com/teacher-network/2015/nov/24/san-franciscos-toughest-schools-transformed-meditation

645 https://pubmed.ncbi.nlm.nih.gov/31448928/

646 https://www.ncbi.nlm.nih.gov/pmc/articles/PMC3004979/

647 https://www.sciencedaily.com/releases/2021/08/210805104416.htm

648 https://www.weforum.org/agenda/2018/01/3-steps-to-happiness-according-to-a-buddhist-monk
»As a young man, Ricard studied molecular genetics under a Nobel laureate at the prestigious Pasteur Institute. He would take breaks from his studies to pursue his growing interest in Buddhism, and traveled to Darjeeling to learn from spiritual masters. Ricard ultimately received his PhD, but when it came time to decide what to do with his life, the decision was easy. […] He compared it to fruit that has ripened on a tree: »At some point you don't have to pull and break the branch to get the fruit. It's just touch it and it falls in your hands.«

649 https://www.pnas.org/content/101/46/16369.full

650 https://www.sueddeutsche.de/wissen/neuro-experiment-moenche-in-der-magnetroehre-1.912829

651 https://www.sueddeutsche.de/wissen/neuro-experiment-moenche-in-der-magnetroehre-1.912829

652 https://www.hsph.harvard.edu/news/features/richard-davidson-well-being/

653 https://www.psychologie-guide.de/der-konsum-verspricht-nur-ein-kurzfristiges-glueck.html

654 https://www.bildungsspiegel.de/news/verschiedenes/2978-streben-nach-geld-und-karriere-macht-eher-ungluecklich

655 https://www.gesundheit.gv.at/krankheiten/sucht/sexsuechtig

656 https://www.sciencedaily.com/releases/2015/04/150409093940.htm

657 https://greatergood.berkeley.edu/article/item/the_four_keys_to_well_being
»There are now a plethora of data showing that when individuals engage in generous and altruistic behavior, they actually activate circuits in the brain that are key to fostering well-being. These circuits get activated in a way that is more enduring than the way we respond to other positive incentives, such as winning a game or earning a prize.
Human beings come into the world with innate, basic goodness. When we engage in practices that are designed to cultivate kindness and compassion, we're not actually creating something de novo – we're not actually creating something that didn't already exist. What we're doing is recognizing, strengthening, and nurturing a quality that was there from the outset.

Our brains are constantly being shaped wittingly or unwittingly – most of the time unwittingly. Through the intentional shaping of our minds […] we can take responsibility for our own minds.«